HUMPHREYS COUNTY TENNESSEE RECORDS

Tax Lists, 1837–1843
and
Marriages, 1888–1900

Transcribed and Compiled
by
Marjorie Hood Fischer
and *Ruth Blake Burns*

HERITAGE BOOKS
2009

HERITAGE BOOKS
AN IMPRINT OF HERITAGE BOOKS, INC.

Books, CDs, and more—Worldwide

For our listing of thousands of titles see our website
at
www.HeritageBooks.com

Published 2009 by
HERITAGE BOOKS, INC.
Publishing Division
100 Railroad Ave. #104
Westminster, Maryland 21157

Copyright © 1987 Ram Press
1239 Coventry Road
Vista, California 92084

All rights reserved. No part of this book may be reproduced or transmitted in any form or by any means, electronic or mechanical, including photocopying, recording or by any information storage and retrieval system without written permission from the author, except for the inclusion of brief quotations in a review.

International Standard Book Numbers
Paperbound: 978-0-7884-3690-1
Clothbound: 978-0-7884-8270-0

PART I

HUMPHREYS COUNTY TAX LISTS

1837-1843

Humphreys County, Tennessee, was settled in 1809. Smith and Stewart Counties were the parent counties. Since 1809, several court house fires have destroyed most of the early records. Of those original records that survived, microfilm copies have been made by the Tennessee State Library and Archives in Nashville. The tax lists of 1837 through 1843 are the earliest of the tax records surviving, and only Districts 7 through 10 of 1837 still exist. They are found in a Will Book and are on <u>Microfilm Roll#8-Humphreys County Wills and Inventories, 1837-1904.</u>

Part I of this book is a compilation of all individuals on the tax rolls for the seven years 1837-1843. It was scrupulously copied from the microfilm, but in many cases the handwriting was so poor, so blurred or so dim that achieving accuracy was difficult. When in doubt, the researcher should always refer to the microfilm for his own interpretation of the name in question. Often, names had many spellings and when it was possible to discern from the quantity of land or other items listed by the recorder, we have provided a [see reference] to direct the researcher to the variant spelling. It is advisable for the researcher to do his own checking of variant spellings as we may have missed some. The capital letters A and H, F and T, G and Y, H and N, I and J, and L and S were often confusing. For the purpose of sorting, all abbreviations of Junior and Senior have been changed to Junr. and Senr. which was the abbreviation most often used by the recorders.

The tax list tells the researcher many things. It places an individual in Humphreys County on a given date. If the tax lists were complete, they would indicate the year in which a person arrived and left the county. Many men owned land in several districts but only paid poll tax in the district in which he claimed residence. Although a minor paid taxes on the land he owned, he did not pay poll tax until age twenty one. If a man had been paying poll tax for many years and on the next given year did not pay a poll but was still paying tax on his land, then he probably had reached the age of fifty years.

The Tennessee Constitution of 1834, (Article IV, Section I) gave suffrage to "Every free white man of the age of twenty one years, being a citizen of the United States, and the County wherein he may offer his vote, six months preceding the day of the election....All free men of color, shall be exempt from military duty in time of peace, and also from paying a free poll tax." The Statutes of Tennessee, 1835, (Chapter 13, Section 3, and included in the Acts of 1836) declares "Every white male person, between the age of twenty-one and fifty years, shall pay annually a poll tax of twelve and one-half cents." In the Code of Tennessee, 1857-58, (Article II) a man was "exempt from paying poll tax if he were wounded in the military service of his country, or [was] deaf, dumb, blind, incapable of labor, ministers of the gospel, or persons exempt by particular laws, ..." The Constitution of 1870 made giving evidence of having paid poll tax a requirement for the right to vote.

In addition to land ownership and suffrage, the tax lists give an estimate of a man's death date as his heirs are listed following his demise. It can also help establish the names of those heirs.

The original tax list gave the name of the person, the district in which the taxes were collected, the number of acres of land, town lots, and slaves owned, the number of acres of school land leased, white polls and the amount of taxes collected. In some lists the number of carriages and stud horses were enumerated. Often, a parcel of land does not appear in consecutive years indicating that the person had either sold, purchased or leased other land. That person and his land may also not appear because the owner did not pay his taxes. Usually, he can be found the following year paying double taxes. In some years a person was simply skipped on the tax rolls. Supplemental tax lists and delinquent tax lists are occasionally found in the court minutes. The researcher is encouraged to look to these sources if more information is desired.

In this abstraction the names are listed alphabetically. Also included are the district, the year, the number of acres of land owned and school land leased, town lots, slaves and white polls. Fractional acres were dropped and several tracts of owned land were combined when it was all in the same district. Multiple tracts of school land (leased land) were also combined when in the same district. Beginning in 1841, the county no longer separated owned land and leased land for tax purposes. This explains why a person's taxable acreage is shown as one taxable unit from 1841-1843.

School land was owned by the state. The revenue from the leased school land was allocated for the use of the schools of the state and counties in the Constitution of 1834. A portion of each year's income was allocated to the academies (schools of higher learning), while the remaining money was specifically for the public schools of the county in which it was collected.

The tax lists can be found in Will Book E on the following pages:

Will Book E		Abbreviations in this book:	
p. 21	1837	**Dist.**	=District
p. 74	1838	**S. Acres**	= School Acres
p. 172	1839	**T. L.**	= Town Lots
p. 268	1840	**W.P.**	= White Poll
p. 375	1841		
p. 481	1842		
p. 544	1843		

Last Name	First Name	Dist.	Year	Acres	S.Acres	T.L.	Slaves	W.P.
Abbernathy	Freeman	7	1837	207				
Adams	Benjamin	5	1838	127	75			1
Adams	Benjamin	5	1839	127	75			1
Adams	Benjamin	5	1840	127	75			1
Adams	Benjamin	5	1841	202				1
Adams	Benjamin	5	1842	202				1
Adams	Benjamin J.	5	1843	202				1
Adams	F. J. & H. C.	5	1840		37			
Adams	Ichabod	5	1838		200			1
Adams	Ichabod	5	1839		200			1
Adams	Ichabod	5	1840	133	200		1	1
Adams	Ichabod	5	1841	233			1	1
Adams	Ichabod	5	1842	468				1
Adams	Ichabod	5	1843	468			1	
Adams	J. H. C.	5	1843	37				
Adams	J. J. & C.	5	1842	37				
Adams	Rebecca	5	1838	333	100		5	
Adams	Rebecca heirs	5	1839	333	100		4	
Adams	Reeves heirs	5	1840		50			
Adams	Reeves heirs	5	1841	50				
Adams	Reeves heirs	5	1842	50				
Adams	Reeves heirs	5	1843	50				
Adams	Silvester	5	1838	120	50			1
Adams	Silvester	6	1838			1		
Adams	Silvester	5	1839	120				1
Adams	Silvester	6	1839			1		
Adams	Silvester	5	1840	246	100			1
Adams	Silvester	6	1840			1		
Adams	Silvester	5	1841	386				1
Adams	Silvester	6	1841			1		
Adams	Silvester	5	1842	338			1	1
Adams	Silvester	6	1842			1		
Adams	Silvester	5	1843	338				1
Adams	Silvester	6	1843			1		
Adams	T. J. & H. C.	5	1838		57			
Adams	T. J. & H. C.	5	1839		37			
Adams	T. J. S. & C.	5	1841	37				
Adams	William W.	5	1838	55				1
Adams	William W.	5	1839	55				
Adams	William W.	5	1840		100			1
Adams	William W.	5	1841	100				
Adams	William W.	5	1842	100				1
Adams	William W.	5	1843	100				1
Adcock	Wilie	4	1839		50			
Adcock	Wilie	4	1840		50			
Adcock	Wm. M.	8	1843					
Adkerson	William [see Adkison, Atkinson]	7	1840	270	100		1	1
Adkerson	William	7	1842	370				1
Adkerson	William	7	1843	370			2	1

Last Name	First Name	Dist.	Year	Acres	S.Acres	T.L.	Slaves	W.P.
Adkins	A. L.	6	1842				2	1
Adkins	A. L.	6	1843				2	1
Adkins	John R.	1	1841					1
Adkins	L.	6	1841					1
Adkison	James [see Adkerson, Atkinson]	7	1841				6	1
Adkison	William	7	1837	395				
Adkison	William	7	1841	370			1	1
Albright	Elijah	4	1842	175				1
Albright	Elijah	4	1843	175				1
Albright	Harrison	4	1838					1
Albright	Harrison	4	1839					1
Albright	Harrison	4	1840					1
Albright	Harrison	4	1841					1
Albright	Harrison	4	1842					1
Albright	Harrison	4	1843					1
Albright	Joseph heirs	4	1838		175			
Albright	Joseph heirs	4	1839		175			
Albright	Joseph heirs	4	1841	175				
Albright	Lewis	4	1838					1
Albright	Lewis	4	1839					1
Albright	Lewis	4	1840		175			
Alexander	G. L.	7	1841					1
Alexander	George	7	1840					1
Alexander	George	7	1842					1
Alexander	George H.	6	1838					1
Alexander	George H.	6	1839			1		1
Alexander	George H.	6	1840			1		1
Alexander	George H.	6	1841			1		1
Alexander	George H.	6	1842			1		1
Alexander	George H.	6	1843			1		1
Alexander	George L.	7	1843					1
Alexander	Jesse H.	1	1838					1
Alexander	Jesse H.	1	1839					1
Alexander	Jesse H.	1	1840					1
Alexander	William	8	1839	150				
Alexander	William R.	8	1838	150				
Alford	J. T. [see Alfred]	6	1842					1
Alford	Jane M.	6	1838	180	121		4	
Alford	Jane M.	6	1839	181	121		5	
Alford	Jane M.	6	1840	181	121		5	
Alford	Jane M.	6	1841	302			5	
Alford	Jane M.	6	1842	302			5	
Alford	Jane M.	6	1843	302			5	
Alford	John T.	6	1838	60			2	1
Alford	John T.	6	1839			1	1	1
Alford	John T.	5	1840	44				
Alford	John T.	6	1840			2	1	1
Alford	John T.	6	1841			2	1	1
Alford	R. B.	6	1840	60			1	1

Last Name	First Name		Dist.	Year	Acres	S.Acres	T.L.	Slaves	W.P.
Alford	R. B.		6	1841	60				1
Alford	Richard B.		5	1838				1	1
Alford	Richard B.		6	1839	60			1	1
Alford	Richard B.		6	1842	170			1	1
Alford	Robert heirs		5	1838	27				
Alford	Robert heirs		5	1839	27				
Alford	Robert heirs		5	1840	27				
Alford	Robert heirs		5	1841	27				
Alford	Robert heirs		5	1842	27				
Alford	Robert heirs		5	1843	27				
Alfred	Martha	[see Alford]	6	1839				1	
Allen	Benjamin		1	1838	294	130		1	
Allen	Benjamin		1	1839	269	130		1	
Allen	Benjamin		1	1840	266	130		1	
Allen	Benjamin		1	1841	396			1	
Allen	Benjamin		1	1842	396			2	
Allen	Benjamin		1	1843	396			2	
Allen	heirs		8	1839	552				
Allen	heirs		8	1840	552				
Allen	heirs	John Thompson agent	8	1837	552				
Allen	heirs	John Thompson agent	8	1838	552				
Allen	James		9	1837					1
Allen	James		9	1838					1
Allen	James		9	1839					1
Allen	James		9	1840					1
Allen	Right T.		1	1838					1
Allen	Stephen & Isaac		8	1841	718				1
Allen	Stephen & Isaac		8	1842	818				1
Allen	Stephen & Isaac		8	1843	818				1
Allen	W. T.		6	1839					1
Allen	W. T.		6	1840					1
Allen	W. T.		6	1841					1
Allen	Wright T.		1	1842					1
Allen	Wright T.		1	1843					1
Allison	Alfred	[see Ellerson, Ellison]	1	1838	238				1
Allison	Alfred		1	1839	238				1
Allison	Alfred		1	1840	228				1
Allison	Alfred		1	1841	238				1
Allison	Alfred		1	1842	238				1
Allison	Alfred		1	1843	238				1
Allison	Elizabeth heirs		1	1839		75			
Allison	Elizabeth heirs		1	1840		100			
Allison	Elizabeth heirs		1	1841	75				1
Allison	James		1	1841					1
Allison	James		1	1842					1
Allison	James		1	1843					1
Allison	Robert S.		1	1838	50	50			1
Allison	Robert S.		1	1839	50	50			1
Allison	Robert S.		1	1840	50	50			1

Last Name	First Name		Dist.	Year	Acres	S.Acres	T.L.	Slaves	W.P.
Allison	Robert S.		1	1841	100				1
Allison	Robert S.		1	1842	100				1
Allison	Robert S.		1	1843	100				1
Ammons	Godfrey		8	1843				1	1
Ammons	Henry		9	1837	60				
Ammons	Henry heirs		9	1838	60				
Ammons	Henry heirs		9	1839	60				
Ammons	Henry heirs		9	1840	60				
Ammons	Henry heirs		9	1841	60				
Ammons	Henry heirs		9	1842	60				
Ammons	Henry heirs		9	1843	60				
Ammons	John		3	1843					1
Anderson	Bailus		4	1843	120				1
Anderson	Isaac		4	1841	200				1
Anderson	Isaac		4	1842	200				1
Anderson	Isaac		4	1843	80				1
Anderson	Timothy heirs		1	1838	204				
Anderson	Timothy heirs		1	1839	124				
Anderson	Timothy heirs		1	1840	38				
Anderson	Timothy heirs		1	1841	38				
Anderson	Timothy heirs		1	1842	38				
Anderson	Timothy heirs		1	1843	38				
Archer	Stevenson		5	1838					1
Armour	James		10	1837					1
Arnold	Aaron		1	1838	107				
Arnold	Aaron		5	1838		100			
Arnold	Aaron		6	1838	130	50			
Arnold	Aaron		1	1839	107				
Arnold	Aaron		5	1839	45	50			
Arnold	Aaron		6	1839	130	50			
Arnold	Aaron		1	1840	107				
Arnold	Aaron		5	1840		50			
Arnold	Aaron		6	1840	130	50			
Arnold	Aaron		1	1841	107				
Arnold	Aaron		5	1841	50				
Arnold	Aaron		6	1841	180				
Arnold	Aaron		1	1842	107				
Arnold	Aaron		5	1842	50				
Arnold	Aaron		6	1842	180				
Arnold	Aaron		1	1843	107				
Arnold	Aaron		5	1843	50				
Arnold	Aaron		6	1843	180				
Arnold	John E.		6	1843					1
Arrington	James	[see Errington]	10	1839					1
Arrington	James		10	1840					1
Arrington	John		10	1839	60				
Arrington	John		10	1840	60				1
Ashley	Daniel		4	1838		50			1
Ashley	Daniel		4	1839					1

Last Name	First Name	Dist.	Year	Acres	S.Acres	T.L.	Slaves	W.P.
Ashley	Daniel	4	1840					1
Ashley	Daniel	4	1841	94				1
Ashley	Daniel	4	1842	94				1
Ashley	Daniel	4	1843	96				1
Ashley	Harrison	4	1838					1
Ashley	W. H.	4	1843					1
Ashley	Wilie	4	1841					1
Ashley	Wilie H.	4	1839					1
Ashley	Wilie H.	4	1840					1
Ashley	Wilie H.	4	1842					1
Atkins	Adison	6	1840					1
Atkinson	William [see Adkison, Adkerson]	7	1838	395				1
Atkinson	William	7	1839	270	100			1
Averett	Lucia	5	1838	106				1
Averett	Lucia	5	1839	106				
Averett	Lucia	5	1843	106				
Averett	Lucy	5	1840	106				
Averett	Lucy	5	1841	106				
Averett	Lucy	5	1842	106				
Averett	William	5	1838					
Averett	William	5	1841	160				1
Averett	William	5	1842	160				1
Averett	William	5	1843	160				1
Baitman	Edward [see Bateman]	5	1841	85				1
Baitman	Jeremiah	5	1841					1
Baitman	John	5	1841	490				1
Baitman	John	5	1842	490				1
Baker	Daniel	9	1837	100				
Baker	Daniel	9	1838	100				
Baker	Daniel	9	1839	100				
Baker	Daniel	9	1840	100			1	
Baker	Daniel	9	1841	100			1	
Baker	Daniel	9	1842	100			1	
Baker	Daniel	9	1843	100			1	
Baker	E. H.	4	1841					1
Baker	E. H.	4	1842					1
Baker	E. H.	4	1843					1
Baker	Ezekiel	9	1837	60				
Baker	Ezekiel	9	1838	65				1
Baker	Ezekiel	9	1839	65				1
Baker	Ezekiel	9	1840	65				1
Baker	Ezekiel	9	1841	65				1
Baker	Ezekiel	9	1842	65				1
Baker	Ezekiel	9	1843	65				1
Baker	Harper	9	1840					1
Baker	J. B.	4	1843					1
Baker	William	9	1837	43	100			1
Baker	William	9	1838	43	100			1
Baker	William	9	1839	43	100			1

Last Name	First Name		Dist.	Year	Acres	S.Acres	T.L.	Slaves	W.P.
Baker	William		9	1840					1
Baker	William		9	1841					1
Baker	William		9	1842	100				1
Baker	William		9	1843	100				1
Ballard	James		7	1839					1
Ballard	James W.		8	1837		200			1
Ballard	James W.		8	1838		200			1
Ballenger	Cyrus		6	1840					1
Ballenger	Cyrus		6	1841					1
Ballenger	Silas A.		6	1843					1
Ballenger	William		6	1843	24				
Barfield	John		2	1841	400			9	1
Barfield	John		2	1842	400			9	1
Barfield	John		2	1843	400			9	1
Barker	James		4	1840					1
Barker	James		4	1841					1
Barker	James Y.		3	1842					1
Barker	James Y.		3	1843					1
Bartlett	William		6	1838					1
Bartlett	William		6	1839			1		1
Bartlett	William		6	1840			1		1
Bartlett	William		6	1841			1		
Bass	Jordan		4	1839		200			1
Bass	Jordon		4	1838		200			
Baston	Stephen		7	1842	100				
Baston	Stephen		7	1843	100				
Bateman	Edwin	[see Baitman]	5	1838	10	75			1
Bateman	Edwin		5	1839	10	75			1
Bateman	Edwin		5	1840	10	75			1
Bateman	Edwin		5	1842	235				1
Bateman	Edwin		5	1843	235				1
Bateman	Jeremiah		5	1838		200			1
Bateman	Jeremiah		5	1839					1
Bateman	Jeremiah		5	1840					1
Bateman	Jeremiah		5	1842					1
Bateman	Jeremiah		5	1843	300				1
Bateman	John		5	1838	90	400			1
Bateman	John		5	1839	90	400			1
Bateman	John		5	1840	90	400			1
Bateman	John		5	1843	490				1
Batson	Calvan S.		2	1843	183				1
Batson	Richard		10	1837	20	250		2	
Batson	Richard		10	1838	20	250		2	
Batson	Richard		10	1839	20	225		2	1
Batson	Richard		10	1840	20	225		2	
Batson	Richard		10	1841	245			2	
Batson	Richard		2	1842	90			3	
Batson	Richard		10	1842	100				
Batson	Richard		2	1843	90			3	

Last Name	First Name		Dist.	Year	Acres	S.Acres	T.L.	Slaves	W.P.
Batson	Richard		10	1843	100				
Batton	Jacob		4	1839		50			
Batton	Jacob		4	1840		50			1
Batton	Jacob		4	1841	50				
Batton	Jacob		4	1842	50				
Batton	Jacob		4	1843	100				
Baugus	Jeremiah		4	1838		25			1
Baugus	Jeremiah		4	1839		61			1
Baugus	Jeremiah		4	1840		61			1
Baugus	Jeremiah		4	1841	61				1
Baugus	Jeremiah		4	1842	61				1
Baugus	Jeremiah		8	1843	63				1
Baugus	Peter		4	1840		130			1
Baugus	Peter		4	1841	190				1
Beacham	Beverly		11	1841	100				1
Beacham	Beverly		11	1842	100				1
Beacham	Beverly		11	1843	100				1
Beaset	John		10	1843					1
Beasley	Barnabas	[see Beazley]	6	1840		100			1
Beasley	John H.		7	1837	60	400			1
Beasley	William F.		7	1837	100	150			1
Beasley	William Senr.		7	1837	80	50			
Beazley	Barna	[see Beasley]	7	1843					1
Beazley	Barnabas		6	1841	100				1
Beazley	Barnabas		7	1842					1
Beazley	Barney		7	1838					1
Beazley	Barney		7	1839		90			1
Beazley	Barney		7	1841					1
Beazley	John		7	1839	60	430			1
Beazley	John		7	1840	60	430			1
Beazley	John		7	1841	490				1
Beazley	John		7	1842	240				1
Beazley	John		7	1843	460				1
Beazley	John H.		7	1838	60	400			1
Beazley	Reuben		7	1839					1
Beazley	Reuben		7	1840					1
Beazley	Reuben		8	1841					1
Beazley	William		7	1838	80	50			
Beazley	William		7	1839	80	50			
Beazley	William		7	1840	80	50			
Beazley	William		7	1841	130				
Beazley	William		7	1842	130				
Beazley	William F.		7	1838	100	150			1
Beazley	William F.		7	1839	194	430			1
Beazley	William F.		7	1840	194	500			1
Beazley	William F.		7	1841	601				1
Beazley	William F.		7	1842	601				1
Beazley	William F.		7	1843	700				1
Beazley	William F.	guard. of Jas. Gibson	7	1839	28				

Last Name	First Name		Dist.	Year	Acres	S.Acres	T.L.	Slaves	W.P.
Beazley	William F.	guard. of Jas. Gibson	7	1840	28				
Beazley	William F.	guard. of Jas. Gibson	7	1841	28				
Beazley	William Senr.		7	1843	130				
Bell	Daniel		5	1839					1
Bell	Daniel J.		5	1838					1
Bell	Elijah		4	1838					1
Bell	Elijah		4	1839					1
Bell	Elijah		4	1840					1
Bell	Elijah		4	1841					1
Bell	Elijah		4	1842					1
Bell	William S.		4	1839					1
Bell	William S.		4	1840					1
Bell	William S.		4	1841					1
Bell	William S.		4	1842					1
Bell	William S.		4	1843					1
Bell	William T.		4	1838					1
Benton	Andrew		1	1843					1
Berden	Joseph		4	1841	37				
Berry	William		9	1837					1
Berry	William		10	1841	700				1
Berry	William		10	1843					1
Berry	William M.		10	1838	70				1
Berry	William M.		10	1839	70				1
Berry	William M.		10	1840	70				1
Berry	William M.		10	1842					1
Bethel	John		6	1839		50			
Bethel	John		7	1839					1
Bethel	John		6	1840					1
Bethel	John		6	1841					1
Bethel	John		6	1842					1
Bethel	John		6	1843					1
Bethel	W. B.		7	1841	100				1
Bethel	William		3	1839		50			
Bethel	William		7	1839	100				1
Bethel	William		3	1840		50			
Bethel	William		7	1840	100				1
Bethel	William		3	1841	50				
Bethel	William B.		7	1837		400			1
Bethel	William B.		7	1838		400			1
Bethel	William B.		8	1840		100			
Bethel	William B.		7	1842	100				1
Bethel	William B.		7	1843	100				1
Bevers	Jesse		5	1843					1
Bibb	David		10	1840	162				
Bibb	David		10	1841	162				
Bibb	David		10	1842	162				
Bibb	David		10	1843	162				
Bibb	Samuel		10	1843					1
Bigloe	Luther	[a non-resident]	7	1837	300				

Last Name	First Name		Dist.	Year	Acres	S.Acres	T.L.	Slaves	W.P.
Binkley	John		6	1838					1
Binkley	John		7	1839					1
Binkley	John		7	1840					1
Binkley	John		7	1841					1
Binkley	John		7	1842					1
Binkley	John		7	1843					1
Birch	no name		2	1843					1
Bissill	Caleb A.		8	1842	100				
Bissill	Caleb A.		8	1843	100				
Bivens	Alexander		3	1838					1
Bivens	Alexander		3	1839					1
Bivens	Alexander		3	1840					1
Bivens	Alexander		3	1841					1
Bivens	Alexander		3	1842					1
Bivens	Alexander		3	1843					1
Bivens	Anderson		3	1838		150			1
Bivens	Anderson		3	1839		150			1
Bivens	Anderson		3	1840		150			1
Bivens	Anderson		3	1841	150				1
Bivens	Anderson		3	1842	150				1
Bivens	Anderson		3	1843	150				1
Bivens	Leonard		3	1842					1
Bivens	Leonard		3	1843					1
Bivens	William S.		3	1838					1
Bivens	William S.		3	1839					1
Black	Sampson		10	1837	222				
Black	Sampson		10	1838	122				
Black	Sampson		10	1839	122				
Black	Sampson		10	1840	122				
Black	Sampson		10	1841	122				
Black	Sampson		10	1842	122				
Black	Sampson		10	1843	322				
Blackfan	& Campbell		4	1838	1,000				
Blackfan	& Campbell		4	1839	1,000				
Blackfan	Campbell & Davis		4	1839	1,629				
Blair	James		8	1837					1
Blake	Wells		5	1841					1
Blake	Wells		5	1842	26				1
Blake	Wells		5	1843	26			1	1
Boen	Berry S.	[see Bowen]	8	1842					1
Boen	Eldridge		8	1842	420				
Bohannon	William		3	1843					1
Boles	Abner	[see Bowles]	9	1837					1
Boles	Abner		9	1838					1
Boles	Abner		9	1839					1
Boles	Abner		9	1840					1
Boles	Abner		9	1842					1
Boles	Abner		9	1843					1
Boles	Thomas		9	1837	415	640			

Last Name	First Name		Dist.	Year	Acres	S.Acres	T.L.	Slaves	W.P.
Boles	Thomas		9	1838	400	640			
Boles	Thomas		9	1839	400	640			
Boles	Thomas		9	1840	400	640			
Boles	Thomas		9	1842	680				
Boles	Thomas		9	1843	1,040				
Bolton	William		1	1838	100				
Bolton	William		1	1839	100				
Bolton	William		1	1840					1
Bolton	William heirs		1	1841	100				
Bolton	William heirs		1	1842	100				
Bolton	William heirs		1	1843	100				
Bolton	William S.		1	1839					1
Bolton	William S.		1	1840	100				
Bolton	William S.		1	1841					1
Bolton	William T.		1	1842					1
Bolton	William T.		1	1843					1
Booker	Richard		3	1839					1
Bowen	Berry S.	[see Boen]	8	1840					1
Bowen	Berry S.		8	1841					1
Bowen	Berry S.		8	1843					1
Bowen	Eldridge		8	1840	200				
Bowen	Eldridge		8	1841	420				
Bowen	Eldridge		8	1843	400				
Bowles	Abner	[see Boles]	9	1841					1
Bowles	Thomas		9	1841	1,040				
Box	Allen		3	1838	100	50			1
Box	Allen		2	1839			1/2		
Box	Allen		3	1839	100	50		2	1
Box	Allen		2	1840			1/2		
Box	Allen		3	1840	105	50		2	1
Box	Allen		2	1841			1/2		
Box	Allen		3	1841	155			3	1
Box	Allen		2	1842			1/2		
Box	Allen		3	1842	155			2	1
Box	Allen		2	1843			1/2		
Box	Allen		3	1843	155			2	1
Box	Charles		3	1838					1
Box	Charles		2	1839					1
Box	Charles		2	1840		100			1
Box	Charles		2	1841	40				1
Box	Charles		2	1842					1
Box	Charles		2	1843	150				1
Box	Hiram D.		3	1838					1
Box	Hiram D.		3	1839					1
Box	Hiram D.		3	1840					1
Box	Hiram D.		3	1841					1
Box	Hiram D.		3	1842					1
Box	Hiram D.		3	1843					1
Box	Lindley		9	1837	140	140		1	

Last Name	First Name	Dist.	Year	Acres	S.Acres	T.L. Slaves	W.P.
Box	Lindley	9	1838	160	140	1	
Box	Lindley	9	1839	160	140	2	
Box	Lindley	9	1840	160	140	2	
Box	Lindley	9	1841			3	
Box	Lindley	9	1842			3	1
Box	Mason	3	1838		50		1
Box	Mason	2	1839	240			1
Box	Mason	2	1840	240		1	1
Box	Mason	2	1841	240		1	1
Box	Mason	2	1842	240		1	1
Box	Mason	3	1842	50			
Box	Mason	2	1843	240		1	1
Box	Mason	3	1843	50			
Box	Moses	3	1838	100	668		
Box	Moses	3	1839	100	668		
Box	Moses	3	1840	100	600		
Box	Moses	3	1841	400			
Box	Moses	3	1842	400			
Box	Moses	3	1843	400			
Box	William	3	1839				1
Box	William H.	3	1840				1
Box	William H.	3	1841				1
Box	William H.	3	1842				1
Box	William H.	3	1843				1
Boyd	James	8	1841				1
Boyd	James H.	4	1838	75			1
Boyd	William H.	10	1837				1
Boyer	Henry	7	1837	120	325		
Boyer	Henry	7	1838	120	320		
Boyer	Henry	7	1839	121	287		
Boyer	Henry	7	1840	120	250		
Boyer	Henry	7	1841	370			
Boyer	Henry	7	1842	370			
Boyer	Henry	7	1843	370			
Bradley	T. B.	5	1843				1
Bradley	Z. D.	5	1842				1
Bradshaw	William A.	6	1840				1
Brady	Alexander	7	1839				1
Brady	Alexander	7	1840				1
Brady	Alexander	7	1841				1
Brady	Alexander	7	1842				1
Brady	Ellis	7	1839				1
Brady	Ellis	7	1840				1
Brady	Ellis	7	1841				1
Brady	Ellis C.	7	1838				1
Brady	John	7	1837	93	100		
Brady	John	7	1838	93	100		
Brady	John	7	1839	93	100		
Brady	John	7	1840	93	100		1

Last Name	First Name	Dist.	Year	Acres	S.Acres	T.L.	Slaves	W.P.
Brady	John	7	1841	193				
Brady	John	7	1842	193				
Brady	John	7	1843	193				
Brady	T. D.	5	1841					1
Brady	William	7	1837					1
Brady	William	7	1841					1
Brady	William	7	1842					1
Brady	William	7	1843					1
Bramlet	William	4	1838					1
Bramlet	William	4	1839					1
Brevard	Alfred	3	1838	2,560				
Brevard	Alfred	3	1839	2,560				
Brevard	Alfred	3	1840	2,560				
Brevard	Alfred	3	1841	2,560				
Brevard	Alfred	3	1842	2,560				
Brevard	Alfred	3	1843	2,560				
Brevard	B. J.	3	1839					1
Brevard	B. J.	3	1840					1
Brevard	B. J.	3	1841					1
Brevard	T. C.	3	1839					1
Brevard	T. C.	3	1840					1
Brevard	T. C.	3	1841					
Brevard	T. C.	3	1842					1
Brevard	T. C.	3	1843					1
Brewer	Thomas	1	1843					1
Brigance	James	11	1841	263				
Brigance	James	11	1842	249				
Brigance	James	11	1843	130				
Brigham	David	5	1838					
Brigham	David	1	1839	85	83			1
Brigham	David	1	1840	85	83			1
Brigham	David	1	1841	113				1
Brigham	David	1	1842	115				
Brigham	David	1	1843	115				
Brigham	Hannah	5	1839	215	100			
Brigham	Hannah	5	1840	215	100			
Brigham	Hannah	11	1841	215				
Brigham	Hannah	5	1842	315				
Brigham	Hannah	11	1842	315			1	
Brigham	Hannah	11	1843	315			1	
Brigham	Harvey	5	1842					1
Brigham	J. H.	5	1843					1
Brigham	James H.	5	1838	220	300		1	1
Brigham	James H.	5	1839	220	50		1	1
Brigham	James H.	5	1840	220	50		2	1
Brigham	James H.	5	1841	270			2	1
Brigham	James H. heirs	5	1843	520			2	
Brigham	James heirs	5	1842	570			2	
Brigham	John	1	1842	50				

Last Name	First Name	Dist.	Year	Acres	S.Acres	T.L.	Slaves	W.P.
Brigham	John	1	1843	50				
Brigham	John H.	5	1839					1
Brigham	John heirs	5	1838	215	100			
Brigham	Maryann et al	1	1842	50				
Brigham	Maryann & others	1	1843	50				
Brigham	William B.	11	1841	237			1	1
Brigham	William B.	11	1842	231			1	1
Brigham	William B.	11	1843	231			1	1
Brown	Alexander	2	1838	215				
Brown	Alexander	1	1839		450			
Brown	Alexander	2	1839	216				
Brown	Alexander	1	1840		450			
Brown	Alexander	2	1840	216				
Brown	Alexander	1	1841	450				
Brown	Alexander	2	1841	212				
Brown	Alexander	11	1841	708			4	
Brown	Alexander	1	1842	450				
Brown	Alexander	2	1842	207				
Brown	Alexander	11	1842	708			4	
Brown	Alexander	2	1843	207				
Brown	Alexander	11	1843	708			5	
Brown	Alexander & John	1	1838		300			
Brown	Andrew A.	11	1842					1
Brown	Andrew A.	11	1843	96				1
Brown	Benjamin	11	1841	325				
Brown	Benjamin	11	1842	335				
Brown	Benjamin	11	1843	239				
Brown	Charles	6	1839	87	38			
Brown	Charles	10	1839	120	85			1
Brown	Charles W.	10	1837	120	85			
Brown	Charles W.	10	1838	120	85			
Brown	Charles W.	6	1840	87	38			
Brown	Charles W.	6	1841	125				
Brown	Charles W.	6	1842	147				1
Brown	Charles W.	10	1843	120				
Brown	D. D.	11	1841					1
Brown	Ezekiel	7	1837	98	100			1
Brown	Ezekiel	7	1838	100	1,100			1
Brown	Ezekiel	7	1839	100	200			1
Brown	Ezekiel	7	1840	100	1,200			1
Brown	Ezekiel	7	1841	1,300				1
Brown	Ezekiel	7	1842	1,300				1
Brown	Ezekiel	7	1843	300				1
Brown	Gordon [see Jordon Brown]	1	1842	75				1
Brown	Jeremiah	9	1841					1
Brown	Jeremiah	9	1842					1
Brown	Jeremiah	8	1843					1
Brown	John	1	1838	604	84			
Brown	John	2	1838	517			10	1

Last Name	First Name	Dist.	Year	Acres	S.Acres	T.L.	Slaves	W.P.
Brown	John	8	1838	117				1
Brown	John	1	1839	706	3,086			
Brown	John	2	1839	517	250		7	1
Brown	John	8	1839	117				
Brown	John	1	1840	706	3,080			
Brown	John	2	1840	517	250		7	1
Brown	John	1	1841	486				
Brown	John	2	1841	772			7	1
Brown	John	1	1842	6,886				
Brown	John	2	1842	767			12	1
Brown	John	1	1843	7,136				
Brown	John	2	1843	667			11	1
Brown	John heirs	7	1837	50				
Brown	John heirs	7	1838	50				
Brown	Jordon [see Gordon Brown]	1	1843	75				1
Brown	Laban heirs	10	1837	83				
Brown	Laban heirs	10	1838	83				
Brown	Laban heirs	10	1839	83				
Brown	Laban heirs	10	1840	83				
Brown	Laban heirs	10	1841	83				
Brown	Laban heirs	10	1842	83				
Brown	Laban heirs	10	1843	83				
Brown	Payor [see Prier & Pryer Brown]	10	1841	25				1
Brown	Perry	10	1837					1
Brown	Perry	6	1841					1
Brown	Perry R.	10	1838					1
Brown	Perry R.	10	1839					1
Brown	Perry R.	6	1840					1
Brown	Perry R.	6	1842					1
Brown	Perry R.	10	1843					1
Brown	Prier [see Payer Brown]	6	1840					1
Brown	Prier	10	1842	25				1
Brown	Pryer	10	1843	25				1
Brown	Riley	10	1843					1
Brown	Robertson	7	1837	80	200			1
Brown	Robertson	7	1839	80	200			1
Brown	Robertson	7	1840	135				1
Brown	Robertson	7	1841	135				1
Brown	Robertson	7	1842	135				1
Brown	Robertson	7	1843	135				1
Brown	Robison	7	1838	80	200			1
Brown	Thomas	8	1841					1
Brown	Thomas	10	1843					1
Brown	Thomas C.	10	1842					1
Browning	George W.	11	1841	130				1
Browning	George W.	11	1842	125				1
Browning	George W.	11	1843	92				1
Browning	Jacob	1	1839	100				1
Browning	Jacob	1	1840	100				1

Last Name	First Name	Dist.	Year	Acres	S.Acres	T.L.	Slaves	W.P.
Browning	Jacob	1	1841	100				1
Browning	Robert	1	1842	100				1
Browning	Robert	1	1843	100				1
Browning	& Scholds	1	1838	200				2
Bryant	John	8	1837	40				
Bryant	John	8	1838	40				
Bryant	John	8	1839	40				
Bryant	John	8	1840	44				
Bryant	John	8	1841	44				
Bryant	John	8	1842	414				1
Bryant	John	8	1843	445				
Bryant	Lewis W.	8	1837		100			1
Bryant	Lewis W.	8	1838		200			1
Bryant	Lewis W.	8	1839		200			1
Bryant	Lewis W.	8	1840		200			1
Bryant	Lewis W.	8	1841	200				1
Bryant	Lewis W.	8	1842	200				1
Bryant	Lewis W.	8	1843	200				1
Bryant	Phillip D.	8	1837		260			1
Bryant	Phillip D.	8	1838		260			1
Bryant	Phillip D.	8	1839		260			1
Bryant	Phillip D.	8	1840		260			
Bryant	Phillip D.	8	1841	260				1
Bryant	Phillip D.	8	1842	260				1
Bryant	Phillip D.	8	1843	260				1
Bryant	Richard	8	1837		75			1
Bryant	Richard	8	1838		175			1
Bryant	Richard	8	1839		175			1
Bryant	Richard	8	1840		175			1
Bryant	Richard	8	1841	175				1
Bryant	Richard	8	1842	125				1
Bryant	Richard	8	1843	175				1
Buckhannon	Dickson	4	1842	212				1
Buckhannon	Dickson	4	1843	112				1
Buckhannon	Edmund	4	1838					1
Buckhannon	Edmund	4	1839					1
Buckhannon	Edmund	4	1840					1
Buckhannon	Edmund	4	1841					1
Buckhannon	James	4	1842	100				1
Buckhannon	James	4	1843					1
Buckhannon	John Junr.	4	1838		50			1
Buckhannon	John Junr.	4	1839					1
Buckhannon	John Junr.	4	1840					1
Buckhannon	John Junr.	4	1841	150				1
Buckhannon	John Junr.	4	1842	225				1
Buckhannon	John Junr.	4	1843	125				1
Buckhannon	John Senr.	4	1838	101	250			
Buckhannon	John Senr.	4	1839	101	250			
Buckhannon	John Senr.	4	1840	101	250			

Last Name	First Name	Dist.	Year	Acres	S.Acres	T.L.	Slaves	W.P.
Buckhannon	John Senr.	4	1841	451				
Buckhannon	John Senr.	4	1842	201				
Buckhannon	John Senr.	4	1843	201				
Buckhannon	Lemuel	4	1838	75	50			1
Buckhannon	Lemuel	4	1839	75	65			1
Buckhannon	Lemuel	4	1840	75	65			
Buckhannon	Lemuel	4	1841	140				1
Buckhannon	Lemuel	4	1842	740				1
Buckhannon	Lemuel	4	1843	740				1
Buckhannon	Simeon	4	1838	75	225		1	1
Buckhannon	Simeon	4	1839	75	150		2	1
Buckhannon	Simeon	4	1840	75	100			1
Buckhannon	Simeon	4	1841	175				
Buckhannon	Simeon	4	1842	62				
Buckhannon	Simeon	4	1843	63				
Buckhannon	William	4	1843					1
Bunch	William	11	1841	63				
Bunch	William	11	1842	63				
Bunch	William	11	1843	63				
Bunn	David	3	1838					1
Bunn	David	8	1842					1
Bunn	David	8	1843					1
Burcham	Henry	7	1839					1
Burcham	John	7	1837	50	50		2	
Burcham	John	7	1839	50	100		2	
Burcham	John	7	1840	50	100		2	
Burcham	John	7	1841	150			1	
Burcham	John	7	1842	150			1	
Burcham	John	7	1843	150			1	
Burcham	John C.	7	1838	50	50		2	
Burcham	Rebecca	10	1843	100				
Burges	A. A.	10	1839					1
Burges	A. A.	10	1840					1
Burges	A. A.	10	1841					
Burges	Ellic A.	10	1838					1
Burges	John	10	1842					1
Burges	John	10	1843					1
Burges	Mary	10	1839	8				
Burges	Mary	10	1840	8				
Burges	Mary	10	1841	8				
Burges	Mary	10	1842	8				
Burges	Mary	10	1843	8				
Burges	Plummer	10	1840	100				1
Burges	Plummer W.	10	1837	100				1
Burges	Plummer W.	10	1838	100				1
Burges	Plummer W.	10	1839	100				1
Burges	Plummer W.	10	1841	100				1
Burges	Plummer W.	10	1842	100				1
Burges	Plummer W.	10	1843	100				1

Last Name	First Name	Dist.	Year	Acres	S.Acres	T.L.	Slaves	W.P.
Burton	David H.	6	1838		400			
Burton	John H.	5	1838		100			
Burton	John H.	5	1839		100			
Burton	John H.	5	1840		115			
Burton	John H.	5	1841	115				
Burton	John H.	5	1842	115				
Burton	John H.	5	1843	115				
Burton	Thomas H.	6	1838		600			
Byrns	Montgomery	6	1843					1
Cagle	Leonard	3	1841					1
Calogg	Priscilla	4	1838		50			
Calthorp	Samuel	7	1837					1
Campbell	& Blackfan	4	1840	1,170				
Campbell	& Blackfan	4	1841	500				
Campbell	& Blackfan	4	1842	500				
Campbell	& Blackfan	4	1843	500				
Campbell	Blackfan & Davis	4	1838	1,627				
Campbell	Blackfan & Davis	4	1840	987				
Campbell	Blackfan & Davis	4	1841	650				
Campbell	& Davis	4	1840	820	400			
Campbell	& Davis	4	1841	1,460				
Campbell	& Davis	4	1842	2,040				
Campbell	& Davis	4	1843	2,040				
Campbell	Davis & Green	4	1840	215				
Campbell	Davis & Green	4	1841	215				
Cannon	Dennis Junr.	9	1837					1
Cannon	Dennis Junr.	9	1838					1
Cannon	Dennis Junr.	9	1839					1
Cannon	Dennis Junr	9	1840					1
Cannon	Dennis Junr.	9	1841					1
Cannon	Dennis Junr.	9	1842					1
Cannon	Dennis Junr.	9	1843					1
Cannon	Dennis Senr.	9	1837	140	125			
Cannon	Dennis Senr.	9	1838	140	125			
Cannon	Dennis Senr.	9	1839	140	125			
Cannon	Dennis Senr	9	1840	140	125			
Cannon	Dennis Senr.	9	1841	465				
Cannon	Dennis Senr.	9	1842	265				
Cannon	Dennis Senr.	9	1843	265				
Cannon	John	10	1837	120	50			1
Cannon	John	10	1838	120	50			1
Cannon	John	10	1839	120	50			1
Cannon	John	10	1840	120	50			1
Cannon	John	10	1841	270				1
Cannon	John	10	1842	320				1
Cannon	John	10	1843				1	1
Cannon	Thomas	9	1837					1
Capps	Hillory	3	1838	89	250			1
Capps	Hillory	3	1839	89	100			1

Last Name	First Name	Dist.	Year	Acres	S.Acres	T.L.	Slaves	W.P.
Capps	Hillory	3	1840	89	100			1
Capps	Hillory	3	1841	189				1
Capps	Hillory	3	1842	189				1
Carney	John	5	1838		100			1
Carney	John	5	1839		100			1
Carney	John	5	1840	37	136			1
Carney	John	5	1841	173				1
Carney	John	5	1842	173				1
Carney	John	5	1843	173				
Carney	Westly	5	1840		150			1
Carney	Westly	5	1841	150				1
Carney	Westly	5	1842	150				1
Carney	William	10	1843					1
Carns	David B.	2	1839				2	
Carns	David B.	2	1840				2	
Carns	David B.	2	1841				2	
Carns	David B.	2	1842				2	
Carns	David B.	2	1843				2	
Carter	Alfred	7	1842					1
Carter	Alfred	7	1843					1
Carter	Allen E.	1	1838					1
Carter	Allen E.	1	1839					1
Carter	Allen E.	1	1840					1
Carter	Allen E.	1	1841					1
Carter	Allen E.	1	1842					1
Carter	Allen E.	1	1843					1
Carter	Benjamin E.	1	1838		100			1
Carter	Benjamin E.	1	1839		100			1
Carter	Benjamin E.	1	1840		100			1
Carter	Benjamin E.	1	1841	100				1
Carter	Benjamin E.	1	1842	100				1
Carter	Benjamin E.	1	1843	100				1
Carter	George	7	1843					1
Carter	George D.	7	1842					1
Carter	John	11	1842					1
Carter	John	5	1843	25				1
Carter	Nelson P.	6	1840	145	50			1
Carter	Nelson P.	6	1841	195				1
Carter	Nelson P.	6	1842	44			4	1
Carter	Nelson P.	6	1843	44			6	
Carter	Robert	1	1843	310				1
Carter	William F.	5	1838					1
Carter	William F.	6	1838				1	
Carter	William F.	5	1839					1
Carter	William F.	5	1840					1
Carter	William F.	6	1840				1	
Carter	William F.	5	1841					1
Carter	William F.	6	1841				1	
Carter	William F.	5	1842					1

Last Name	First Name	Dist.	Year	Acres	S.Acres	T.L.	Slaves	W.P.
Carter	William F.	6	1842			1		
Carter	William F.	5	1843					1
Carvan	William	10	1838					1
Casey	David	8	1838		100			1
Cearnall	Edmund	6	1843					1
Cearnall	Herbert	6	1838	58			2	
Cearnall	Hubbard	6	1839	114	165		3	
Cearnall	Hubbard	6	1840	114	165		3	
Cearnall	Hubbard	6	1841	279			3	
Cearnall	Hubbard	6	1842	200			3	
Cearnall	Hubbard	6	1843	200			4	
Cearnall	J. W.	6	1842	126				1
Cearnall	John	6	1838					1
Cearnall	John W.	6	1839					1
Cearnall	John W.	6	1840					1
Cearnall	John W.	6	1841					1
Cearnall	John W.	6	1843	120				1
Cearnall	William D.	1	1838	30	80			1
Cearnall	William D.	1	1839					1
Cearnall	William D.	1	1840					1
Cearnall	William D.	1	1841					1
Cearnall	William D.	6	1843					1
Chambers	Hardy	10	1837	30	50			
Chambers	Hardy	7	1838	100	60			
Chambers	Hardy	7	1839	100	100			
Chambers	Hardy	10	1839	30	50			
Chambers	Hardy	7	1840	100	130			
Chambers	Hardy	7	1841	230				
Chambers	Hardy	7	1842	200				
Chambers	Hardy	7	1843	200				
Chambers	Riley	7	1843					1
Chambers	Riley J.	7	1842					1
Childress	Benjamin	11	1843					1
Childress	David	6	1838	371			5	
Childress	David	1	1839	107				
Childress	David	6	1839	371	575		5	
Childress	David	1	1840	107				
Childress	David	6	1840	371	575		5	
Childress	David	6	1841	946			5	
Childress	David	6	1842	946			5	
Childress	David	6	1843	896			3	
Childress	Edwin	3	1840		405			
Childress	Edwin	3	1841	405				
Childress	Goen	6	1838	145	50			1
Childress	Goen	6	1839	145	50			
Childress	J. R.	3	1840					1
Childress	James R.	3	1839					1
Childress	James R.	3	1841					1
Childress	James R.	3	1842					1

Last Name	First Name		Dist.	Year	Acres	S.Acres	T.L.	Slaves	W.P.
Childress	James R.		3	1843					1
Childress	Joel		1	1838	107				1
Childress	Joel		1	1839					1
Childress	Joel		1	1840					1
Childress	Mitchel		2	1838	240			3	1
Childress	Mitchel		3	1838	150	100			
Childress	Mitchel		6	1838			1/3		
Childress	Mitchel		2	1839				4	
Childress	Mitchel		3	1839	150	100			
Childress	Mitchel		6	1839			1/3		
Childress	Mitchel	guard. of E.L. Alford	6	1838				2	
Childress	Mitchel	guard. of E. L. Alford	6	1839				2	
Childress	Mitchel	guard. of George Ely	6	1838				2	
Childress	Mitchel	guard. of George Ely	6	1839				2	
Childress	Thomas		3	1838		230			
Childress	Thomas		3	1839		230			
Childress	Thomas		3	1840		231			
Childress	Thomas		3	1841	230				
Childress	Thomas		3	1842	220				
Childress	Thomas		3	1843	220				
Childress	William H.		6	1839					1
Childress	Zechariah		3	1842					1
Childress	Zechariah		3	1843					1
Chiser	Jesse		3	1841					1
Choat	Peter	[see Shoat]	10	1837	118				1
Choat	Peter		10	1838	118				1
Choat	Peter		10	1841	218				1
Choat	Peter		10	1842	218				1
Choat	Peter		10	1843	450				1
Choat	Scheldt		10	1837	50	131			
Choat	Scheldt		10	1838	50	131			
Choat	Schelton		10	1842	181				
Choat	Skeleton		10	1839	50	131			1
Choat	Skelton		10	1840	50	131			
Choat	Skelton		10	1841	181				
Choat	Skelton		10	1843	180				
Choat	Smith		10	1842					1
Choat	Smith		10	1843					1
Christian	John		6	1843			1		1
Clark	Edwin		7	1837					1
Clark	Edwin		7	1838					1
Clark	Edwin		7	1839					1
Clark	Edwin		7	1840					1
Clark	Edwin		7	1841					1
Clark	Edwin		7	1842					1
Clark	Edwin		6	1843					1
Clark	George E.		7	1837					1
Clark	George E.		3	1838	50				
Clark	George E.		7	1838					1

Last Name	First Name	Dist.	Year	Acres	S.Acres	T.L.	Slaves	W.P.
Clark	George E.	3	1839	50				
Clark	George E.	3	1840	50				1
Clark	George E.	3	1841	50				1
Clark	George E.	3	1843	50				1
Clark	John E.	7	1837	350			3	
Clark	John E.	7	1838	350			3	
Clark	John E.	7	1839	350			3	
Clark	John E.	7	1840	350			3	
Clark	John E.	7	1841	350			3	
Clark	John E.	7	1842	350			3	
Clark	John E.	7	1843	350			3	
Clark	Pleasant	7	1837	150				1
Clark	Pleasant	7	1838	150				1
Clark	Pleasant	7	1839	150				1
Clark	Pleasant	7	1840	150				1
Clark	Pleasant	7	1841	150				1
Clark	Pleasant	7	1842	150				1
Clark	Pleasant	7	1843	150				1
Clark	Samuel	8	1840					1
Clark	Samuel	8	1841					1
Clark	Samuel	8	1842					1
Clark	Samuel	8	1843					1
Clark	William	7	1843					1
Cleghorn	Charles	10	1840	10,000				
Cleghorn	James H.	1	1842					1
Cleghorn	Jas. H.	1	1843					1
Climore	James	6	1840					1
Coarsey	David	8	1837					1
Coarsey	David	8	1839		100			1
Coarsey	David	8	1840		100			1
Coarsey	David	8	1841	100				1
Coarsey	David	8	1842	100				1
Coarsey	David	8	1843	100				1
Cochran	William H.	8	1840					1
Cocke	Richard	10	1838	130				
Cocke	Richard	10	1839	130				
Cocke	Richard	10	1839	30	50			
Cocke	Richard	10	1840	130				
Cocke	Richard	10	1841	130				
Cocke	Richard	10	1842	130				
Cocke	Richard	10	1843	130				
Cocke	Spilby	10	1838					1
Cocke	Thomas	10	1840	30	50			
Cocke	Thomas	10	1841	80				1
Cocke	Thomas	10	1842					1
Cocke	Thomas	10	1843					1
Coen	F. D. L. [see Koen]	6	1842					1
Cole	Isaac	3	1842					1
Cole	Isaac	3	1843					1

Last Name	First Name	Dist.	Year	Acres	S.Acres	T.L.	Slaves	W.P.
Cole	James M.	3	1842					1
Cole	Nathaniel	3	1838		119			1
Cole	Nathaniel	3	1839		119			1
Cole	Nathaniel	3	1840		119			1
Cole	Nathaniel	3	1841	119				1
Cole	Nathaniel	3	1842	119				1
Cole	Nathaniel	3	1843	119				1
Cole	Thomas	7	1837	200				
Cole	Thomas	7	1838	200				
Cole	Thomas	7	1839	200				
Cole	Thomas	7	1840	200				
Cole	Thomas	7	1841	200				
Cole	Thomas	7	1842	200				
Cole	Thomas	7	1843	200				
Cole	U. T.	6	1839					1
Cole	U. T.	6	1840					1
Cole	William	3	1838		68			1
Cole	William	3	1839		69			1
Cole	William	3	1840		68			1
Cole	William	3	1841	68				1
Cole	William	3	1842	68				1
Cole	William	3	1843	68				1
Coleman	Alexander	5	1838	203	100		2	1
Coleman	Alexander	5	1839	203	100		2	1
Coleman	Alexander	5	1840	203	100		2	1
Coleman	Alexander	5	1841	303			2	1
Coleman	Alexander	5	1842	303			2	1
Coleman	Alexander	5	1843				2	1
Coleman	Thomas C.	4	1843					1
Colier	Arthur	6	1840					1
Collier	Arthur	5	1841	50				1
Collier	Arthur	6	1841					1
Collier	Arthur	5	1842	50				1
Collier	Arthur	5	1843	50				1
Collier	Frederick	10	1840	30				
Collier	Frederick	10	1841	30				
Collier	Frederick	10	1842	50				
Collier	Frederick	10	1843	50				
Collier	Frederick heirs	10	1839	30				
Collier	G. B.	1	1842	100				1
Collier	Green B.	1	1841	198				1
Collier	Green B.	1	1843	100			1	1
Collier	Larkin [see Corley] R. Batson agt.	10	1839		150			
Collier	Wiggins	10	1841	70				
Collier	Wiggins	10	1842	170				
Collier	Wiggins	10	1843	170				
Collier	Wiggins Elijah Dodson agt.	10	1839		70			
Collier	Wiggins Elijah Dotson agt.	10	1840		70			
Collins	Joseph	11	1842	136				

Last Name	First Name	Dist.	Year	Acres	S.Acres	T.L.	Slaves	W.P.
Colthorp	Martha	7	1839	50				
Colthorp	Martha	7	1840	50				
Colthorp	Martha	7	1841	50				
Colthorp	Martha	7	1842	50				
Colthorp	Martha	7	1843	50				
Combs	Edmund	7	1837					1
Combs	Edmund	7	1839					1
Combs	John	7	1839					1
Combs	John	7	1840					1
Combs	John	7	1841					1
Combs	John	7	1842					1
Combs	John	7	1843					1
Conrad	David B.	2	1838				2	
Conrad	George C.	3	1838	80	125			
Conrad	George C.	3	1839	80	185			
Conrad	George C.	3	1840	225				
Conrad	George C.	3	1841	10,346			5	
Conrad	George C.	4	1841	650				
Conrad	George C.	3	1842	9,353			3	
Conrad	George C.	4	1842	650				
Conrad	George C.	3	1843	9,353				
Conrad	W. C. & G. C.	4	1840		250			
Conrad	W. C. & George C.	3	1839		225			
Conrad	W. C. & George C.	4	1839		250			
Conrad	W. C. & George C.	3	1840		275			
Conrad	William	4	1838	170	400			
Conrad	William C.	7	1837		400			
Conrad	William C.	8	1837	80	15			
Conrad	William C.	2	1838			1		
Conrad	William C.	3	1838	126	3,872		3	
Conrad	William C.	7	1838		400			
Conrad	William C.	8	1838	80	15			
Conrad	William C.	2	1839			1		
Conrad	William C.	3	1839	126	3,872			
Conrad	William C.	4	1839	170	400			
Conrad	William C.	8	1839	80	15			
Conrad	William C.	3	1840	1,_52	8,446		6	
Conrad	William C.	4	1840	170	450			
Conrad	William C.	8	1840		400			
Conrad	William C.	4	1841	170				
Conrad	William C.	8	1841	400				
Conrad	William C.	4	1842	170				
Conrad	William C. & George C.	3	1838		225			
Conrad	William C. & George C.	4	1838		250			
Conrad	William C. heirs	2	1840			1		
Conrad	William C. heirs	2	1841			1		
Conrad	William C. heirs	2	1842			1		
Conrad	William C. heirs	8	1842	400				
Conrad	William C. heirs	2	1843			1		

Last Name	First Name		Dist.	Year	Acres	S.Acres	T.L.	Slaves	W.P.
Conrad	William C. heirs		8	1843	400				
Cook	Marcus		1	1841					1
Cooley	David D.	[see Cooly]	1	1843	100				1
Cooley	Eaton J.		1	1838	58	150			1
Cooley	Eaton J.		1	1839	58	380			1
Cooley	Eaton J.		1	1840	58	380			1
Cooley	Eaton J.		1	1841	208				1
Cooley	Eaton J.		1	1843	208				1
Cooley	Henry D.		1	1838					1
Cooley	Henry D.		1	1839	50				1
Cooley	Henry D.		1	1840	50				1
Cooley	Henry D.		1	1841	50				1
Cooley	Henry D.		1	1843	50				1
Cooley	James M.		1	1838					1
Cooley	James M.		1	1839					1
Cooley	James M.		1	1840					1
Cooley	Seabourn J.		1	1838	91	83			1
Cooley	Seabourn J.		1	1839	191	83			1
Cooley	Seabourn J.		1	1840	191	83			1
Cooley	Seabourn J.		1	1841	421			1	1
Cooley	Seabourn J.		1	1843	176			1	1
Cooley	William T.		3	1838	240	400			1
Cooley	William T.		3	1839	240	400			1
Cooley	William T.		3	1840	240	400			1
Cooley	William T.		3	1843	640				
Cooley	Wm. J.		1	1843					1
Cooley	Wm. M.		1	1843	157				
Cooly	David D.	[see Cooley]	1	1841					1
Cooly	David D.		1	1842	100				1
Cooly	Eaton J.		1	1842	208				1
Cooly	Henry D.		1	1842	50				1
Cooly	Seabourn J.		1	1842	176			1	1
Cooly	W. T.		3	1842	640				
Cooly	William J.		1	1842					1
Cooly	William M.		1	1842	157				1
Cooly	William T.		3	1841	640				1
Corley	Larkin		10	1841		450			
Corley	Larkin		10	1842	450				
Corley	Larkin		10	1843	150				
Corley	Larkin [see Collier] R. Batson agt.		10	1837		150			
Corley	Larkin	R. Batson agt.	10	1838		150			
Corley	Larkin	R. Batson agt.	10	1840		450			
Craft	Henderson		10	1839					1
Craft	Henderson		10	1840					1
Craft	Henderson		10	1841					1
Craft	Henderson		10	1842	25				1
Craft	Henderson		10	1843	50				1
Craft	Prestley		10	1837	97				
Craft	Prestley		10	1838	97				

Last Name	First Name	Dist.	Year	Acres	S.Acres	T.L.	Slaves	W.P.
Craft	Prestley	10	1839	97				
Craft	Prestley	10	1840	97				
Craft	Prestley	10	1841	97				
Craft	Prestley	10	1842	97				
Craft	Prestley	10	1843	50				
Craft	Prestley H.	10	1838					1
Craft	Thomas	10	1837					1
Craft	Thomas	10	1838					1
Craft	Thomas	10	1839					1
Craft	Thomas	10	1840					1
Craft	Thomas	10	1841					1
Craft	Thomas	10	1842					1
Crafton	William D.	4	1838		50			1
Crafton	William D.	4	1839		100			1
Crafton	William D.	4	1840					1
Crafton	William D.	4	1841					1
Crafton	William D.	4	1842					1
Crafton	William D.	4	1843					1
Crawley	John	2	1843					1
Crenshaw	David	6	1838	10	575	4		1
Crenshaw	David	6	1839	6		3		1
Crenshaw	James A.	8	1840		75			
Crim	Z. T.	6	1839	120			3	1
Crim	Z. T.	6	1842	126			2	1
Crim	Zion T.	6	1838	120			2	1
Crim	Zion T.	6	1840	120			1	1
Crim	Zion T.	6	1841	126			1	1
Crim	Zion T.	6	1843	126			2	1
Crocket	Henry	8	1837	243				1
Crocket	Henry	8	1838	143	100			1
Crocket	Henry	8	1840	257	400			1
Crocket	Henry	8	1841	657				1
Crocket	Henry	8	1842	657				1
Crocket	J. V.	4	1841					1
Crocket	J. V. J.	4	1842					1
Crocket	Jacob	4	1838	28	100			1
Crocket	James	3	1839	100				
Crocket	James	3	1840	100				
Crocket	James	3	1842	100				
Crocket	John	3	1840	212			1	1
Crocket	John	3	1841	212			1	1
Crocket	John	3	1842	240			3	
Crocket	John heirs	8	1837	8				
Crocket	John heirs	8	1838	8				
Crocket	Joseph	8	1837		100			
Crocket	Martin	3	1840	244				
Crocket	Martin	3	1841	244				
Crocket	Martin	3	1842	240				
Crocket	Samuel	3	1840	160				

Last Name	First Name	Dist.	Year	Acres	S.Acres	T.L.	Slaves	W.P.
Crocket	Samuel	3	1841	160				
Crocket	Samuel	3	1842	160				
Crockett	Henry	8	1839	148	100			1
Crockett	Henry	8	1843	657				1
Crockett	J. V. J.	4	1843					1
Crockett	James	3	1838	100				
Crockett	James	3	1841	100				
Crockett	James	3	1843	100				
Crockett	John	3	1838	212			1	1
Crockett	John	3	1839	212			1	1
Crockett	John	3	1843	240			3	
Crockett	John heirs	8	1839	8				
Crockett	Joseph	8	1839					1
Crockett	Joseph	8	1843	610				1
Crockett	Martin	3	1838	244				
Crockett	Martin	3	1839	244				
Crockett	Martin	3	1843	240				
Crockett	Samuel	3	1838	166				
Crockett	Samuel	3	1839	166				
Crockett	Samuel	3	1843	160				
Crosswell	Elisha	11	1841	486			1	
Crosswell	Elisha	11	1842	486			1	
Crosswell	Elisha	11	1843	486			1	1
Crosswell	Nimrod	11	1841	252				
Crosswell	Nimrod	11	1842	252				
Crosswell	Nimrod	11	1843	252				
Crow	Isaac	7	1838	90				1
Crow	Isaac	7	1839					1
Crow	Isaac L.	8	1837					1
Crowel	Andrew	9	1837					1
Crowel	Andrew	9	1838					1
Crowel	Andrew	9	1839	150	50			1
Crowel	Andrew	9	1840	150	50			1
Crowel	Andrew	9	1841	200				1
Crowel	Andrew	9	1842	200				1
Crowel	Andrew	9	1843	250				1
Crowel	James	9	1837	71	103			1
Crowel	James	9	1838	71	103			1
Crowel	James	9	1839	71	103			1
Crowel	James	9	1840	71	103			1
Crowel	James	9	1841	174				1
Crowel	James	9	1842	174				1
Crowel	James	9	1843	281				1
Crowel	John	9	1837		150			1
Crowel	John	9	1838	150				1
Crowel	John	9	1839		50			1
Crowel	John	9	1840	150				1
Crowel	John	9	1841	150				1
Crowel	John	9	1842	150				1

Last Name	First Name		Dist.	Year	Acres	S.Acres	T.L.	Slaves	W.P.
Crowel	John		9	1843	245				1
Crowel	Moses		9	1837	47				1
Crowel	Moses		9	1838	47				1
Crowel	Moses		9	1839	47				1
Crowel	Moses		9	1840	47				1
Crowel	Moses		9	1841	47				1
Crowel	Moses		9	1842	47				1
Crowel	Moses		9	1843	47				1
Crunk	William H.		3	1841					1
Cuff	John W.		4	1839		98			1
Cuff	John W.		4	1840		38			1
Cuff	John W.		4	1841	98				1
Cuff	John W.		4	1842	98				1
Cuff	John W.		4	1843	98				1
Cuffman	Pavatt		6	1838		300			
Cuffman	Pavatt		6	1841	300				
Cuffman	Pavatt		6	1842	300				
Cuffman	Pavatt	by Isaac Pavatt	6	1840		300			
Curtis	Alsey		4	1838	40	25			
Curtis	Alsey heirs		4	1839	40	25			
Curtis	Benjamin		4	1838		50			
Curtis	Benjamin		4	1840					
Curtis	Jane		5	1838		250			
Curtis	Jane		5	1839		250			
Curtis	Jane		5	1840		250			
Curtis	Jane		5	1841	250				
Curtis	Jane		5	1842	250				
Curtis	Joel heirs		4	1838		50			
Curtis	Joel heirs		4	1839		50			
Curtis	Joel heirs		4	1840		50			
Curtis	Joel heirs		4	1841	50				
Curtis	Joel heirs		4	1842	50				
Curtis	Joel heirs		4	1843	50				
Curtis	Joshua		5	1838	20				1
Curtis	Joshua		5	1839	20				1
Curtis	Joshua		5	1840	75				1
Curtis	Joshua		5	1841	75				1
Curtis	Joshua		5	1842	75				1
Curtis	William		5	1838		200			1
Curtis	William		5	1839		200			1
Dameworth	George		6	1839	60				
Dameworth	George		6	1840	60				
Dameworth	George		6	1841	60				
Dameworth	Henry		6	1838					1
Dameworth	Henry		6	1839					1
Dameworth	Henry		6	1840					1
Dameworth	Henry		6	1842	60				1
Dameworth	Henry		6	1843	60				1
Dancy	Francis		1	1838	628				

Last Name	First Name	Dist.	Year	Acres	S.Acres	T.L. Slaves	W.P.
Dancy	Francis	1	1839	628			
Dancy	Francis	1	1840	628			1
Dancy	Francis	1	1841	628			
Dancy	Francis	1	1842	628			
Dancy	Francis	1	1843	628			
Dandridge	William	9	1837				1
Dandridge	William	10	1840				1
Daniel	William	4	1838		150		
Daniel	William	4	1843	87			1
Dark	Thomas	8	1837				1
Dark	Thomas	8	1838				1
Dark	Thomas	8	1839				1
Dark	Thomas	8	1840	30	200		
Dark	Thomas	8	1841	230			
Davis	Campbell & Donelson	4	1840	553			
Davis	Campbell & Green	4	1842	215			
Davis	Campbell & Green	4	1843	215			
Davis	Campbell & Shepherd	4	1842	723			
Davis	Campbell & Shepherd	4	1843	723			
Davis	Campbell & Stump	4	1841	996			
Davis	James	4	1839				1
Davis	James M.	1	1838	25			1
Davis	John	2	1838		75		
Davis	John	4	1838		450		
Davis	John	2	1839		75		
Davis	John	4	1839		450		
Davis	John	2	1840		75		
Davis	John	4	1840	474			
Davis	John	2	1841	75			
Davis	John	8	1841	710			
Davis	John	2	1842	75			
Davis	John	4	1842	400			
Davis	John	8	1842	960			
Davis	John	2	1843	75			
Davis	John	4	1843	400			
Davis	John	8	1843	260			
Davis	Joshiah B.	1	1838	100			1
Dean	Noah	7	1837				1
Dean	Noah	7	1838				1
Dean	Thomas L.	7	1838	150	200		1
Dennington	Elizabeth	7	1838	100			
Dennington	Elizabeth	7	1839	100			
Dennington	Samuel	7	1837	100			
Deshazo	William G.	8	1840	128	115		1
Deshazo	William G.	8	1841	128			1
Deshazo	William G.	8	1842	228			1
Deshazo	William G.	8	1843	228			1
Dezell	Thomas	7	1839	150	200		1
Dezell	Thomas	7	1840	150	200		1

Last Name	First Name		Dist.	Year	Acres	S.Acres	T.L.	Slaves	W.P.
Dezell	Thomas		7	1841	390				1
Dezell	Thomas		7	1842	390				1
Dezell	Thomas		7	1843	390				1
Dickinson	Lewis		7	1841	707			1	1
Dickinson	Lewis		7	1842	707				
Dickinson	Lewis		7	1843	507			5	1
Dickson	Hugh		2	1843					1
Dillihay	Starling		2	1842			1		
Dillihay	Starling		2	1843			1		
Dillingham	J. B.		6	1839					1
Dobbins	Samuel		3	1838	680				
Dobbins	Samuel		3	1839	680				
Dobbins	Samuel		3	1840	580				
Dobbins	Samuel		3	1841	500				
Dobbins	Wilie		4	1843	50				1
Dobbins	Willie		4	1838					1
Dobbins	Wm.		1	1843					1
Dodson	Elijah	[see Dotson]	10	1837	90	100			
Dodson	Elijah		10	1839	90	100			
Dodson	Elijah		10	1840	90				
Dodson	Elijah		10	1842	90				
Dodson	Joseph		10	1840					1
Dodson	Joseph C.		10	1839					1
Dodson	Joseph C.		10	1842					1
Donelson	& Campbell		4	1840	570				
Donelson	no name		4	1840		600			
Donelson	& Stump		4	1840	1,257				
Donelson	William		4	1841	600				
Donelson	William		4	1842	400				
Donily	William		4	1843	400				
Dorris	James P.		7	1841					1
Dorris	James P.		7	1842					1
Dorris	James P.		7	1843					1
Dorris	Rebecca		7	1837	140	50			
Dorris	Rebecca		7	1838	140	60		2	
Dorris	Rebecca		7	1839	140	60		1	
Dorris	Rebecca		7	1840	140	181		1	
Dorris	Rebecca		7	1841	440			1	
Dorris	Rebecca		7	1842	440			1	
Dorris	Rebecca		7	1843	440			1	
Dotson	Elijah	[see Dodson]	10	1838	90	100			
Dotson	Elijah		10	1841	90				
Dotson	Elijah		10	1843	90				
Dotson	Joseph		10	1841					1
Dotson	Joseph C.		10	1838					1
Dotson	Joseph C.		10	1843					1
Doty	Andrew		9	1838					1
Doty	Andrew		9	1839					1
Doty	Andrew		9	1840					1

Last Name	First Name	Dist.	Year	Acres	S.Acres	T.L.	Slaves	W.P.
Doty	Andrew	9	1841					1
Doty	Andrew	9	1842					1
Doty	Westley	9	1838		50			1
Doty	Westley	9	1839					1
Doty	Westley	9	1840		230			1
Doty	Westley	9	1841	50				1
Doty	Westley	9	1842	100				1
Doty	Westley	9	1843	100				1
Douglass	James B.	8	1842					1
Douglass	James B.	8	1843					1
Douglass	John	4	1838		100			1
Douglass	John	10	1842	80				1
Douglass	John	10	1843					1
Douglass	William	10	1843					1
Dowell	D. D.	5	1843	200				
Dowell	David D.	5	1838		20			1
Dowell	David D.	5	1839		20			1
Dowell	James B.	5	1838	84	200			1
Dowell	James B.	5	1839	84	200			1
Dowell	James B.	5	1840		200			
Drake	Isaac W.	6	1840					1
Drake	Isaac W.	6	1841					1
Drake	Isaac W.	6	1842					1
Drake	Isaac W.	6	1843					1
Draper	Samuel heirs	1	1838	76				
Draper	Samuel heirs	1	1839	76				
Draper	Samuel heirs	1	1840	76				
Draughon	& Goren	6	1840		70			
Draughon	& Goren	6	1841	70				
Draughon	& Matthews	6	1840			4		
Draughon	& Matthews	6	1841			4		
Draughon	William W.	6	1838			3		1
Draughon	William W.	6	1839			3		1
Draughon	William W.	6	1840			3		1
Draughon	William W.	6	1841			3	1	1
Draughon	William W.	6	1842	35		3	1	1
Draughon	William W.	6	1843	35		3	1	
Drummon	Zacheus	6	1839			1		1
Drummon	Zacheus	6	1840			1		1
Drummon	Zacheus	6	1841			1		1
Drummon	Zacheus	6	1842			1		
Drummon	Zacheus	6	1843			1		
Dudley	Willis	9	1840	107				1
Dudley	Willis	9	1841	107				1
Dudley	Willis	9	1842					1
Duke	Allen	8	1837		125			1
Duke	Allen	8	1838		125			1
Duke	Allen	8	1839		125			1
Duke	Allen	8	1840		125			1

Last Name	First Name	Dist.	Year	Acres	S.Acres	T.L.	Slaves	W.P.
Duke	Allen	8	1841	125				1
Duke	Allen	8	1842	125				1
Duke	Allen	8	1843	125				1
Dunaway	Drury	4	1838	100				
Dunaway	Drury	4	1839	100				
Dunaway	Drury	4	1840	100				
Dunaway	Drury	4	1841	100				
Dunaway	Drury	4	1842	100				
Dunaway	Drury	4	1843	100				
Dunaway	Elijah	5	1839		50			1
Dunaway	Elijah	5	1840		50			1
Dunaway	Elijah	5	1841	50				1
Dunaway	Elijah	5	1842	200				1
Dunaway	Elijah	5	1843	200				1
Dunaway	William	5	1842					1
Dunaway	William	5	1843					1
Duncan	James	7	1841	778				
Duncan	James	7	1842	700				
Duncan	James	7	1843	700				
Duncan	James H.	6	1838	100	200			
Duncan	James H.	6	1839	100	200			
Duncan	James H.	6	1840	100	200			
Duncan	Joseph	7	1837					1
Duncan	Joseph	6	1838					1
Duncan	Peter	6	1842					1
Duncan	Zadoc	7	1837	78	600			1
Duncan	Zadoc	6	1838	138	250			
Duncan	Zadoc	7	1838	78	600			1
Duncan	Zadoc	6	1839	138	250			
Duncan	Zadoc	7	1839	78	700			1
Duncan	Zadoc	6	1840	138	250			
Duncan	Zadoc	7	1840	78	700			1
Duncan	Zadoc	6	1841	688				1
Duncan	Zadoc	6	1842	569				1
Dunlap	Anderson	1	1838	260				
Dunlap	Anderson	1	1839	260				
Dunlap	Anderson	1	1840	260				
Dunlap	Anderson	1	1841	260				
Dunlap	Anderson	1	1842	260				
Dunlap	Anderson	1	1843	260				
Dunlap	Green L.	2	1838	100	100			1
Dunlap	Green L.	2	1839	100	100			1
Dunlap	Robert heirs	1	1838	105				
Dunlap	Robert heirs	1	1840	105				
Dunlap	Robert heirs	1	1841	105				
Dunlap	Robert heirs	1	1842	105				
Dunlap	Robert heirs	1	1843	255				
Dunlap	Robert R.	1	1841					1
Dunlap	Robert R.	1	1842					1

Last Name	First Name	Dist.	Year	Acres	S.Acres	T.L.	Slaves	W.P.
Dunlap	Robert R.	1	1843					1
Dunlap	Samuel A.	1	1838					1
Dunlap	Samuel A.	1	1839	105				1
Dunlap	Samuel A.	1	1840					1
Durham	John	5	1838	45				1
Durham	John P.	5	1840	45				
Durham	John P.	5	1841	45				
Durham	John P.	5	1842	45				
Durham	John P.	5	1843	300				
Dyer	Jane	5	1840	70	609		3	
Dyer	Jane	5	1841	679			3	
Dyer	Jane	5	1842	679			2	
Dyer	Jane	5	1843	690			2	
Dyer	Joel	5	1838	70	500		2	
Dyer	Joel	5	1839	70	609		3	
Dyer	John	5	1839					1
Dyer	John	5	1840					1
Dyer	John	5	1841					1
Dyer	John	5	1842					1
Dyer	John	5	1843					1
Dyer	John H.	5	1838					1
Easley	Benjamin	8	1837	216	75			
Easley	Benjamin	9	1837		73			
Easley	Benjamin	8	1838	216	275		2	
Easley	Benjamin	8	1839	216	625		2	
Easley	Benjamin	8	1840	216	625		2	
Easley	John	10	1840	353	425			1
Easley	John V.	8	1837					1
Easley	John V.	8	1838					
Easley	John V.	10	1839	353	425			1
Easley	Moses heirs	10	1837	134	62			1
Easley	Moses heirs	10	1839	120	60			
Easley	Moses heirs	10	1840	120	60			
Easley	Moses heirs	10	1841	180				
Easley	Moses heirs	10	1842	180				
Easley	Robert	9	1837				1	1
Easley	Robert	9	1838	100	70		1	1
Easley	Robert	9	1839	100	70			1
Easley	Robert	7	1840	220	23			1
Easley	Robert	7	1841	303				1
Easley	Robert	7	1842	303				
Easley	Robert	10	1843					1
Easley	William	7	1842					1
Easley	William B.	7	1841					1
Easley	William B.	10	1843	100				1
Eaton	Eli	4	1838	60				
Eaton	Eli	1	1839					1
Eaton	Eli	4	1839	60	40			
Eaton	Eli	1	1840					1

Last Name	First Name	Dist.	Year	Acres	S.Acres	T.L.	Slaves	W.P.
Eaton	Eli	4	1840	60	40			
Echols	John C.	11	1841	150				1
Echols	John C.	11	1842	120				1
Echols	John C.	11	1843	175				1
Echols	Thomas	3	1840					
Echols	Thomas	3	1843	100				
Edwards	Alfred	5	1838	133	300			1
Edwards	Alfred	5	1839	133	330			1
Edwards	Alfred	5	1840	133	330			1
Edwards	Alfred	5	1841	462				1
Edwards	Alfred	5	1842	415				1
Edwards	Alfred	5	1843	415				1
Edwards	John	5	1838	338	45			1
Edwards	John	5	1839	338	45			1
Edwards	John	5	1840	383	1,145			
Edwards	John	5	1841	2,027				
Edwards	John	5	1842	2,027				
Edwards	John	5	1843	2,047				
Edwards	William	5	1838					1
Edwards	William	5	1839					1
Edwards	William	5	1840					1
Edwards	William	5	1840					1
Edwards	William	5	1841					1
Edwards	William	5	1842					1
Edwards	William	5	1843					1
Edwards	William Senr.	5	1841					1
Edwards	William Senr.	5	1842					1
Ellerson	David [see Allison, Ellison]	5	1839				1	1
Ellis	Alpha	7	1839	240				
Ellis	Alpha	7	1840	140				
Ellis	Alpha	7	1841	140				
Ellis	Alpha	7	1842	140				
Ellis	Alpha	7	1843	140				
Ellis	Alpha Admr.	7	1838	245				
Ellis	Mead	7	1837	245				1
Ellis	William	5	1843	303			7	1
Ellison	David [see Allison, Ellerson]	5	1838				1	1
Ely	Thomas heirs	6	1838	160	80			
Ely	Thomas heirs	6	1839	160	80			
Ely	Thomas heirs	6	1840	160	80			
Ely	Thomas heirs	6	1841	240				
Ely	Thomas heirs	6	1842	240				
Ely	Thomas heirs	6	1843	240				
Epperson	Anthony	2	1838					1
Epperson	Anthony	2	1839					1
Epperson	Anthony	2	1840					1
Epperson	Anthony	2	1841					1
Epperson	Anthony	2	1842					1
Epperson	Anthony	3	1842	50				1

Last Name	First Name		Dist.	Year	Acres	S.Acres	T.L.	Slaves	W.P.
Epperson	Anthony		3	1843	50				1
Epperson	Benjamin		8	1843					1
Epperson	Samuel		8	1840	200	950		2	1
Epperson	Samuel		8	1841	1,150			2	1
Epperson	Samuel		8	1842	1,150			2	1
Epperson	Samuel		8	1843	1,150			2	
Epperson	Samuel Junr.		8	1837		75			
Epperson	Samuel Junr.		8	1838		75			1
Epperson	Samuel Junr.		8	1839		75			1
Epperson	Samuel Junr.		8	1840					1
Epperson	Samuel Senr.		8	1837	200	350			1
Epperson	Samuel Senr.		8	1838	200	950		2	1
Epperson	Samuel Senr.		8	1839	200	950		2	1
Epperson	Susanah		8	1837	47				
Epperson	Thomas		10	1837	30	50			1
Epperson	Thomas heirs		8	1838	47				
Epperson	Thomas heirs		8	1839	47				
Epperson	Thomas heirs		8	1840	47				
Epperson	Thomas heirs		8	1841	47				
Epperson	Thomas heirs		8	1842	47				
Epperson	Thomas heirs		8	1843	47				
Errington	James	[see Arrington]	10	1841					1
Errington	James		10	1842					1
Errington	James		10	1843					1
Errington	John		10	1837	60				
Errington	John		10	1838	60				
Errington	John		10	1841	60				
Errington	John		10	1842	60				
Errington	John		10	1843	60				
Etheredge	Burwell		9	1838					1
Etheredge	Burwell		9	1839					1
Etheredge	Burwell		10	1840					1
Etheredge	Burwell		8	1842					1
Etheredge	Burwell		8	1843					1
Etheredge	Israel		9	1838					1
Etheredge	Israel		9	1841					1
Etheredge	Isreal		9	1837					1
Etheredge	Isreal		9	1839					1
Etheredge	Isreal		9	1840					1
Etheredge	Isreal		9	1842	150				1
Etheredge	Isreal		9	1843	150				1
Etheredge	Joel		9	1837					1
Etheredge	Joel		8	1840					1
Etheredge	William		9	1837					
Etheredge	William		9	1838					1
Etheredge	William		9	1840		50			
Etheredge	William		10	1840					1
Etheredge	William		9	1841	50				
Etheredge	William		10	1841					1

Last Name	First Name	Dist.	Year	Acres	S.Acres	T.L.	Slaves	W.P.
Etheredge	William	9	1842	50				
Etheredge	William	10	1842	70				1
Etheredge	William	9	1843	50				
Etheredge	William	10	1843	70				1
Falkner	Alexander	1	1838					1
Falkner	Alexander	1	1839					1
Falkner	Alexander	1	1840					1
Falkner	Alexander	1	1841					1
Falkner	Alexander	1	1842					1
Falkner	Alexander	1	1843					1
Falkner	Jonathan	1	1838	464	142		5	
Falkner	Jonathan	1	1839	464	142		5	
Falkner	Jonathan	1	1840	464	142			1
Falkner	Jonathan	1	1841	507				
Falkner	Jonathan	1	1842	217				
Falkner	Jonathan	1	1843	217				
Falkner	Levi	1	1838	114				1
Falkner	Levi	1	1839	114				1
Falkner	Levi	1	1840	114			5	
Fanner	John	1	1840		5,000			
Fanner	John G.	1	1841	5,000				
Fanner	John G.	1	1842	5,000				
Fanner	John G.	1	1843	5,000				
Farrar	Charles	1	1838		5,000			
Fenner	Robert	7	1837	1,360				
Fenner	Robert	7	1838	1,360				
Fenner	Robert	7	1839	2,360				
Fenner	Robert	7	1840	2,360				
Fenner	Robert	7	1841	2,360				
Fenner	Robert	7	1842	2,360				
Fenner	Robert	7	1843	1,745				
Fiser	John	5	1838	126				1
Fiser	John	5	1839	126				1
Fiser	John	5	1840	126				1
Fiser	John	5	1841	126				1
Fiser	John	5	1842	126				1
Fiser	John	5	1843	126				1
Flanery	Isaac	10	1837		80			
Flanery	Isaac	10	1838		80			1
Flanery	Isaac	10	1839		80			1
Flanery	Isaac	10	1840	80				1
Flanery	Isaac	10	1841	80				1
Flanery	Isaac	10	1842	80				1
Flanery	Isaac	10	1843	80				1
Fleming	William	8	1837	180				
Fleming	William	10	1837	57	50			
Fleming	William	8	1838	180				1
Fleming	William	10	1838	57				
Fleming	William	8	1839	180	50			

Last Name	First Name		Dist.	Year	Acres	S.Acres	T.L.	Slaves	W.P.
Fleming	William		10	1839	57				
Fleming	William		8	1840	180	50			
Fleming	William		8	1841	230				
Fleming	William		8	1842	230				1
Fleming	William		8	1843	247				
Flowers	Mary		10	1839				3	
Flowers	Mary		10	1840				3	
Flowers	Mary		10	1841				3	
Flowers	Mary		10	1842				3	
Flowers	Mary		10	1843				3	
Flowers	Orson		10	1838		940			
Flowers	Orson		10	1841	640				
Flowers	Orson		10	1842	640				
Flowers	Orson		10	1843	640				
Flowers	Valentine	Daniel Forsee agt.	10	1838				6	
Foley	Mitchel		1	1838					1
Foley	Mitchel		1	1839					1
Foley	Mitchel		1	1840				4	
Folks	Jacob		7	1839					1
Folks	Jacob		7	1840	100				1
Folks	Jacob		6	1841					1
Folks	Jacob		6	1842	150		1		1
Folks	Jacob		6	1843	190				1
Ford	Mumford		8	1839		180			
Ford	Mumford		8	1840		280			
Ford	Mumford		8	1841	280				
Ford	Mumford		8	1842	280				
Ford	Mumford		8	1843	280				
Ford	Sanders		9	1838					1
Ferguson	Nathaniel		8	1837	104				
Ferguson	Nathaniel		8	1838	104	260		1	
Ferguson	Nathaniel		8	1839	150			1	
Ferguson	Nathaniel		8	1840	150			1	
Ferguson	Nathaniel		8	1841	150			2	
Ferguson	Nathaniel		8	1842	150			2	
Ferguson	Nathaniel		8	1843	150			2	
Ferguson	Nicholas		8	1842					1
Ferguson	Nicholas		8	1843					1
Forrest	James		1	1838	50				1
Forrest	James		1	1839	50	150			1
Forrest	James		1	1840	50	150			1
Forrest	James		1	1841	200				1
Forrest	James		1	1842					1
Forrest	James		1	1843					1
Forrest	William C.		1	1842	49				1
Forrest	Wm. L.		1	1843	49				1
Forrester	Josiah		11	1842					1
Forrester	Richard		9	1839	40				1
Forrester	Richard		9	1840	40				1

Last Name	First Name	Dist.	Year	Acres	S.Acres	T.L.	Slaves	W.P.
Forsee	Daniel	10	1837	293			3	
Forsee	Daniel	10	1838	293	25		4	
Forsee	Daniel	10	1839	293	320		6	
Forsee	Daniel	10	1840	293	320		6	
Forsee	Daniel	10	1841	613			8	
Forsee	Daniel	10	1842	613			7	
Forsee	Daniel	10	1843	660			6	
Forsee	James	10	1842					1
Forsee	James D.	10	1843					1
Forsee	Stephen	10	1837	95				1
Forsee	Stephen	10	1838	95	95			
Forsee	Stephen	10	1839	95	95			1
Forsee	Stephen	10	1840	95	95			1
Forsee	Stephen	10	1841	190				1
Forsee	Stephen	10	1842	295				1
Forsee	Stephen	10	1843	295				1
Fortner	Levi	1	1841	164				1
Fortner	Levi	1	1842	164				1
Fortner	Levi	1	1843	164				1
Foster	Ephraim H.	3	1838	2,350				
Foster	Ephraim H.	3	1839	2,350				
Foster	Ephraim H.	3	1840	2,350				
Foster	Ephraim H.	3	1841	2,350				
Foster	Ephraim H.	3	1842	2,350				
Foster	Ephraim H.	3	1843	2,350				
Fowler	H.	4	1843					1
Fowler	Jefferson J.	4	1842	457			2	1
Fowler	Nehemiah	5	1838	40				
Fowler	Nehemiah	5	1839	40				
Fowler	Nehemiah	5	1840	40				
Fowler	Nehemiah	5	1841	1,660				
Fowler	Nehemiah	5	1842	1,660				
Fowler	Nehemiah	5	1843	1,660				
Fowler	S. H.	3	1841	500				
Fowler	Sterling	4	1841	500				
Fowler	Sterling	4	1843	500			2	1
Fowler	Sterling H.	4	1842	500			2	1
Fowler	T. J.	3	1841	450			2	1
Fowler	T. J.	4	1843	457			2	1
Fowler	Thomas J.	4	1841	457				
Franklin	Elizabeth	1	1838	24	50		3	
Franklin	Elizabeth	1	1839	25	50		4	
Franklin	Elizabeth heirs	1	1840	25	50			
Franklin	Elizabeth heirs	1	1841	75			4	
Franklin	Elizabeth heirs	1	1842	75			4	
Franklin	Elizabeth heirs	1	1843	75			4	
Frasure	A. P.	10	1840					1
Frasure	A. P.	10	1841					1
Frasure	A. P.	10	1842					1

Last Name	First Name	Dist.	Year	Acres	S.Acres	T.L.	Slaves	W.P.
Frasure	A. P.	10	1843					1
Frasure	Alexander P.	7	1839					1
Frasure	George	10	1842	50				1
Frasure	George	10	1843	50				1
Frasure	Robert	7	1839					1
Frasure	Robert	10	1841					1
Frasure	Robert	10	1842					1
Frasure	Robert	10	1843					1
Fullerton	William	4	1838	50	65			1
Fullerton	William	4	1839	50	65			1
Fullerton	William	4	1840		50			1
Fullerton	William	4	1841	50				1
Fullerton	William	4	1842	50				1
Fullerton	William H.	4	1843	220				1
Fuqua	Joel	6	1842					1
Gafney	Owen	10	1843					1
Gardner	William	3	1838		100			1
Gardner	William	3	1839		100			1
Gardner	William	3	1840		100			1
Gardner	William H.	3	1841	100				1
Gardner	William H.	3	1842	100				1
Gardner	William H.	3	1843	100				1
Garrett	Cyrena	7	1837	30				
Garrett	Cyrena	7	1838	30				
Garrett	Cyrena	7	1839	30				
Garrett	Cyrena	7	1840	30				
Garrett	Cyrena	7	1841	30				
Garrett	Cyrena	7	1842	30				
Garrett	Cyrena	7	1843	30				
Garrett	J. R.	6	1838				5	
Garrett	J. R.	6	1839				3	
Garrett	Jonathan R.	6	1840				3	
Garrett	Jonathan R.	6	1841				3	
Garrett	Jonathan R.	6	1842				1	
Garrett	M. B.	6	1843				2	
Garrett	& Walker	6	1840				1	
Garrett	& Walker	6	1841				1	
Gatlin	Aaron P.	8	1837	117	25			1
Gatlin	Aaron P.	8	1838		325			1
Gatlin	Aaron P.	8	1839		352			1
Gatlin	Aaron P.	8	1840	117	300			1
Gatlin	Aaron P.	8	1841	417				1
Gatlin	Aaron P.	8	1842	417				1
Gatlin	Aaron P.	8	1843	417				
Gatlin	Dossen	8	1843					1
Gatlin	Jesse	7	1843					1
George	Daniel	9	1837	100	187			
George	Daniel	9	1838	100	187			
George	Daniel	9	1839	100	187			

Last Name	First Name		Dist.	Year	Acres	S.Acres	T.L.	Slaves	W.P.
George	Daniel		9	1840	100	187			
George	Jesse		9	1838					1
George	Jesse		9	1840					1
Gibson	Archabald		7	1837		100			1
Gibson	Archabald		7	1838		100			1
Gibson	Archabald		7	1839					1
Gibson	James		7	1842					1
Gibson	John		7	1837					1
Gibson	John		7	1838					1
Gibson	John		7	1840					1
Gibson	John		7	1841					1
Gibson	John		7	1842					1
Gibson	Margaret Ann		8	1840		30			
Gibson	Margaret Ann		8	1842	30				
Gibson	Margaret M.		8	1841	30				
Gibson	William heirs		7	1837	138	30			
Gibson	Wm. heirs	W. Beasley guard.	7	1837	88	30			
Gilmore	Josephus		11	1842					1
Goen	Isaac		7	1837					1
Goen	Isaac		7	1838					1
Goodman	Jesse		6	1843	150				
Goodman	Lucinda heirs		6	1838		150			
Goodman	Lucinda heirs		6	1839	50	100			
Goodman	Lucinda heirs		6	1840	50	100			
Goodman	Lucinda heirs		6	1841	150				
Goodman	Lucinda heirs		6	1842	150				
Goodwin	Bryant		9	1837					1
Goodwin	Bryant		9	1838					1
Goodwin	Bryant		9	1839					1
Goodwin	Bryant		8	1840					1
Goodwin	Bryant		8	1841					1
Goodwin	Bryant		8	1842					1
Goodwin	Bryant		8	1843					1
Goodwin	John		8	1837					1
Goodwin	John		8	1838					1
Goodwin	John		8	1839		50			1
Goodwin	John		8	1840		50			1
Goodwin	John		8	1841	50				1
Goodwin	John		8	1842	50				1
Goodwin	John		8	1843	50				1
Goodwin	Miles		9	1837					1
Goodwin	Miles		9	1838					1
Goodwin	Miles		9	1839					1
Goodwin	Miles		9	1840					1
Goodwin	Miles		10	1841					1
Goodwin	Miles		9	1842					1
Goodwin	Miles		10	1842					1
Goodwin	Miles		9	1843					1
Goodwin	William		3	1840		400			

Last Name	First Name	Dist.	Year	Acres	S.Acres	T.L.	Slaves	W.P.
Goodwin	William	3	1842	450				
Goodwin	William	2	1843					1
Goodwin	William	3	1843	450				
Goodwin	William Junr.	2	1839					1
Goodwin	William Junr.	3	1841					1
Goodwin	William Senr	3	1841	400				
Gordan	B. F.	4	1841					1
Goren	T. B.	6	1840			2	1	1
Goren	T. B.	6	1841			2	1	1
Goren	T. B.	6	1842	35		3	1	1
Goren	T. B.	6	1843	35		3		1
Goren	T. B. guard. Martha L. Alford	6	1842				2	
Goren	T. B. guard. of M. Alford	6	1840				1	
Goren	T. B. guard. of M. L. Alford	6	1841				1	
Goren	Thompson B.	7	1837		640			
Goren	Thompson B.	5	1838	45	11,000		1	1
Goren	Thompson B.	7	1838		640			
Goren	Thompson B.	5	1839	45	1,100		1	1
Goswick	George	8	1837					1
Goswick	George	10	1837		150			
Goswick	George	10	1838		150			1
Goswick	George	10	1839	118	100			1
Goswick	George	10	1840	118	100			1
Goswick	George	10	1841					1
Gouge	Robert	2	1840					1
Gouge	Robert H.	2	1841					1
Gouge	Robert H.	2	1842					1
Gouge	Robert H.	2	1843					1
Graves	Dr. assignee of F.J. & S. C. Pavatt	2	1839		400			
Graves	Thomas B.	4	1842	3,000				
Gray	E. T.	9	1838	100	150			1
Gray	E. T.	9	1839	100	150			1
Gray	E. T.	9	1840	100	150			1
Gray	E. T.	9	1841					1
Gray	E. T.	9	1842					1
Gray	John	4	1838		100			1
Green	J. J.	2	1841					1
Green	J. J.	2	1842					1
Green	J. J.	2	1843					1
Green	John	6	1838		300			
Grice	Nathan	1	1838	80	50			1
Grice	Nathan	1	1839	80	50			1
Grice	Nathan	1	1840	80	50			1
Grice	Nathan	1	1841	130				1
Grice	Nathan	1	1842	130				1
Grice	Nathan	1	1843	130				1
Grice	Patrick	1	1838	124				1
Grice	Patrick	1	1839	124				1
Grice	Patrick	1	1840	124				1

Last Name	First Name		Dist.	Year	Acres	S.Acres	T.L.	Slaves	W.P.
Grice	Patrick		1	1841	124				1
Grice	Patrick		1	1842	124				1
Grice	Patrick		1	1843	124				1
Griffin	William		4	1842					1
Griffis	William		7	1837	50				1
Griffis	William		7	1839	50				1
Griffis	William		7	1842	50				1
Griffis	Williamson		7	1838	50				1
Griffis	Williamson		7	1840	50				1
Griffis	Williamson		7	1841	50				1
Griffis	Williamson		7	1843	50				1
Grigson	William		6	1843					1
Groves	Dr. assignee of F. J. & S. E.		2	1840		400			
Grubbs	John W.		2	1842	600				
Grubbs	John W.		2	1843	600				1
Guest	John B. heirs		4	1838		100			
Guest	John B. heirs		4	1839		100			
Guest	John B. heirs		8	1839		100			
Guest	John B. heirs		4	1840		100			
Guest	John B. heirs		8	1840		100			
Guest	John B. heirs		8	1841	100				
Guest	John B. heirs		4	1842	100				
Guest	John heirs		4	1841	100				
Guest	John heirs		4	1843	100				
Guin	Alexander [see Guinn]		5	1840	125			2	
Guin	Alexander		5	1841	125			2	
Guin	Alexander Junr.		5	1840	200			2	1
Guin	Alexander Junr.		5	1841	200			2	1
Guin	Alexander Junr.		5	1842	200			2	1
Guin	Alexander Junr.		5	1843	200			2	1
Guin	Alexander Senr.		5	1842	125			2	
Guin	Alexander Senr.		5	1843	125			2	
Guin	David R.		1	1840	104				1
Guin	David R.		1	1841					1
Guin	David R.		1	1842					1
Guin	David R.		1	1843					1
Guin	Robert H. heirs		1	1841	181				
Guin	Robert H. heirs		1	1842	181				
Guin	Robert heirs		1	1840		181			
Guin	Robert heirs		1	1843	181				
Guin	William M.		1	1838	100	50			1
Guin	William M.		1	1840	100	50			1
Guin	William M.		1	1841	150			1	1
Guin	William M.		1	1842	150			1	1
Guin	William M.		1	1843	150			1	1
Guinn	Alexander [see Guin]		5	1839	125			2	
Guinn	Alexander Junr.		5	1838	280			1	1
Guinn	Alexander Junr.		5	1839	200			1	1
Guinn	Alexander Senr.		5	1838	125			1	

Last Name	First Name		Dist.	Year	Acres	S.Acres	T.L.	Slaves	W.P.
Guinn	David R.		1	1838	104				1
Guinn	David R.		1	1839	104				1
Guinn	Robert H. heirs		1	1838		181		2	
Guinn	Robert H. heirs		1	1839		181		2	
Guinn	William M.		1	1839	100	50			1
Gullage	Mary		9	1838	50	100			
Gulledge	Mary		9	1837	50	100		1	
Gunn	Andrew		10	1841					1
Gunn	Andrew		10	1842					1
Gunn	Andrew		10	1843					1
Gunn	R. S. B.		10	1843					1
Guthrie	Matthew		7	1843					1
Guthrie	William		5	1842	80				
Guthrie	William H.		5	1840	80				
Guthrie	William H.		5	1841	80				
Hackney	Thomas		2	1838					1
Hagler	John L.		3	1843	189				
Haguewood	Jesse		10	1843	50				1
Haguewood	John		10	1843					1
Hail	Benj. T.	[see Hale]	7	1843					1
Hail	Benjamin		7	1842					1
Hail	John		7	1842					1
Hail	John T.		7	1843					1
Hail	Samuel		5	1840					1
Hail	Samuel		5	1842					1
Hail	Samuel C.		5	1843					1
Hailes	Jesse	[see Hales]	9	1838	100				1
Hailes	Jesse		9	1841	100				1
Hailes	no name		9	1839	100	15			1
Hailes	Robert		9	1838	100	50			1
Hailes	Robert		9	1841	150				1
Hailes	Robert		9	1843	150				1
Hainey	George		4	1838		249			
Hainey	George		4	1839		399			
Hainey	George		4	1840	94	150			
Hainey	George		4	1841	399				
Hainey	George heirs		4	1842	399				
Hainey	John		4	1838					1
Hainey	John		4	1839					1
Hainey	John		4	1840					1
Hainey	John		4	1841					1
Hainey	Joseph		4	1838					1
Hainey	Joseph		4	1839					1
Hainey	Stallithel		4	1843	199				1
Hale	Abram	[see Hail]	4	1840	150				1
Hale	John		7	1841					1
Hale	Samuel		5	1841					1
Hales	Isaiah	[see Hailes]	9	1837	75	50			
Hales	Jesse		9	1840	100				1

Last Name	First Name	Dist.	Year	Acres	S.Acres	T.L.	Slaves	W.P.
Hales	Robert	9	1837	25				1
Hales	Robert	9	1839	100	150			1
Hales	Robert	9	1840	100	50			1
Hales	Robert	9	1842	150				1
Hales	Thomas	9	1837					1
Haleyfield	Lesley	9	1837	107				1
Hall	Henry heirs	10	1841	50				
Hall	Henry heirs	10	1842	50				
Hall	Henry heirs	10	1843	50				
Hall	John	10	1841					1
Hall	John	10	1842					1
Hall	John	10	1843					1
Hall	John W.	1	1838	100				1
Hall	John W.	1	1839	100				1
Hall	John W.	1	1840	100				1
Hall	John W.	1	1841	100				1
Hall	John W.	1	1842	100				
Hall	John W.	1	1843	100				
Hall	Joseph	10	1837					1
Hall	Joseph	10	1838					1
Hall	Joseph	10	1839					1
Hall	Joseph	10	1840					1
Hall	Joseph	10	1841					1
Hall	Joseph	10	1842					1
Hall	Joseph	10	1843					1
Hall	Joseph heirs	10	1837		50			
Hall	Joseph heirs	10	1838		50			
Hall	Joseph heirs	10	1839	50				
Hall	Joseph heirs	10	1840	50				
Hall	Martha	4	1840		50			
Hall	Martha	4	1841	50				
Hall	Patsey	4	1838		50			
Hall	Patsey	4	1839		50			
Hall	R. W.	6	1842					1
Hall	Robert W.	6	1841					1
Hall	William C.	1	1838					1
Hall	William C.	1	1839					1
Hall	William C.	1	1840					1
Hall	William C.	1	1842	105				1
Hall	William C.	1	1843	105				1
Hardin	Jesse	4	1838		60			1
Hardin	Jesse	4	1839		50			
Hardison	Asa	8	1838				1	
Hardison	James	8	1837				1	
Harkrider	Cornelius	2	1839					1
Harkrider	John	2	1838	184			2	
Harkrider	Perdinal	2	1838					1
Harmon	H. L.	3	1840	77	50			1
Harmon	H. L.	3	1843	127				1

Last Name	First Name	Dist.	Year	Acres	S.Acres	T.L.	Slaves	W.P.
Harmon	Henry	3	1838	1,025	267		7	
Harmon	Henry	3	1839	1,025	267		7	
Harmon	Henry	3	1840	1,125	167		7	
Harmon	Henry	3	1841	1,492			7	
Harmon	Henry	3	1842	1,508			8	
Harmon	Henry	3	1843	1,744			8	
Harmon	Henry L.	3	1841	127				1
Harmon	Henry L.	3	1842	77				1
Harmon	Henry S.	3	1838					1
Harmon	Henry S.	3	1839					1
Harmon	Peter	3	1838					1
Harmon	Peter	3	1839					1
Harmon	Peter	3	1842					1
Harmon	Peter L.	3	1840					1
Harmon	Peter L.	3	1841					1
Harmon	Peter L.	3	1843					1
Harmon	R. S.	3	1840	144	400			1
Harmon	R. S.	3	1841	644				1
Harmon	R. S. heirs	3	1843	400				
Harmon	Reuben S.	3	1842	644			1	1
Harmon	Rueben S.	3	1838	143	500			1
Harmon	Rueben S.	3	1839	144	500			1
Harris	C. E.	2	1839	184	100		2	1
Harris	James J.	4	1842					1
Harris	William R.	4	1841	40				
Harris	William R.	4	1842	40				
Harrison	Benjamin heirs	8	1837	75				
Harrison	Benjamin heirs	8	1838	75				
Harrison	Benjamin heirs	8	1839	75				
Harrison	Cleavelan L.	2	1843					1
Harriss	C. E.	6	1839			1		
Harriss	C. E.	2	1840	184	100		2	1
Harriss	C. E.	6	1840			1		
Harriss	C. E.	2	1842	287			3	1
Harriss	C. E. guard. of E. Ely	2	1842				1	
Harriss	C. E. & U.	3	1840	40				
Harriss	C. E. & U.	3	1841	40				
Harriss	C. E. & Urbane	3	1842	680				
Harriss	C. E. & Urbane	3	1843	680				
Harriss	Coleman E.	6	1838	100	61	1	2	
Harriss	Coleman E.	2	1841	287			2	1
Harriss	Coleman E.	6	1841			1		
Harriss	Coleman E.	2	1843	327			2	1
Harriss	Coleman E. guard. E. Ely	2	1841				1	
Harriss	Coleman E. guard. Elizabeth Ely	6	1843				1	
Harriss	Dowsen C.	2	1843					1
Harriss	James	7	1837	100	100			1
Harriss	James	6	1838			1		
Harriss	James	7	1838	100	100			1

Last Name	First Name	Dist.	Year	Acres	S.Acres	T.L.	Slaves	W.P.
Harriss	James	4	1840					1
Harriss	James	4	1841					1
Harriss	U. & C. E.	3	1839	40				
Harriss	Urbane	1	1838	135	25			
Harriss	Urbane	2	1838	180				
Harriss	Urbane	2	1839	180				
Harriss	Urbane	6	1839				1	
Harriss	Urbane	2	1840	180				
Harriss	Urbane	6	1840				1	
Harriss	Urbane	2	1841	180				
Harriss	Urbane	6	1841				1	
Harriss	Urbane	2	1842	230				
Harriss	Urbane	6	1842				1	
Harriss	Urbane	2	1843	230				
Harriss	Urbane	6	1843				1	
Harriss	William	8	1838	80				1
Harriss	William	8	1839	160				1
Harriss	William	8	1840	160				1
Harriss	William	8	1841	160				1
Harriss	William	8	1842	160				1
Harriss	William	8	1843	160				1
Harriss	William & others	8	1837	341				1
Hart	John	7	1839	129				1
Hart	John	7	1840	100				1
Hart	John M.	7	1837	129				1
Hart	John M.	7	1838	129				
Hart	John M.	7	1841	440				1
Hart	John M.	7	1842	540				1
Hart	John M.	7	1843	540				1
Hatcher	John	5	1838	55	200			1
Hatcher	John	5	1839	55	200			1
Hatcher	John	5	1840	50	200			
Hatcher	John	5	1841	250				
Hatcher	John Junr.	5	1842	50				1
Hatcher	John Junr.	5	1843	50				1
Hatcher	John Senr.	5	1842	210				
Hatcher	John Senr.	5	1843	225				
Hatcher	William	5	1842	466				1
Hatcher	William	5	1843	66				1
Hatcher	William F.	5	1838					1
Hatcher	William F.	5	1839					1
Hatcher	William F.	5	1840	16	50			1
Hatcher	William F.	5	1841	66				1
Haygood	Jesse	10	1841					1
Haygood	Jesse	10	1842					1
Haygood	John	10	1838					1
Haygood	John	10	1839					1
Haygood	John	10	1840					1
Haygood	John	10	1841					1

Last Name	First Name	Dist.	Year	Acres	S.Acres	T.L.	Slaves	W.P.
Haygood	John	10	1842					1
Headlee	Daniel	4	1838	30	85			
Headlee	Daniel	4	1839	30	85			
Headlee	Daniel	4	1840	115				
Headlee	Daniel	4	1841	75				
Headlee	Joseph	4	1838		10			1
Headley	Joseph	4	1839		10			
Heard	George	4	1838	118	68	1		1
Heard	George	4	1839	118	158	1		1
Heard	George	4	1840	118	158	1		1
Heard	George	4	1841			1		1
Hedge	Carroll	10	1838					1
Hedge	Isaac	10	1837	93	205			1
Hedge	Isaac	10	1838	93	205			1
Hedge	Isaac	10	1839	295	93			1
Hedge	Isaac	10	1840	295	93			
Hedge	Isaac	10	1841	388				
Hedge	Isaac	10	1842	388				
Hedge	Isaac	10	1843	388				
Hedge	Samuel	10	1843					1
Hedge	William C.	10	1839					1
Hedge	William C.	10	1840					1
Hedgecock	Jane	1	1839		210			
Hedgecock	Moses	1	1838	60	92			
Hedgecock	Moses	1	1839	60	92			
Hedgecock	Moses	1	1840	60	92			
Hedgecock	Moses	1	1841	207				
Hedgecock	Moses	1	1842	242				
Hedgecock	Moses	1	1843	242				
Hemby	Samuel	1	1838	100				1
Hemby	Samuel	1	1839	100				1
Hemby	Samuel	1	1841	150				1
Hemby	Samuel	1	1842	150				1
Hemby	Samuel	1	1843	150				1
Hendrix	Andrew	5	1838	144	100			
Hendrix	Andrew	5	1839	144	100			
Hendrix	Andrew	5	1840	144	100			
Hendrix	Andrew	11	1841	244				
Hendrix	Andrew	11	1842	240				
Hendrix	Andrew	11	1843	244				
Hendrix	Elijah	5	1838	74	126			
Hendrix	Elijah	6	1838		175			1
Hendrix	Elijah	5	1839	74	126			
Hendrix	Elijah	6	1839		275			1
Hendrix	Elijah	6	1840		100			1
Hendrix	Elijah	6	1841	100				1
Hendrix	Elijah Junr.	5	1840		175			
Hendrix	Elijah Junr.	5	1841	175				
Hendrix	Elijah Junr.	5	1842	376				1

Last Name	First Name	Dist.	Year	Acres	S.Acres	T.L.	Slaves	W.P.
Hendrix	Elijah Junr.	5	1843	376				1
Hendrix	Elijah Senr.	5	1840	45	126			
Hendrix	Elijah Senr.	5	1841	171				
Hendrix	Elijah Senr.	5	1842	171				
Hendrix	Elijah Senr.	5	1843	171				
Hendrix	Isaac	11	1841	20				1
Hendrix	Isaac	11	1842	20				1
Hendrix	Isaac	11	1843	20				1
Hendrix	Laben	6	1838	144				1
Hendrix	Laben	6	1839	144				1
Hendrix	Laben	6	1840	144				1
Hendrix	Laben	6	1841	144				1
Hendrix	Laben	6	1842	144				1
Hendrix	Laben	6	1843	144				1
Hendrix	William	5	1838	64	50			1
Hendrix	William	5	1839	84				1
Hendrix	William	5	1840	84				1
Hendrix	William	5	1841	84				1
Hendrix	William	5	1842					1
Hendrix	William	5	1843	84				1
Henson	Jacob	1	1838	250	250		3	
Henson	Jacob	1	1839	250	250		3	
Henson	Jacob	1	1840	250	250		3	
Henson	Jacob	1	1841	500			3	
Henson	Jacob	1	1842	500			3	
Henson	Jacob	1	1843	500			3	
Henson	John W.	1	1838					1
Henson	John W.	1	1839					1
Henson	John W.	1	1840					1
Henson	John W.	1	1841					1
Henson	John W.	1	1842					1
Henson	John W.	1	1843					1
Herren	Elisha	8	1839	274				
Herren	Uriah M.	8	1839		20			1
Herren	Uriah M.	8	1840	20				1
Herren	Uriah M.	8	1841	20				1
Herren	Uriah M.	8	1842	21				1
Herren	Uriah M.	8	1843	20				1
Hickman	John	9	1840	150				
Hickman	John	9	1841	150				
Hignight	John	4	1839		50			1
Hignight	John	4	1840	50	1,500			1
Hignight	John	4	1841					1
Hignight	John	4	1842	1,500				1
Hignight	John	4	1843	15,000				
Hignight	Peter	4	1838					1
Hignight	Peter	4	1839					1
Hignight	Peter	4	1840					1
Hignight	Peter	4	1841					1

Last Name	First Name	Dist.	Year	Acres	S.Acres	T.L.	Slaves	W.P.
Hignight	Peter	4	1842					1
Hill	William	6	1840					1
Hobbs	William	9	1837	100	76	1		1
Hobbs	William	9	1838	100	46			1
Hobbs	William	9	1839	100	46			1
Hobbs	William	9	1840	100	46			1
Hobbs	William	9	1841	146				1
Hobbs	William	9	1842	146				1
Hobbs	William	9	1843	146				1
Holland	B. F.	10	1840	30	50			1
Holland	B. F.	10	1841	230				1
Holland	B. F.	6	1842	250				
Holland	B. F.	10	1842	230				1
Holland	B. F.	6	1843	250				
Holland	B. F.	10	1843	230				1
Holland	Benjamin	10	1837	378	300			1
Holland	Benjamin	10	1838	378	300			1
Holland	Benjamin	10	1839	378	300			
Holland	Benjamin	10	1840	378	300			
Holland	Benjamin	10	1841	678			1	
Holland	Benjamin	10	1842	866			2	1
Holland	Benjamin	10	1843	1,726			2	
Holland	Benjamin F.	6	1838					1
Holland	Hardy	10	1837	20	600			
Holland	Hardy	10	1838	20	600			
Holland	Hardy	10	1839	20	600			1
Holland	Hardy	10	1840	20	100			
Holland	Hardy	10	1841	170				
Holland	Hardy	10	1842	170				
Holland	James	10	1838	50				
Holland	James	10	1839	50				1
Holland	James	10	1840	50				1
Holland	James	10	1841	50				
Holland	James	10	1842	50				
Holland	James	10	1843	50				
Holland	James J.	10	1837	50				
Holland	Jefferson	10	1837	25				1
Holland	Jefferson	10	1838	25				1
Holland	Jefferson	10	1839	25				1
Holland	Jefferson	10	1840	25				1
Holland	Jefferson	10	1841					1
Holland	Jefferson	10	1842					1
Holland	John	1	1838					1
Holland	John	1	1839					1
Holland	John	1	1840					1
Holland	John	1	1841					1
Holland	John	1	1842					1
Holland	John	1	1843					1
Holland	Mark	10	1837	30	600			1

Last Name	First Name	Dist.	Year	Acres	S.Acres	T.L.	Slaves	W.P.
Holland	Mark	10	1838	30	600			1
Holland	Mark	10	1839	30	600			
Holland	Mark	10	1840	30	600			
Holland	Mark	10	1841	630				
Holland	Mark	10	1842	630				
Holland	Mark	10	1843	100				
Holland	Robert	10	1837					1
Holland	Robert	10	1838					1
Holland	Robert	10	1839					1
Holland	Robert	10	1840					1
Holland	Robert	10	1841					1
Holland	Robert	10	1842					1
Holland	Robert	10	1843					1
Holmes	James M.	2	1838	320			1	1
Holmes	James M.	2	1839	320			1	1
Holmes	James M.	2	1840	320			1	1
Holmes	James M.	2	1841	320			1	1
Holmes	James M.	2	1842	320			1	1
Holmes	James M.	2	1843	320			1	1
Hooper	A. C. S.	5	1838	16	50			1
Hooper	A. C. S.	5	1839	16	50			1
Hooper	A. C. S.	5	1840					1
Hooper	A. C. S.	5	1841					1
Hooper	A. E. B.	6	1840	75				
Hooper	A. E. B.	6	1841	75				1
Hooper	A. E. B.	6	1843	75				
Hooper	Alfred	5	1838					1
Hooper	Alfred	5	1839					1
Hooper	Alfred	6	1840					1
Hooper	Alfred	6	1841					1
Hooper	Alfred	6	1843					1
Hooper	Bailey	5	1838	200			1	
Hooper	Bailey	5	1839	200			1	
Hooper	Bailey	5	1840	200			1	
Hooper	Bailey	5	1841	200			1	
Hooper	Bailey	5	1842	200			1	
Hooper	Bailey	5	1843	200			1	
Hooper	C. J.	5	1843	45				1
Hooper	Dempsey	5	1839					1
Hooper	Dempsey	5	1842					1
Hooper	Dempsey J.	5	1843					1
Hooper	Edzey	5	1840					1
Hooper	Edzey	5	1841					1
Hooper	Eli	5	1843				1	1
Hooper	James	5	1838					1
Hooper	James	5	1838	36	100			
Hooper	James	5	1839					1
Hooper	James	5	1839	36	100			1
Hooper	James	5	1840	36	100			1

Last Name	First Name	Dist.	Year	Acres	S.Acres	T.L.	Slaves	W.P.
Hooper	James	5	1840					1
Hooper	James	5	1841	136				1
Hooper	James Junr.	5	1841					1
Hooper	James Junr.	5	1842					1
Hooper	James Junr.	5	1843	100				1
Hooper	James Senr.	5	1842	136				1
Hooper	James Senr.	5	1843	136				1
Hooper	John	5	1838	148			2	
Hooper	John	5	1839	175			2	
Hooper	John	5	1840	175			2	
Hooper	John	5	1841	175			2	
Hooper	John	5	1842	175			2	
Hooper	John	5	1843	175			2	
Hooper	Joseph	5	1838	150	100			
Hooper	Joseph	5	1839	150	100			
Hooper	Joseph	5	1840	150	100			
Hooper	Joseph	5	1841	250				
Hooper	Joseph	5	1842					
Hooper	Joseph	5	1843					
Hooper	Katherine	5	1838	198	250		6	
Hooper	Katherine	5	1839	198	250		6	
Hooper	Katherine	5	1840	198	250		3	
Hooper	Katherine	5	1841	448			3	
Hooper	Katherine	5	1842	449			3	
Hooper	Katherine	5	1843	448			3	
Hooper	Lankford	5	1843					1
Hooper	N. C.	5	1842	190				1
Hooper	N. C.	6	1842	75				
Hooper	N. C.	5	1843	196				1
Hooper	Nimrod C.	5	1838	146	50			1
Hooper	Nimrod C.	5	1839	146	50			1
Hooper	Nimrod C.	5	1840	140	50			1
Hooper	Nimrod C.	5	1841	190				1
Hooper	Simpson	5	1838					1
Hooper	Simpson	5	1839					1
Hooper	William	5	1838					1
Hooper	William	5	1839					1
Hooper	William	5	1840					1
Hooper	William	5	1840					1
Hooper	William	5	1841					1
Hooper	William	5	1843					1
Hooper	William C.	5	1838					1
Hooper	William C.	5	1840					1
Hooper	William C.	5	1841					1
Hooper	William Junr.	5	1841					1
Hooper	William Junr.	5	1842					1
Hooper	William Junr.	5	1843	200				1
Hooper	William Senr.	5	1839					1
Hooper	William Senr.	5	1842					1

Last Name	First Name	Dist.	Year	Acres	S.Acres	T.L.	Slaves	W.P.
Hooper	Zadoc	5	1838					1
Hooper	Zadoc	5	1839					1
Hooper	Zadoc	5	1840					1
Hooper	Zadoc	5	1841					1
Hooper	Zadoc	5	1842					1
Hooper	Zadoc	5	1843					1
House	John	1	1843					1
Hudson	Ezekiel	5	1838	30	380			1
Hudson	Ezekiel	5	1839	30	380			
Hudson	Ezekiel	5	1840	30	380			
Hudson	Ezekiel	5	1841	310				
Hudson	Ezekiel	5	1842	360				
Hudson	Ezekiel	5	1843	390				
Hudson	James D.	5	1838					1
Hudson	James D.	5	1839					1
Hudson	James D.	5	1840					1
Hudson	John	5	1842					1
Hudson	William P.	5	1838					1
Hudson	William P.	5	1839					1
Hudson	William P.	5	1842					1
Hudson	William P.	5	1843					1
Hudspeth	Robert	4	1843					1
Hughey	Andrew J.	7	1843					1
Hughey	D. P.	7	1839		100			
Hughey	D. P.	7	1841	100				
Hughey	Dawsey	7	1840		100			1
Hughey	Dawsey P.	7	1838		100			
Hughey	Jackson	7	1842					1
Hughey	W. B.	7	1841					1
Hughey	William	7	1838	140	200		1	1
Hughey	William	7	1839	140	200		1	1
Hughey	William	7	1840	140	200		1	1
Hughey	William B.	7	1837	140				1
Hughey	William B.	7	1842				1	1
Hughey	William B.	7	1843				1	1
Humble	Jacob	9	1837	65				
Humphreys	Haratio heirs	2	1840	112				
Humphreys	Horatio heirs	2	1838	112				
Humphreys	Horatio heirs	2	1839	112				
Humphreys	Horatio heirs	2	1841	112				
Humphreys	John	5	1842	200			2	
Humphreys	John H.	5	1838	20			5	
Humphreys	John H.	5	1839	20			2	
Humphreys	John H.	5	1840	200			2	
Humphreys	John H.	5	1841	200			2	
Humphreys	John H.	5	1843	200			2	
Humphreys	Stokely	4	1843					1
Humphreys	Stokely D.	4	1841					
Hunt	S. T.	10	1843	270			7	

Last Name	First Name	Dist.	Year	Acres	S.Acres	T.L.	Slaves	W.P.
Hunt	Spencer T.	10	1842	270			5	
Hunter	Albert L.	8	1837					1
Hunter	Albert T.	8	1838					1
Hunter	Albert T.	8	1839					1
Hunter	Albert T.	8	1840	60	100			1
Hunter	Albert T.	8	1841					1
Hunter	Albert T.	8	1842					1
Hunter	Albert T.	8	1843					1
Hunter	John	8	1837	200				
Hunter	John	8	1838	200	31			1
Hunter	John	8	1839	200	31			
Hunter	John	8	1840	200	31			
Hunter	John	8	1841	231				
Hunter	John	8	1842	231				
Hunter	John	8	1843	231				
Hunter	Samuel J.	8	1841					1
Hunter	Samuel J.	8	1842					1
Hunter	Samuel J.	8	1843					1
Hunter	William C.	8	1843					1
Huntsman	Means & McKernon	3	1838	310				
Huntsman	Means & McKernon	3	1839	100				
Hurt	Joseph	10	1843					1
Hurt	William	10	1837	50	100			1
Hurt	William	10	1838	50	100			1
Hurt	William	10	1839	50	100			1
Hurt	William	10	1840	50	100			1
Hurt	William	10	1841	150				1
Hurt	William	10	1842	150				1
Hurt	William	10	1843	150				1
Ingram	James	6	1841			1		
Ingram	Samuel	6	1838			3		
Ingram	Samuel	6	1839			1		
Ingram	Samuel	6	1840			1		
Inman	Slaughter	7	1837					1
Inman	Slaughter	7	1838					1
Inman	Slaughter	8	1839					1
Inman	Slaughter	2	1841					1
Inman	Slaughter	8	1843					1
Irby	James	10	1839		150			1
Irby	William	10	1838	30	50			1
Jackson	Abel	7	1839	207			1	
Jackson	Abel	7	1840	207	800		1	
Jackson	Abel	7	1841				1	
Jackson	Abel	1	1842	290			1	
Jackson	Abel	1	1843	290			1	
Jackson	Carroll	7	1840					1
Jackson	Daniel	1	1843					1
Jackson	Daniel	3	1843					1
Jackson	Elijah	7	1840					1

Last Name	First Name	Dist.	Year	Acres	S.Acres	T.L.	Slaves	W.P.
Jackson	Elijah	7	1841					1
Jackson	Elijah	1	1842					1
Jackson	Elijah	3	1843					1
Jackson	Epps	9	1837		15,000			
Jackson	Epps	9	1838		15,000			
Jackson	Epps	9	1839		15,000			
Jackson	Epps	9	1840		10,000			
Jackson	Epps	9	1841	10,000				
Jackson	John	1	1841					1
Jackson	John	6	1842					1
Jackson	John	1	1843					1
Jackson	John	3	1843					1
Jackson	Meshack	4	1841					1
Jackson	Meshack	1	1843					1
Jackson	W. C.	7	1841					1
Jackson	William C.	1	1843					1
James	Israel heirs	5	1843	104				
James	Isreal heirs	5	1842	104				
James	William	8	1842					1
James	William	8	1843					1
Jarmon	Robert heirs	8	1837	150				
Jenkins	John	1	1839					1
Jenkins	John	7	1841	100				1
Jenkins	John	8	1843					1
Jernigan	William	1	1838		50			
Jernigan	William	1	1839		50			
Jernigan	William	1	1840		50			
Jernigan	William	11	1841	115			1	
Jernigan	William	11	1842	115			1	
Jernigan	William	11	1843	115			2	
John	Ann	10	1837	163	50		4	
Johnson	Ann	10	1839	163	60		4	
Johnson	Ann	10	1840	163	60		4	
Johnson	Ann	10	1841	243			4	
Johnson	Ann	10	1842	253			3	
Johnson	Ann	10	1843	193			3	
Johnson	Anna	10	1838	163	50		5	
Johnson	David	9	1837					1
Johnson	David	9	1838					1
Johnson	David	9	1839					1
Johnson	David	9	1840					1
Johnson	David	9	1841					1
Johnson	David	9	1842					1
Johnson	David	9	1843					1
Johnson	Hiram	9	1837					1
Johnson	Hiram	8	1838					1
Johnson	Hiram	8	1842					1
Johnson	Hiram	8	1843					1
Johnson	Jackson	9	1840	45	150			1

Last Name	First Name	Dist.	Year	Acres	S.Acres	T.L.	Slaves	W.P.
Johnson	Jackson	9	1841	193				1
Johnson	Jackson	9	1842	193				1
Johnson	Jackson	9	1843	193				1
Johnson	Joel	10	1842					1
Johnson	Joel	10	1843				1	1
Johnson	John	7	1837					1
Johnson	John	7	1838					1
Johnson	John	9	1838					1
Johnson	John	7	1839				1	
Johnson	John	9	1839					1
Johnson	John	7	1840				1	1
Johnson	John	7	1841				1	1
Johnson	John	2	1842				1	1
Johnson	John	2	1843				1	1
Johnson	John W.	1	1838	198				
Johnson	John W.	1	1839	198				
Johnson	Levi	11	1841	40				
Johnson	Levi	11	1842	40				
Johnson	Levi	11	1843	40				
Johnson	Margaret	9	1837	20	50			
Johnson	Margaret	9	1838	20	50			
Johnson	Margaret	9	1839	20	50			
Johnson	Margaret	9	1840	20	50			
Johnson	Margaret	9	1841	70				
Johnson	Margaret	9	1842	220				
Johnson	Margaret	9	1843	220				
Johnson	Stephen	10	1842	100				
Johnson	Stephen	10	1843	128				1
Johnson	Thomas	10	1839					1
Johnson	Thomas	10	1840					1
Johnson	Thomas	10	1841					1
Johnson	Thomas	10	1842					1
Johnson	Thomas	10	1843	80				1
Johnson	William	10	1837					1
Johnson	William	10	1838					1
Johnson	William	10	1839	100	100			1
Johnson	William	10	1840	100	100			1
Johnson	William	10	1841	200				1
Johnson	William	10	1842	200				1
Johnson	William	10	1843	200				1
Johnson	William H.	2	1838			1		
Johnson	William H.	2	1839			1		
Johnson	William H.	2	1840			1		
Johnson	William H.	2	1841			1		
Johnson	William H.	2	1842			1		
Johnson	William H.	2	1843			1		
Jones	Denis G.	8	1840	698	12			
Jones	Elizabeth	4	1842	5,550			2	
Jones	Elizabeth	4	1843	5,550			2	

Last Name	First Name	Dist.	Year	Acres	S.Acres	T.L.	Slaves	W.P.
Jones	Ephraim	4	1838					1
Jones	Ephraim	4	1839					1
Jones	Ephraim	4	1840					1
Jones	Jesse	4	1840					1
Jones	Jesse	4	1841					1
Jones	Jesse	4	1842					1
Jones	Jesse	4	1843					1
Jones	John	1	1838		5,000			
Jones	John	1	1839		5,000			
Jones	John	9	1843					1
Jones	John, Solomon & McNeeley	4	1838		5,000			
Jones	& McNeely	4	1839		5,000			
Jones	& McNeely	4	1840		5,000			
Jones	Solomon	4	1838		1,507		3	
Jones	Solomon	4	1839		1,507		3	
Jones	Solomon	4	1840		550		3	
Jones	Solomon	4	1841	5,550				
Jones	William	9	1837	100	185			
Jones	William	9	1838	100	115		1	
Jones	William	6	1839	100	61			
Jones	William	9	1839	200	215		1	
Jones	William	6	1840	100	61			
Jones	William	9	1840	200	237		1	
Jones	William	6	1841	161				
Jones	William	9	1841	437			1	
Jones	William	6	1842	161				
Jones	William	9	1842	469			1	
Jones	William	6	1843	161				
Jones	William	9	1843	437			1	
Jordan	Abram	5	1843					1
Jordan	Burton	7	1837	45			8	
Jordan	Burton	3	1838	250	255			
Jordan	Burton	7	1838	45				
Jordan	Burton	3	1839	250	255			
Jordan	Burton	3	1840	250	255			
Jordan	Burton	3	1841	505				
Jordan	Burton	3	1842	505				
Jordan	Burton	3	1843	505				
Jordan	Nathan	5	1843	100				1
Joslin	James	4	1838				2	
Joslin	James	4	1839				2	
Joslin	James	8	1840	210	200		2	
Joslin	James	8	1841	530			2	
Joslin	James	8	1842	530			2	
Joslin	James	8	1843	530			3	
Kelly	Redmund H.	5	1838					1
Kelly	Redmund H.	10	1839					1
Kelly	Redmund H.	10	1840					1
Kelly	Redmund H.	10	1841					1

Last Name	First Name	Dist.	Year	Acres	S.Acres	T.L.	Slaves	W.P.
King	Armour heirs	3	1838				1	
King	George H.	3	1838					1
King	James C.	6	1840		10,000			
King	James C.	6	1841	5,000				
King	James C.	6	1842	5,000				
King	James C.	5	1843	5,000				
King	John	10	1837	130	50			1
King	John A.	10	1837	50	25			
King	John A.	10	1838	50	25			
King	Mary	3	1838				3	
King	Mary	3	1839				3	
King	Mary	3	1840				3	
King	Mary	3	1841				3	
King	Mary	3	1842				2	
King	Mary	3	1843				2	
King	Osmond E.	3	1838					1
King	Osmond E.	3	1839					1
King	Osmond E.	3	1840					1
King	Osmond E.	3	1841					1
King	Osmond E.	3	1842					1
King	Osmond E.	3	1843					1
King	Samuel T.	10	1837	50	75			1
King	Samuel T.	10	1838	50	75			1
King	Spencer	3	1841					1
King	Spencer J.	3	1839					1
King	Spencer J.	3	1842					1
King	Spencer J.	3	1843					1
King	William	3	1839					1
King	William	6	1840					1
King	William	6	1841					1
King	William	6	1842					1
King	William	6	1843					1
King	William	3	1838				1	1
Kirkland	Aaron	1	1838	100				1
Kirkland	Aaron	1	1839	100				1
Kirkland	Aaron	1	1840	100				1
Kirkland	Aaron	1	1841	100				1
Kirkland	Aaron	1	1842	198				1
Kirkland	Aaron	1	1843	198				1
Kirkland	Levi	1	1838	277	142			
Kirkland	Levi	1	1839	198	142			
Kirkland	Levi	1	1840	198	142			
Kirkland	Levi	1	1841	340				
Kirkland	Levi	1	1842	340				
Kirkland	Levi	1	1843	340				
Kirkland	Thomas	1	1839					1
Kirkland	Thomas	1	1840					1
Kirkland	Thomas	1	1841					1
Kirkland	Thomas	1	1842					1

Last Name	First Name	Dist.	Year	Acres	S.Acres	T.L.	Slaves	W.P.
Kirkland	Thomas	1	1843					1
Kirkman	no name	3	1841	4,500				
Kirkman	Thomas	3	1838	4,500				
Kirkman	Thomas	3	1839	4,500				
Kirkman	Thomas	3	1840	4,500				
Kirkman	Thomas	3	1842	4,500				
Kirkman	Thomas	3	1843	4,500				
Kirkman	William H.	3	1839					1
Knight	Joshua	5	1843	245				1
Knight	Joshua Y.	5	1838	99				1
Knight	Joshua Y.	5	1839	195				1
Knight	Joshua Y.	5	1840	195				1
Knight	Joshua Y.	5	1841	195				1
Knight	Joshua Y.	5	1842	195				1
Knight	Nancy	5	1838	200				
Knight	Wade H.	1	1838		50			1
Knight	Wade H.	1	1839		50			1
Knight	Wade H.	1	1840		50			1
Knight	Wade H.	1	1841	50				1
Knight	Wade H.	1	1842	400				1
Knight	Wade H.	1	1843	400				1
Knight	William	9	1841	287				
Knight	William J.	5	1838	52	50		1	1
Knight	William J.	5	1839	252	50			1
Knight	William J.	9	1842	287			2	1
Knight	William J.	9	1843	287			2	1
Koen	F. D. L. [see Coen]	9	1843	130				1
Koen	Frederick D. L.	1	1839					1
Koen	Frederick D. L.	1	1842					1
Koen	James H.	1	1838	220	50		1	1
Koen	James H.	1	1839	220	50			
Koen	James H.	1	1840	220	50			
Koen	James H.	1	1841	270				
Koen	James H.	1	1842	270				
Koen	James H.	1	1843	270				
Krunk	William	3	1843					1
Krunk	William H.	3	1838					1
Krunk	William H.	3	1840					1
Lain	John	8	1837		200			
Lain	John	8	1838		200			
Lain	John	8	1839		200			
Lain	John	8	1840		200		2	
Lain	John	8	1841	200				
Lain	John	8	1842	200				
Lain	John	8	1843	200				
Lain	Thomas	11	1841	275			1	1
Lain	Thomas	11	1842	275			2	1
Lain	Thomas	11	1843	275			2	
Landreth	James	10	1840	57	50			1

Last Name	First Name	Dist.	Year	Acres	S.Acres	T.L.	Slaves	W.P.
Landreth	James	10	1841	107				1
Landreth	James	10	1842	107				1
Landreth	James	10	1843	107				1
Lanier	Churchwell	6	1842			1		
Lanier	Churchwell	6	1843			1		
Lankford	Henry	9	1837		200			
Lankford	Henry	9	1838		150			
Lankford	Henry heirs	9	1839		150			
Lankford	Henry heirs	9	1840	150				
Lankford	Jarret N.	9	1843					1
Larkins	James	8	1841					1
Larkins	James	8	1842					1
Larkins	James	8	1843					1
Larkins	John	4	1841					1
Larkins	John	4	1842					1
Larkins	John	4	1842	170				
Larkins	John	4	1843	170				1
Lashlee	Burwell heirs	2	1838	30				
Lashlee	Burwell heirs	2	1839		30			
Lashlee	Burwell heirs	2	1840		30			
Lashlee	Burwell heirs	2	1841	30				
Lashlee	Burwell heirs	2	1842	30				
Lashlee	Burwell heirs	2	1843	30				1
Lattimer	James F.	1	1839					1
Lattimer	James F.	1	1840					1
Lattimer	James F.	1	1841					1
Lattimer	James F.	1	1842					1
Lattimer	James F.	1	1843					1
Lattimer	Jonathan C.	1	1838					1
Lattimer	Jonathan C.	1	1839					1
Lattimer	Jonathan C.	1	1840					1
Lattimer	Jonathan C.	1	1841					1
Lattimer	Lynde	1	1838	158				
Lattimer	Lynde	1	1839	158				
Lattimer	Lynde	1	1840	158				
Lattimer	Lynde	1	1841	123				
Lattimer	Lynde	1	1842	123				
Lattimer	Lynde	1	1843	123				
Lattimer	Thomas H.	1	1838					1
Lattimer	Thomas H.	1	1839					1
Lattimer	Thomas H.	1	1840					1
Lattimer	Thomas H.	1	1841					1
Lattimer	Thomas H.	1	1842					1
Lattimer	Thomas H.	1	1843					1
Lattimer	William B.	1	1842					1
Lattimer	William B.	1	1843					1
Latty	Alexander	9	1842					1
Latty	Jackson	9	1843					1
Latty	William	9	1839					1

Last Name	First Name		Dist.	Year	Acres	S.Acres	T.L.	Slaves	W.P.
Laurance	William		10	1843	2,560				
Laurence	William		10	1841	2,560				
Laurence	William		10	1842	2,560				
Laurence	William	J. P. Hardwick, agt.	10	1838		2,560			
Laurence	William	J. P. Hardwick, agt.	10	1839		2,560			
Laurence	William	J. P. Hardwick, agt.	10	1840		2,560			
Leathers	heirs		8	1839	228				
Leathers	James Heirs		8	1837	228				
Leathers	James heirs		8	1840	228				
Leathers	James heirs		8	1841	228				
Leathers	James heirs		8	1842	228				
Leathers	James heirs		8	1843	228				
Lee	R.		2	1841					
Lee	Robert		2	1842					1
Lee	Robert G.		2	1843					1
Legate	James		4	1838					1
Legate	James		4	1839					1
Legate	Jefferson		4	1839					1
Legate	Jefferson H.		4	1838					1
Legate	John		4	1838					1
Legate	John		4	1839					1
Legate	Wilie		7	1837		100			1
Legate	Wilie		7	1838		100			1
Legate	Wilie		7	1839					1
Legate	Wilie		7	1842					1
Legate	Wilie		7	1843					1
Legate	William		4	1838					1
Legate	William		4	1840					1
Lewis	John		5	1838	126	125		3	
Lewis	John		5	1839	126	125		3	
Lewis	John		5	1840	126	125		3	
Lewis	John		11	1841	351			3	
Lewis	John		11	1842	351			3	
Lewis	John		11	1843	351			4	
Lewis	John W.		5	1838					1
Lewis	John W.		5	1839		150			1
Lewis	John W.		5	1840					1
Lewis	John W.		11	1842					1
Lewis	John W.		11	1843					1
Light	George		9	1837		100			
Light	George		9	1838					1
Light	George		9	1839					1
Light	George		7	1841					1
Light	George		7	1842					1
Light	George		7	1843					1
Light	George M.		7	1840					1
Light	Michael		10	1837	353	425		2	
Light	Michael		10	1838	353	425		2	
Light	Michael		10	1839		25		2	

Last Name	First Name	Dist.	Year	Acres	S.Acres	T.L.	Slaves	W.P.
Light	Michael	10	1840		25			
Light	Michael	10	1841	25				
Light	Michael	10	1842	25				
Light	Michael	10	1843	25				
Light	Right	9	1837	52				
Light	Right	9	1838	52				
Light	Right heirs	9	1839	52				
Light	Right heirs	9	1840	52	100			
Light	Right heirs	9	1841	152				
Light	Right heirs	9	1842	152				
Light	Right heirs	9	1843	152				
Light	Vachel	9	1837					1
Light	Vachel	9	1838	107				1
Light	Vachel	9	1839	107				1
Light	Vachel	9	1840					1
Light	Vachel	9	1841					1
Light	Vachel	9	1842					1
Light	William	9	1838					1
Light	William	9	1839					1
Light	William	9	1840					1
Light	William	9	1841					1
Light	William	9	1842					1
Light	William	9	1843					1
Little	Isaac	7	1837		50			
Little	Isaac	1	1838		2,000			
Little	Isaac	6	1838		855			
Little	Isaac	7	1838		50			
Little	Isaac	1	1839		2,000			
Little	Isaac	4	1839		400			
Little	Isaac	5	1839		150			
Little	Isaac	6	1839		610	1		
Little	Isaac	7	1839		170			
Little	Isaac	1	1840	20				
Little	Isaac	5	1840		150			
Little	Isaac	6	1840	9	750	3		
Little	Isaac	7	1840		170			
Little	Isaac	5	1841	150				
Little	Isaac	6	1841	759		3		
Little	Isaac	7	1841	170				
Little	Isaac	5	1842	11				
Little	Isaac	6	1842			1		
Little	Isaac	7	1842	170				
Little	Isaac	5	1843	150				
Little	Isaac	6	1843	500				
Little	Isaac	7	1843	170				
Little	James M.	2	1839		2,000			
Little	James M.	2	1840		2,000			
Little	James M.	2	1841	2,000				
Little	James M.	2	1842	2,000				

Last Name	First Name	Dist.	Year	Acres	S.Acres	T.L.	Slaves	W.P.
Little	John N.	6	1840		1,000			
Little	John N.	6	1841	1,000				
Little	John N.	6	1842	3,000				
Little	John N.	6	1843	3,000				
Little	& Martin	6	1840		5,000			
Little	& Martin	6	1841	5,000				
Little	& Yeates	6	1838		350			
Little	& Yeates	6	1839		350			
Little	& Yeates	6	1840		350			
Little	& Yeates	6	1841	350				
Lomax	John H.	10	1843					1
Lomax	William	10	1837	114				1
Lomax	William	10	1838	114				1
Lomax	William	10	1840	114				1
Lomax	William	10	1841	114				1
Lomax	William	10	1842	114				
Lomax	William	10	1843	114				1
Long	John	8	1840					1
Long	John	8	1841	125			2	1
Long	John	8	1842	125			2	1
Long	John	8	1843	125			2	1
Long	Joseph	8	1837	246			1	
Long	Joseph H.	8	1838	246	000		1	
Long	Joseph H.	8	1839	225	325		1	
Long	Joseph H.	8	1840	225	325		2	
Long	Joseph H.	8	1841	420			2	
Long	Joseph H.	8	1842	420			3	
Long	Joseph H.	8	1843	400			3	
Long	Miles	10	1841					1
Long	Miles	10	1842					1
Long	Miles	10	1843	500				1
Lovel	Crawford	9	1838		50			1
Lovel	Crawford	9	1839		50			1
Low	Jesse	9	1843					1
Loyd	George R.	3	1838		650			
Loyd	George R.	3	1839		650			
Loyd	George R.	3	1840		650			
Loyd	George R.	3	1841	650				
Loyd	George R.	3	1842	600				
Loyd	George R.	3	1843	600				
Loyd	James	3	1842					1
Loyd	James	3	1843					1
Lucas	A. M.	1	1843					1
Lucas	E. H.	5	1843	226			1	1
Lucas	Edmond H.	5	1840	78	150			1
Lucas	Edmund H.	5	1838	78	50			1
Lucas	Edmund H.	5	1839	78	150			1
Lucas	Edmund H.	5	1841	228				1
Lucas	Edmund H.	5	1842	228				1

Last Name	First Name	Dist.	Year	Acres	S.Acres	T.L.	Slaves	W.P.
Lucas	Isaac	2	1838	180	550		6	1
Lucas	Isaac	2	1839	435	200		7	1
Lucas	Isaac	2	1840	645	150		8	1
Lucas	Isaac	6	1840			1		
Lucas	Isaac	1	1841	5,000				
Lucas	Isaac	2	1841	1,145			9	1
Lucas	Isaac	6	1841			1		
Lucas	Isaac	1	1842	5,000				
Lucas	Isaac	2	1842	1,145			10	1
Lucas	Isaac	6	1842			1		
Lucas	Isaac	1	1843	5,000				1
Lucas	Isaac	2	1843	2,746			11	1
Lucas	Isaac	6	1843			1		
Lucas	Isaac & N. F.	2	1843	4,800				1
Lucas	John	7	1837	290	90		3	
Lucas	John	7	1838	290	127		3	
Lucas	John	7	1839	290	90		3	
Lucas	John	7	1840	290	90		3	
Lucas	John	2	1842					1
Lucas	John	7	1842	580			5	
Lucas	John	7	1843	500			3	
Lucas	John Junr.	7	1841				1	1
Lucas	John Senr.	7	1841	380			4	
Lucas	& Miller	6	1838			1		
Lucas	& Miller	6	1839			1		
Lucas	Nimrod	7	1839					1
Lucas	Nimrod F.	7	1838					1
Lucas	Nimrod F.	2	1840					1
Lucas	Nimrod F.	2	1841					1
Lucas	Nimrod F.	2	1842					1
Lucas	Polly	7	1837	40				
Lucas	Polly	7	1838	40				
Lucas	Polly	7	1839	40				
Lucas	Polly	7	1840	40				
Lumsden	Jesse heirs	8	1838	162	50			
Lumsden	Jesse heirs	8	1839	162	50			
Lumsden	Jesse heirs	8	1840	162	50			
Lumsden	Jesse heirs	8	1841	212				
Lumsden	Jesse heirs	8	1842	212				
Lumsden	Jesse heirs	8	1843	212				
Lumsden	Margaret	8	1837	162	50			
Lumsden	Samuel	8	1839					1
Lumsden	Samuel B.	8	1838					1
Lumsden	Samuel B.	8	1840					1
Lumsden	Samuel B.	8	1841					1
Lumsden	Samuel B.	8	1842					1
Lumsden	Samuel B.	8	1843					1
Lumsden	Stephen P.	8	1841					1
Lumsden	Stephen P.	8	1842					1

Last Name	First Name	Dist.	Year	Acres	S.Acres	T.L.	Slaves	W.P.
Lumsden	Stephen P.	8	1843					1
Luton	Dempsey	9	1843					1
Luton	Henry	9	1837	325	200			
Luton	Henry	9	1838	325	200			
Luton	Henry	9	1839	325	200			
Luton	Henry	9	1840	325	200			
Luton	Henry	9	1841	525			1	
Luton	Henry	9	1842	525			1	
Luton	Henry	9	1843	525			2	
Luton	John	5	1841					1
Luton	John	9	1843					1
Luton	Philip	9	1840					1
Luton	Philip	9	1841					1
Luton	Phillip	9	1837					1
Luton	Phillip	9	1839					1
Luton	Phillip	9	1842					1
Luton	Phillip	9	1843					1
Luton	William	8	1837	200				1
Luton	William	9	1837	200				1
Luton	William	8	1838	200				1
Luton	William	8	1839	200				1
Luton	William	8	1840	200				1
Luton	William	8	1841	200				1
Luton	William	8	1842	200				1
Luton	William	8	1843	200			1	1
Lytle	Peyton	6	1838	87	38			
Mackins	James	9	1841					1
Mackins	Michael	9	1841	200			1	
Mackins	Michael Junr.	9	1841					1
Maden	James	1	1843					1
Maden	John	1	1838	188	150			
Maden	John	1	1839	188				
Maden	John	1	1840	188				
Maden	John	1	1841	188				
Maden	John	1	1842	188				
Maden	John	1	1843	188				
Maden	John P.	1	1839					1
Maden	John P.	1	1840					1
Maden	John P.	1	1841					1
Maden	John P.	1	1842					1
Maden	John P.	1	1843					1
Maden	William M.	1	1838					1
Maden	William M.	1	1839	40	50			1
Maden	William M.	1	1840	80	50			1
Maden	William M.	1	1841	130				1
Maden	William M.	1	1842	350				1
Maden	William M.	1	1843	350				1
Mallory	William W.	2	1841			1		
Mallory	William W.	2	1842			1		

Last Name	First Name	Dist.	Year	Acres	S.Acres	T.L.	Slaves	W.P.
Mallory	William W. heirs.	2	1843			1		
Marable	Benjamin	2	1838					1
Marable	Benjamin D.	2	1839					1
Marable	George	6	1842					1
Marable	H. H.	6	1842				11	1
Marable	Henry H.	2	1838	50		2	3	1
Marable	Henry H.	5	1838					1
Marable	Henry H.	2	1839	50		3	3	1
Marable	Henry H.	5	1839					1
Marable	Henry H.	2	1840	50		2	3	1
Marable	Henry H.	2	1841	50		2	5	1
Marable	Henry H.	2	1843				12	1
Marable	John H.	2	1841					1
Marable	John H.	2	1842					1
Marable	John H.	2	1843					1
Marable	John Junr.	2	1840					1
Marbry	H. J.	2	1842					1
Marbry	Hiram J.	1	1838					1
Marbry	Hiram J.	1	1839					1
Marbry	Hiram J.	2	1841					1
Marbry	Hiram J.	2	1843					1
Marbry	William	1	1838					1
Marbry	William	1	1839					1
Marchbanks	Allen	3	1838		377			
Marchbanks	Allen	3	1839					1
Marchbanks	Allen	3	1841					1
Marchbanks	Allen	3	1842	377				1
Marchbanks	Allen	3	1843	377				1
Marchbanks	Giles	3	1840					1
Marchbanks	Giles	3	1841					1
Marchbanks	Giles	3	1842					1
Marchbanks	Giles	3	1843					1
Marchbanks	James	3	1838		100			1
Marchbanks	John	3	1838		50			1
Marchbanks	John	3	1839					1
Marchbanks	John	3	1840	50	50			1
Marchbanks	John	3	1841	100				1
Marchbanks	John	3	1842	50				1
Marchbanks	John	3	1843	50				1
Marchbanks	Reuben	3	1838	83				1
Marchbanks	Reuben	3	1839	83				1
Marchbanks	Reuben	3	1840		83			1
Marchbanks	Reuben	3	1841	83				1
Marchbanks	Reuben	3	1842					1
Marchbanks	Reuben	3	1843					1
Marchbanks	Stephen	3	1839				1	1
Marchbanks	Stephen	3	1840				1	1
Marchbanks	Stephen	3	1841				1	1
Marchbanks	Stephen	3	1842				1	1

Last Name	First Name	Dist.	Year	Acres	S.Acres	T.L.	Slaves	W.P.
Marchbanks	Stephen	3	1843				1	1
Marchbanks	William	3	1840					1
Marchbanks	William	3	1841					1
Marchbanks	William	3	1842					1
Marchbanks	William	3	1843					1
Marsh	Minor	10	1837	100	180		1	1
Marsh	Minor	10	1838	100	275		1	1
Marsh	Minor	10	1839	100	300		1	1
Marsh	Minor	10	1840	100	300		1	1
Marsh	Minor	10	1841	188				1
Martin	Alexander	4	1838	90	300			
Martin	Alexander	4	1839	90	300			
Martin	Alexander	4	1840	90	300			
Martin	Alexander	4	1841	390				
Martin	Alexander	4	1842	390				
Martin	Alexander	4	1843	390				
Martin	George W.	8	1838					1
Martin	George W.	4	1839					1
Martin	George W.	4	1840					1
Martin	George W.	4	1841					1
Martin	George W.	4	1842					1
Martin	George W.	4	1843					1
Martin	James	7	1839		5,000			
Martin	James	7	1840		5,000			
Martin	James	7	1841	5,000				
Martin	James	7	1842	5,000				
Martin	James	7	1843	5,000				
Martin	James H.	3	1838				3	
Martin	James H.	3	1839				3	
Martin	James H.	3	1840				3	1
Martin	James H.	3	1841				3	1
Martin	James H.	3	1842				2	
Martin	James H.	3	1843				2	
Martin	Jesse & H. H.	3	1841	113				
Martin	Jesse & Henry	3	1840		100			
Martin	Jesse & Henry	3	1842	115				
Martin	Jesse & Henry	3	1843	115				
Martin	Robert	4	1841					1
Martin	Thomas	4	1839					1
Martin	Thomas J.	4	1840					1
Martin	Thomas J.	4	1841					1
Martin	Thomas J.	4	1842					1
Martin	Thomas J.	4	1843					1
Martin	Wm. W.	4	1843					1
Mashiem	Jeremiah	10	1843					1
Mason	Daniel heirs	5	1839	100				
Mason	Daniel heirs	5	1840	100				
Mason	Daniel heirs	5	1841	100				
Mason	Daniel heirs	5	1842	100				

Last Name	First Name	Dist.	Year	Acres	S.Acres	T.L.	Slaves	W.P.
Mason	Daniel heirs	5	1843	100				
Mason	Henry D.	1	1838	743				
Mason	Henry D.	1	1839	743				
Mason	Henry D.	1	1840	742				
Mason	Henry D.	1	1841	743				
Mason	Henry D.	1	1842	743				
Mason	Henry D.	1	1843	742				
Massey	D. A.	10	1842	150				
Massey	David	7	1839					1
Massey	David A.	7	1837	150	200			1
Massey	David A.	10	1837	70				1
Massey	David A.	7	1838					1
Massey	David A.	10	1838	130	50			1
Massey	David A.	10	1839	160				
Massey	David A.	2	1840					1
Massey	David A.	10	1840	160				
Massey	David A.	2	1841					1
Massey	David A.	10	1841	160				
Massey	David A.	2	1843					1
Massey	David A.	10	1843	134				
Massey	Ewel	6	1838					1
Massey	Ewel	6	1839					1
Massey	Herberd H.	7	1837	258	242			1
Massey	Herberd H.	7	1838	258	242			1
Massey	Herberd H.	7	1839	250	440			1
Massey	Isaac H.	8	1837	125				1
Massey	Isaac H.	4	1838		50			
Massey	Isaac H.	8	1838	125	50			1
Massey	Isaac H.	8	1839	125	800			1
Massey	Isaac H.	8	1840	125	750			1
Massey	Isaac H.	8	1841	875				1
Massey	Isaac H.	8	1842	875			2	
Massey	Isaac H.	8	1843	875			2	1
Massey	J. B.	2	1840		1,000			
Massey	J. B.	2	1842	1,000				
Massey	J. B.	6	1843					1
Massey	James	2	1842					1
Massey	James D.	2	1839					1
Massey	James D.	2	1840					1
Massey	John	2	1838	222	600		1	
Massey	John	2	1839	222	650		2	
Massey	John	2	1840	222	650		2	
Massey	John	2	1841	872			2	
Massey	John	2	1842	872			2	
Massey	John	2	1843	872			2	
Massey	John B.	2	1839		1,000			
Massey	John B.	2	1841	1,000				
Massey	John B.	2	1843	1,000				
Massey	Joseph	6	1842					1

Last Name	First Name	Dist.	Year	Acres	S.Acres	T.L.	Slaves	W.P.
Massey	Madison M.	8	1843					1
Massey	William	6	1838	50	70			
Massey	William	6	1839	60	100			
Massey	William	6	1840	60	100			
Massey	William	6	1841	160				
Massey	William	6	1842	140				
Massey	William	6	1843	160				
Massey	William C.	7	1837					1
Massey	William C.	7	1838	300				1
Massey	William C.	7	1839	100				1
Massey	William W.	2	1843	20				1
Mathis	Edmund	5	1842					1
Mathis	Edward	5	1841					1
Mathis	George W.	8	1838					1
Mathis	George W.	8	1843	200				
Mathis	James	7	1837		1,000			
Mathis	James	7	1838		1,000			
Mathis	Samuel	7	1837					1
Mathis	Samuel	7	1838					1
Mathis	Thomas	8	1837					1
Mathis	Thomas	8	1838	131	270			1
Mathis	Thomas	8	1839	130	170			1
Mathis	Thomas	8	1840	131	260			1
Mathis	Thomas	8	1843					1
Mathis	William	1	1840	60	2,000			
Matlock	E. M.	6	1842			1		1
Matlock	Edward	6	1838			3		1
Matlock	Edward	6	1840			3		1
Matlock	Edward M.	6	1839			3		1
Matlock	Edward M.	6	1843			1		1
Matlock	Luke	10	1839	102			1	
Matlock	Luke	10	1839	100	300			1
Matlock	Luke	10	1840	100	100			1
Matlock	Luke	10	1840	102			1	
Matlock	Luke	10	1841	200				1
Matlock	Luke	10	1842	200				1
Matlock	Luke	10	1843	200				1
Matlock	Luke Junr.	10	1837		100			1
Matlock	Luke Junr.	10	1838		100			1
Matlock	Luke Senr.	10	1837	102			1	
Matlock	Luke Senr.	10	1838	102			1	
Matlock	Luke Senr.	10	1841	200			1	
Matlock	Luke Senr.	10	1842	102			1	
Matlock	Luke Senr.	10	1843	102			1	
Matthews	A. P.	6	1838			1		1
Matthews	A. P.	6	1839			1		1
Matthews	A. P.	6	1840					1
Matthews	& Draughon	6	1838		110	4		
Matthews	& Draughon	6	1839		100	4		

Last Name	First Name	Dist.	Year	Acres	S.Acres	T.L.	Slaves	W.P.
Matthews	George W.	8	1841	200				
Matthews	George W.	8	1842	200				
Matthews	J. R.	3	1840					1
Matthews	Joseph	7	1838	207				1
Matthews	Joseph R.	7	1839					1
Matthews	Thomas	8	1841	400				1
Matthews	Thomas	8	1842	410				1
May	Dempsey	10	1837	309	100			1
May	Dempsey	10	1838	309	383			1
May	Dempsey	10	1839	309	383			1
May	Dempsey	10	1840	309	383		1	1
May	Dempsey	10	1841	692			1	1
May	Dempsey	10	1842	692			1	1
May	Dempsey	10	1843	692			1	1
May	John	2	1839			1		
May	John	10	1839					1
May	John	2	1840			1		
May	John	10	1840					1
May	John	2	1841			1		
May	John	10	1841					1
May	John	2	1842			1		
May	John	2	1843			1		1
May	John	10	1843					1
May	Jonathan	10	1837	220	100			1
May	Jonathan	10	1838	220	100			1
May	Jonathan	10	1839	220	100			1
May	Jonathan	10	1840	220	100			
May	Jonathan	10	1841	360				1
May	Jonathan	10	1842	360				
May	Jonathan	10	1843	360				
May	Lewis	10	1840					1
May	Lewis	10	1841					1
May	Lewis	10	1842					1
May	Lewis	10	1843					1
May	Michael	10	1843					1
May	William	10	1837					1
May	William	10	1838					1
May	William	10	1839					1
May	William	10	1840				1	1
May	William	10	1841					1
May	William	10	1842				1	1
May	William	10	1843				1	1
McAdoo	John	10	1841	921				
McAdoo	John	10	1842	821				
McAdoo	John	10	1843	821				
McCall	Alexander	8	1841	80				
McCall	Alexander	8	1842	80				
McCall	Alexander	8	1843	80				
McCall	Alexander heirs	8	1837	200				

Last Name	First Name		Dist.	Year	Acres	S.Acres	T.L.	Slaves	W.P.
McCalvey	Hugh		6	1838	113	50			1
McCalvey	Hugh		6	1839	113	50			1
McCalvey	Hugh		6	1840	113	100			1
McCasland	Isaac		6	1838	220	50			1
McCasland	Isaac		6	1839	220	50			1
McCasland	Isaac		6	1840	220	50	1		1
McCasland	Isaac		6	1841	270			2	
McCasland	Isaac		6	1842	270			2	
McCasland	Isaac		6	1843	270			2	
McCasland	W.	guard. of Mary E. Ely	7	1837				1	
McCasland	W.	guard. of S. J. Ely	7	1837				1	
McCasland	William		7	1837	300	475		4	
McCasland	William		7	1838	300	475		5	
McCasland	William		7	1839	300	450		7	
McCasland	William		7	1840	300	475		6	
McCasland	William		7	1841	775			9	
McCasland	William		7	1842	700			7	
McCasland	William		6	1843					1
McCasland	William		7	1843	800			9	
McCasland	William	guard. of J. C. Hooper	7	1841					
McCasland	William	guard. of Mary E. Ely	7	1839				1	
McCasland	William	guard.of Sarah J. Ely	7	1839				1	
McCasland	William	guard S. J. Ely & M.E.Ely	7	1838				2	
McCasland	Wm.	guard.of A. E. & J. Hooper	7	1839				2	
McCasland	Wm. guard. S.J.Ely & J.C. Hooper		7	1840				2	
McClain	Reuben		4	1838					1
McClain	Reuben		4	1839					1
McClain	Reuben		4	1840					1
McClain	Reuben		4	1841					1
McClain	Reuben		4	1842					1
McClain	Reuben		4	1843					1
McCloud	G. W.		6	1842	320		1		
McCloud	G. W. & Co.		6	1839		320			
McCloud	George W.		6	1840		320			
McCloud	George W.		1	1841	60				1
McCloud	George W.		6	1841			1		
McCloud	George W.		1	1842	60				1
McCloud	George W.		1	1843	60				1
McCloud	George W.		6	1843	320		1		1
McCloud	Solomon		6	1838	27	523	2		1
McCloud	Solomon		6	1839	27	1,023	6		1
McCloud	Solomon		6	1840	27	1,223	6		
McCloud	Solomon		6	1841	1,065			8	
McCloud	Solomon		6	1842	1,065			9	
McCloud	Solomon		6	1843	1,065			9	
McCluer	Mary	[see McClure]	7	1842				1	
McClure	Alexander heirs		2	1838	30			2	
McClure	Alexander heirs		2	1840	30			3	
McClure	Alexander heirs		2	1841				3	

Last Name	First Name		Dist.	Year	Acres	S.Acres	T.L.	Slaves	W.P.
McClure	Alexander heirs		2	1842				3	
McClure	Alexander heirs		2	1843				4	
McClure	James		5	1838		500			
McClure	James		5	1839		5,500			
McClure	James		5	1840		5,500			
McClure	James		5	1841	3,000				
McClure	James		5	1842	3,000				
McClure	James		5	1843	3,000				
McClure	James heirs		8	1839					
McClure	James heirs		3	1843				1	
McClure	Margaret		3	1841				1	
McClure	Mary	[see McCluer]	7	1837	13	50		1	
McClure	Mary		7	1838	13	50		1	
McClure	Mary		7	1839				1	
McClure	Mary		7	1840				1	
McClure	Mary		7	1841				1	
McClure	Samuel		7	1840					1
McClure	Samuel		3	1841					1
McClure	Samuel		3	1843					1
McClure	Samuel D.		2	1838					1
McClure	Samuel D.		9	1838					1
McClure	Samuel D.		9	1839					1
McClure	William		1	1842	150				
McCollum	Levi		7	1838	150	640			1
McCollum	Levi		7	1839	134	1,640			1
McCollum	Levi		7	1840	132	1,290			1
McCollum	Levi		7	1841	1,422				1
McCollum	Levi		7	1842	1,200				1
McCollum	Levi		7	1843	2,600				1
McCracken	Alexander heirs		2	1839	30		4		
McCracken	J. L.		2	1840	42		1	2	1
McCracken	J. L.		2	1842	2		1	1	1
McCracken	John L.		2	1838	42	50		2	1
McCracken	John L.		2	1839	42		1/2	2	1
McCracken	John L.		2	1841	2		1	2	1
McCracken	John L.		2	1843	2		1	1	1
McCrary	G. R.		7	1841					1
McCrary	George		7	1839					1
McCrary	George		7	1840					1
McCrary	George		7	1842					1
McCrary	George		7	1843					1
McCrary	Joseph		7	1839	100	200			
McCrary	Mary		7	1841	4,000				
McCrary	Mary		7	1842	400				
McCrary	Mary		7	1843	400				
McCrary	Polly		7	1840	130	200			
McCutchen	Robert		1	1838	742				
McCutchen	Robert		1	1839	742			4	1
McCutchen	Robert heirs		1	1840	742				

Last Name	First Name	Dist.	Year	Acres	S.Acres	T.L.	Slaves	W.P.
McCutchen	Robert heirs	1	1841	742				
McDavid	David	1	1841					1
McElyea	D. F.	2	1842	188				1
McElyea	Daniel	2	1838					1
McElyea	Daniel F.	2	1839					1
McElyea	Daniel F.	2	1840					1
McElyea	Daniel F.	2	1841	188				1
McElyea	Hiram	5	1838	109	85			1
McElyea	Hiram	5	1839	109	30			1
McElyea	Hiram	5	1840	109	30		1	1
McElyea	Hiram	5	1841	139			1	1
McElyea	Hiram	5	1842	139			1	1
McElyea	Hiram	5	1843	139				1
McElyea	Robert heirs	2	1838	104				
McElyea	Robert heirs	2	1839	104	25			
McElyea	Robert heirs	2	1840	104	25			
McElyea	Robert heirs	2	1841	107				
McElyea	Robert heirs	2	1842	107				
McElyea	Robert heirs	2	1843	107				
McFall	William D.	4	1839		100			1
McFall	William D.	4	1840		100			1
McFall	William D.	4	1841	140				1
McFall	William D.	4	1842					1
McFall	William D.	4	1843	140				1
McGavock	David	2	1838	640				
McGavock	David	2	1839	640				
McGavock	David	2	1840	640				
McGavock	David	3	1840	600				
McGavock	David	3	1841	640				
McGee	Clabourn	6	1840			2		
McGee	Clabourn	6	1843			2		
McGee	Claibourn	6	1841			2		
McGee	Claibourn	6	1842			2		
McGee	James	6	1840					1
McGee	James	6	1841					1
McGee	James	6	1842					1
McGee	James	6	1843				1	1
McGill	John	7	1840					1
McGuire	John	9	1837		150			1
McGuire	Obediah	9	1837	150				1
McGuire	Obediah	9	1838	150				1
McGuire	Obediah	9	1839	150				
McIllwain	William	3	1842	100				
McIllwain	William	3	1841	100				
McIllwain	William	3	1843	100				1
McKelvey	Hugh	6	1841	213				1
McKelvey	Hugh	6	1842	213				1
McKelvey	Hugh	6	1843	213				1
McLemore	& Campbell	4	1838	2,381				

Last Name	First Name	Dist.	Year	Acres	S.Acres	T.L.	Slaves	W.P.
McLemore	& Campbell	4	1839	2,381				
McLemore	Campbell & Davis	3	1838	473				
McLemore	Campbell & Davis	4	1838	1,888	640			
McLemore	Campbell & Davis	3	1839	473				
McLemore	Campbell & Davis	4	1839	1,488				
McLemore	Campbell & Davis	3	1840	473				
McLemore	Campbell & Davis	3	1841	473				
McLemore	Campbell & Davis	3	1842	473				
McLemore	Campbell & Davis	3	1843	473				
McLemore	John C.	4	1838	100	300			
McLemore	John C.	4	1839	55	300			
McLoad	Duncan heirs	3	1838	500				
McLoad	Duncan heirs	3	1839	500				
McLoad	Duncan heirs	3	1840	500				
McLoad	Duncan heirs	3	1841	500				
McLoad	Duncan heirs	3	1842	500				
McLoad	Duncan heirs	3	1843	500				
McLoad	Roderick	3	1838		400			
McLoad	Roderick	3	1839		400			
McMackins	James	9	1837					1
McMackins	James	9	1838					1
McMackins	James	9	1839					1
McMackins	James	9	1840					1
McMackins	James	9	1842	100				1
McMackins	James	9	1843	100				1
McMackins	Michael	9	1842	100				1
McMackins	Michael	9	1843	100				1
McMackins	Michael Junr.	9	1837					1
McMackins	Michael Junr.	9	1838					1
McMackins	Michael Junr.	9	1839					1
McMackins	Michael Junr.	9	1840					1
McMackins	Michael Senr.	9	1837	94	106		1	
McMackins	Michael Senr.	9	1838	94	106		1	
McMackins	Michael Senr.	9	1839	94	106		1	
McMackins	Michael Senr.	9	1840	94	106		1	
McMeans	McKernan & Huntsman	3	1841	100				
McMillian	Hugh [see McMillin, McMillion]	10	1837					1
McMillin	Hugh	10	1843	200				
McMillin	John	10	1840					1
McMillin	John	10	1841	200				1
McMillin	John	10	1843	200				1
McMillin	Margaret	10	1841	437				
McMillin	Margaret	10	1842	437				
McMillin	Margaret	10	1843	37				
McMillion	John	10	1839					1
McMillion	John	10	1842	200				1
McMillion	Malcolmb	10	1838	37	400			
McMillion	Malcomb	10	1837	37	400			
McMillion	Malcomb	10	1839	37	600			

Last Name	First Name		Dist.	Year	Acres	S.Acres	T.L.	Slaves	W.P.
McMillion	Malcomb		10	1840	37	600			
McMurtry	A. N. heirs		1	1841	35				
McMurtry	A. N. heirs		1	1842	35				
McMurtry	A. N. heirs		1	1843	34				
McMurtry	James		1	1838					1
McMurtry	James		1	1839					1
McMurtry	James		1	1840					1
McMurtry	James		1	1841					1
McMurtry	James		1	1842					1
McMurtry	James		1	1843					1
McMurtry	James		5	1843					1
McMurtry	Jane		1	1838	24				
McMurtry	Jane		1	1839	24				
McMurtry	Jane		1	1840	24				
McMurtry	Jane		1	1841	24				
McMurtry	Jane		1	1842	24				
McMurtry	Jane		1	1843	24				
McMurtry	John		1	1841					1
McMurtry	John H.		1	1842					1
McMurtry	Thomas		1	1840	34				1
McMurtry	Thomas B.		1	1838	34				1
McMurtry	Thomas B.		1	1839	34				
McMurtry	Thomas B.		1	1841	24				1
McMurtry	Thomas B.		1	1843	34				
McMurtry	Thomas N. B.		1	1842	34				
McNeel	E. H.	[see McNeil]	6	1838					1
McNeel	E. H.		6	1839					1
McNeel	E. H.		6	1840					1
McNeel	Neal		1	1838					1
McNeel	Neal		1	1839					1
McNeel	Neal		1	1840					1
McNeely	James heirs		9	1839		100			
McNeely	James heirs		9	1840		100			
McNeely	James heirs		9	1841	100				
McNeely	James heirs		9	1842	50				
McNeely	James heirs		9	1843	50				
McNeely	Joseph E.		8	1837					1
McNeely	Joseph E.		8	1838					1
McNeely	William Y.		9	1837	395	111		1	1
McNeely	William Y.		9	1838	112	61		1	1
McNeely	William Y.		9	1839	112	61		1	1
McNeely	William Y.		9	1840	100	70		1	1
McNeely	William Y.		9	1841	250			1	1
McNeely	William Y.		9	1842	437			1	1
McNeely	William Y.		9	1843	252			1	1
McNeil	E. H.	[see McNeel]	6	1841					1
McNeil	E. H.		6	1842				2	1
McNeil	E. H.		6	1843				2	1
Melvin	Jackson		10	1837					1

Last Name	First Name	Dist.	Year	Acres	S.Acres	T.L.	Slaves	W.P.
Mercer	William	3	1838					1
Mercer	William	6	1843					1
Merideth	David	4	1841					1
Merideth	David	4	1842					1
Merideth	David	4	1843					1
Merideth	James	4	1842					1
Merideth	James	4	1843					1
Miller	B. R.	6	1843			1		1
Miller	Blount R.	6	1838					1
Miller	Blount R.	6	1839			1		1
Miller	Henry	3	1838		50		1	1
Miller	Henry	3	1839		50		1	1
Miller	Henry	3	1840		50		1	1
Miller	Henry	3	1841	50			1	1
Miller	Henry	3	1842	50			1	1
Miller	Henry	3	1843	50			1	1
Miller	James	3	1842					1
Miller	James	3	1843					1
Miller	John	7	1838					1
Miller	John H.	7	1839					1
Miller	Polly	7	1840	13	40			
Miller	Polly	7	1841	53				
Miller	Polly	7	1842	53				
Miller	Stephen	7	1838					1
Miller	Stephen	7	1839	13	50			
Miller	W. H.	2	1840		50			
Miller	W. H.	2	1842	50		1/2		
Miller	William	3	1838	375			1	1
Miller	William	3	1839	350			1	1
Miller	William	3	1840	200	125		1	1
Miller	William	3	1841	340			1	1
Miller	William	3	1842	440			1	1
Miller	William	3	1843	440			2	
Miller	William H.	2	1838		50			
Miller	William H.	2	1839		50			
Miller	William H.	2	1841	50		1/2		
Miller	William H.	2	1843	50		1/2		
Miller	Willie	7	1841					
Miller	Willie	8	1841	400				1
Miller	Willie	8	1842	400				1
Miller	Willie	8	1843					1
Mitchel	Berry A.	3	1838	52				1
Mitchel	Berry A.	3	1839	52				1
Mitchel	Berry A.	3	1840					1
Mitchel	D. H.	2	1840					1
Mitchel	D. H.	2	1842					1
Mitchel	David H.	2	1838					1
Mitchel	David H.	2	1839					1
Mitchel	David H.	2	1841					1

Last Name	First Name	Dist.	Year	Acres	S.Acres	T.L.	Slaves	W.P.
Mitchel	Isaac	3	1838	140	100			1
Mitchel	Isaac	3	1839	140	100			1
Mitchel	Isaac	3	1840	232	100			1
Mitchel	Isaac	3	1841	232				1
Mitchel	Isaac	3	1842	332				
Mitchel	Isaac	3	1843	332				
Mitchel	James	5	1842	175				
Mitchel	James	6	1842					1
Mitchel	James	5	1843	175				1
Mitchel	James H.	2	1841					1
Mitchel	James H.	2	1842					1
Mitchel	John G.	1	1838	138				
Mitchel	John G.	1	1839	138				
Mitchel	John G.	1	1840	138				
Mitchel	John G.	1	1841	238				
Mitchel	John G. heirs	1	1842	238				
Mitchel	John G. heirs	1	1843	238				
Mitchel	William W.	1	1838					1
Mitchel	William W.	1	1839		200			1
Mitchel	William W.	1	1840		300			1
Mitchel	William W.	1	1841	200				1
Mitchel	William W.	1	1842	200				1
Mitchel	William W.	5	1843				1	1
Montgomery	F. F.	1	1838		5,000			
Montgomery	F. F.	1	1839		5,000			
Montgomery	F. F.	1	1840		5,000			
Montgomery	F. F.	1	1841	5,000				
Montgomery	John	1	1838		5,000			
Montgomery	John	4	1838		5,000			
Montgomery	John	1	1840		5,000			
Montgomery	John	1	1841	5,000				
Montgomery	John	4	1843	5,000				
Montgomery	no name	4	1840		2,000			
Montgomery	no name	4	1841	2,000				
Montgomery	William	4	1839		5,000			
Montgomery	William	4	1840		5,000			
Montgomery	William	4	1841	5,000				
Montgomery	William	4	1842	5,000				
Moody	Benjamin	8	1837					1
Moody	Benjamin	8	1839					1
Moody	Benjamin A.	8	1841					1
Moody	Benjamin A.	8	1842					1
Moody	Benjamin A.	8	1843					1
Moody	Benjamin A. E.	8	1840					1
Moon	Docktor	6	1838					1
Moon	Doctor	7	1839					1
Moon	Doctor	7	1840					1
Moon	Doctor	7	1841					1
Moon	Lewis	7	1837					1

Last Name	First Name		Dist.	Year	Acres	S.Acres	T.L.	Slaves	W.P.
Moon	Lewis		7	1838					1
Moon	Lewis		7	1839					1
Moon	Lewis		7	1840					1
Moon	Lewis		7	1841					1
Moon	Lewis		7	1842	400				
Moon	Richard		11	1841					1
Moon	Richard		11	1843					1
Moon	Smith		7	1842					1
Moon	Smith		7	1843					1
Moore	Joseph		10	1839	50				
Moore	Joseph		10	1841	50				
Moore	Joseph		10	1842	50				
Moore	Joseph		10	1843	50				
Moore	Joseph	Benj. Holland agt.	10	1838	50				
Moore	Joseph M.		10	1840	50				
Moore	Lewis		3	1840					1
Moore	Lewis		3	1841					1
Moore	Lewis		3	1843					1
Moore	Meken		3	1840					1
Morgan	John		8	1840		1,000			
Morgan	John		8	1841	1,000				
Morgan	John		8	1842	1,000				
Morgan	John		8	1843	1,000				
Morriset	Jonathan		5	1838	60	140			1
Morriset	Jonathan		5	1839	60	140			1
Morriset	Jonathan		5	1840	60	140			1
Morriset	Jonathan		5	1841	200				1
Morriset	Jonathan		5	1842	200				1
Morriset	Jonathan		5	1843	200				1
Morrison	John C. heirs		2	1838		500			
Morrison	John C. heirs		2	1839		500			
Morrison	John C. heirs		2	1840		500			
Moses	James		5	1838					1
Moses	James		5	1839					1
Moses	James		2	1843					1
Moss	James		1	1838	148	100			
Moss	James		1	1839	148	300			
Moss	James		1	1840	148	300			
Moss	James		11	1841	248				
Moss	James		11	1842	248				
Moss	James		11	1843	228				
Moss	Matthew M.		11	1843	20				1
Moss	William		2	1838	20				1
Moss	William W.		2	1839	20				1
Moss	William W.		2	1840	20				1
Moss	William W.		2	1841	20				1
Moss	William W.		2	1842	20				1
Murphree	David		4	1842					1
Murry	William B.		1	1838	310				

Last Name	First Name		Dist.	Year	Acres	S.Acres	T.L.	Slaves	W.P.
Murry	William B.		1	1839	310				
Murry	William B.		1	1840	310				
Murry	William B.		1	1841	310			1	
Murry	William B. heirs		1	1842	310				
Nap	F. H.		6	1843	5,000				
Nelson	George		7	1842					1
Nelson	George		7	1843					1
Nelson	James C.		7	1841					1
Nelson	James C.		7	1842					1
Nelson	James C.		7	1843					1
Nelson	Robert		7	1837	152	150			1
Nelson	Robert		7	1838	152	150			1
Nelson	Robert		7	1839	152	130		1	1
Nelson	Robert		7	1840	152	130		1	1
Nelson	Robert		7	1841	282			1	1
Nelson	Robert		7	1842	282			1	1
Nelson	Robert		7	1843	402			1	1
Nesbitt	Jeremiah		5	1838	114				
Nesbitt	Jeremiah		5	1839	114				
Nesbitt	Jeremiah		5	1840	114				
Newsom	Elizabeth		4	1839		365			
Newsom	Elizabeth		4	1840		365			
Newsom	Elizabeth		4	1842	365				
Newsom	Elizabeth		4	1843	360				
Newsom	Elizabeth heirs		4	1838		365			
Newsom	Elizabeth heirs		4	1841	365				
Nichoel	Harvey		6	1843					1
Nichols	William B.		11	1841	50				
Nicholson	M. H.		1	1842					1
Nicholson	M. H.		1	1843					1
Nip	Reuben		5	1841					1
Nixon	Cordelia		3	1839		5,000			
Nixon	Cordelia		4	1841	3,000				
Nixon	Cordelia M.		3	1839		2,000			
Nixon	Cordelia M.		4	1839		3,000			
Nixon	Cordelia M.		3	1840		2,000			
Nixon	Cordelia M.		4	1840		3,000			
Nixon	Cordelia M.		3	1841	2,000				
Nixon	George		1	1839		5,000			
Nixon	George		1	1840		5,000			
Nixon	George		1	1841	5,000				
Nolan	Benjamin heirs	[see Noland]	8	1842	264				
Nolan	Benjamin heirs		8	1843	264				
Nolan	George		8	1842	192				1
Nolan	George		8	1843	192				1
Noland	Benjamin	[see Nolan]	8	1837	185	200			1
Noland	Benjamin		8	1838	152	100			1
Noland	Benjamin		8	1839	164	100			1
Noland	Benjamin heirs		8	1840	164	100			

Last Name	First Name	Dist.	Year	Acres	S.Acres	T.L.	Slaves	W.P.
Noland	Benjamin heirs	8	1841	264				
Noland	George	8	1837	50	208			1
Noland	George	8	1838	50	138			1
Noland	George	8	1839	62	138			1
Noland	George	8	1840	62	130			1
Noland	George	8	1841	192				1
Noland	Mary	8	1837	12				
Noland	Mary	8	1838	12				
Norman	George	10	1839		58			
Norman	George	10	1840		58			1
Norman	George	10	1841	58				1
Norman	George	10	1842	58				1
Norman	George	10	1843	58				1
Norman	Wilie	1	1838	75				
Norman	Wilie	1	1839	75				1
Norman	Wilie	1	1840	75				1
Norman	Wilie	1	1841	75				
Norman	Wilie heirs	1	1842	75				
Norman	Wilie heirs	1	1843	75				
Obaris	Elias	11	1841	50				
Odam	Bryant	3	1838					1
Odam	Bryant	3	1839					1
Odam	Bryant	3	1840					1
Odam	Bryant	3	1841					1
Odam	Bryant	3	1842					1
Odam	Bryant	3	1843					1
Odonley	Henry	8	1837	848	12			1
Odonley	Henry	8	1838	848	12		3	1
Odonley	Henry	8	1839	848	12		3	1
Odonley	Henry	8	1840	310	80		3	1
Odonley	Henry	8	1841	390			4	1
Odonley	Henry	8	1842	390			4	1
Odonley	Henry	8	1843	390			4	1
Odonley	William M.	8	1842					1
Odonley	William M.	8	1843					1
OGuin	Bryant	11	1841	75				
OGuin	Bryant	11	1842	50				
OGuin	Bryant	11	1843	50				
OGuin	Daniel	1	1841	50				
OGuin	Daniel	11	1841					1
OGuin	Daniel	1	1843	113				
OGuin	Daniel	11	1843	10				1
OGuin	Daniel Junr.	1	1842					1
OGuin	Daniel Senr.	1	1842	113				
OGuin	James	1	1841					1
OGuin	James	1	1842					1
OGuin	James	1	1843					1
OGuin	James C.	11	1843	95				
OGuin	John	1	1842					1

Last Name	First Name		Dist.	Year	Acres	S.Acres	T.L.	Slaves	W.P.
OGuin	John		1	1843					1
OGuin	Noah		1	1838		50			1
OGuin	Noah		1	1839		50			
OGuin	Noah		1	1840		50			
OGuin	Noah		1	1841	50				
OGuin	Noah		11	1841	126				1
OGuin	Noah		1	1842	50				
OGuin	Noah		1	1843	50				
OGuin	Noah H.		11	1842	126				1
OGuin	Noah H.		11	1843					1
OGuin	Stephen		11	1841	226			1	
OGuin	Stephen		11	1842	100			1	
OGuin	Stephen		11	1843	100			1	
OGuin	Stephen C.		11	1841					1
OGuin	Stephen C.		11	1842	126				1
OGuin	Stephen C.		11	1843	126				1
OGuin	William		11	1841	75			1	1
OGuin	William		11	1842	75			1	1
OGuin	William		11	1843	89			1	
Orton	R. S.		1	1842	9,075				
Orton	R. S.		1	1843	9,075			1	
Orton	Ray		1	1840		5,000			
Orton	Ray and Co.		1	1841	975				
Overstreet	Jesse		1	1841					1
Owen	D. R.	[see Owens]	6	1839	120	100			
Owen	D. R.		6	1841	220				
Owen	D. R.		6	1842	220				1
Owen	D. R.		6	1843	220				1
Owen	David R.		6	1838	120				1
Owen	David R.		6	1840	120	100			
Owens	Belitha Junr.	[see Owen]	4	1838		27			1
Owens	Belitha Junr.		4	1839		27			1
Owens	Belitha Junr.		4	1840		27			1
Owens	Belitha Junr.		4	1841	127				1
Owens	Belitha Junr.		4	1842	200				1
Owens	Belitha Junr.		4	1843	200				1
Owens	Belitha Senr.		4	1838	135	285			
Owens	Belitha Senr.		4	1839	135	285			
Owens	Belitha Senr.		4	1840	135	258			
Owens	Belitha Senr.		4	1841	420				
Owens	Belitha Senr.		4	1842	320				
Owens	Belitha Senr.		4	1843	320				
Owens	John		4	1838					1
Owens	John		4	1839					1
Owens	John		4	1840	200				1
Owens	John		4	1841	200				1
Owens	John		4	1842	200				1
Owens	John		4	1843	200				1
Owens	John J.		4	1838					1

Last Name	First Name	Dist.	Year	Acres	S.Acres	T.L.	Slaves	W.P.
Owens	John J.	4	1839					1
Owens	John J.	4	1840					1
Owens	John J.	4	1841					1
Owens	John J.	4	1842					1
Owens	John J.	4	1843					1
Owens	Only	4	1838		150			
Owens	Only	4	1839		150			
Owens	Only	4	1840		150			
Owens	Ownley	4	1841	150				
Owens	Ownly	4	1842	150				
Owens	Ownly	4	1843	150				1
Owens	Presley	4	1839		300			
Owens	Presley	4	1840		300			
Owens	Presley	4	1841	300				
Owens	Presley	4	1842	300				
Owens	Presley	4	1843	300				
Owens	Samuel	4	1840	228	100			
Owens	Samuel	4	1841	228				
Owens	Samuel	4	1842	328				
Owens	Samuel	4	1843	228				
Owens	Samuel Junr.	4	1838					1
Owens	Samuel Junr.	4	1839					1
Owens	Samuel Senr.	4	1838	228	100			
Owens	Samuel Senr.	4	1839	228	100			
Owens	Smallwood	4	1838		100			1
Owens	Smallwood	4	1839		100			1
Owens	Smallwood	4	1840		100			1
Owens	Smallwood	4	1841	100				1
Owens	Smallwood	4	1842	200				1
Owens	Smalwood	4	1843	200				1
Owens	Squire	4	1838					1
Owens	Zadoc	4	1838		200			1
Owens	Zadoc	4	1839		200			1
Owens	Zadoc	4	1840		200			1
Owens	Zadoc	4	1841	200				1
Owens	Zadoc	4	1842	200				1
Owens	Zadoc	4	1843	200				1
Pace	Drury	9	1837	100			1	
Pace	Drury	8	1838	100			1	
Pace	Drury	8	1839	80	100		1	
Pace	Drury	8	1840	80	100		1	
Pace	Drury	8	1841	180			1	
Pace	Drury	8	1842	160			1	
Pace	Drury	8	1843	180			1	
Pace	Jackson	9	1837	70				1
Pace	Jackson	8	1838	20	270			1
Pace	Jackson	8	1839	70	270			1
Pace	Jackson	8	1840	70	270			1
Pace	Jackson	8	1841	340				1

Last Name	First Name	Dist.	Year	Acres	S.Acres	T.L.	Slaves	W.P.
Pace	Jackson	8	1842	441				1
Pace	Jackson	8	1843	691				1
Pace	William	3	1840					1
Pace	William	3	1841					1
Page	James	8	1837					1
Page	James	8	1838					1
Page	James	8	1839	230				1
Page	James	8	1840	230				
Page	James	8	1841	230				
Page	James	8	1842	250				1
Page	James	8	1843	250				1
Page	John	8	1837					1
Page	John	8	1838					1
Page	John	8	1839					1
Page	John	8	1840					1
Page	John	8	1841					1
Page	John	8	1842					1
Page	John	8	1843					1
Page	Nathaniel	8	1840					1
Page	Nathaniel	8	1841					1
Page	Nathaniel	8	1842					1
Page	Nathaniel	8	1843					1
Page	William	8	1837	331				
Page	William	8	1838	200				
Page	William	8	1839	200				
Page	William	8	1840	200	300			
Page	William	8	1841	500				
Page	William	8	1842	500				
Page	William	8	1843	500				
Parham	Thomas	4	1838	20	380			1
Parham	Thomas	4	1839	20	75			1
Parham	Thomas	4	1840	20	115			1
Parham	Thomas	4	1841	143			1	1
Parham	Thomas	4	1842	143			1	1
Parham	Thomas	4	1843	95			1	1
Parker	Charles F.	1	1839					1
Parker	Clark	5	1838					1
Parker	Clark	5	1839	113	60			1
Parker	Clark	5	1840					1
Parker	James	2	1843					1
Parker	James M.	1	1838	240				1
Parker	James M.	1	1839	240				1
Parker	James M.	1	1840	240				1
Parker	James M.	1	1841	240				
Parker	James M.	1	1842	240				
Parker	James M.	1	1843	240				
Parker	Julia	5	1838	20	100			
Parker	Julia	5	1839	20	100			
Parker	Julia	5	1840	20	100			

Last Name	First Name	Dist.	Year	Acres	S.Acres	T.L.	Slaves	W.P.
Parker	Julia	5	1841	120				
Parker	Julia	5	1842	120				
Parker	Julia	5	1843	120				
Parker	Stephen P.	2	1838					1
Parker	Stephen P.	2	1839			1		1
Parker	Stephen P.	2	1840			1		1
Parker	Stephen P.	2	1841			1		1
Parker	Stephen P.	2	1842			1		1
Parker	Stephen P.	2	1843			1	1	1
Parker	Uriah	1	1838					1
Parker	Uriah	1	1840					1
Parker	Uriah F.	1	1839					1
Parker	Uriah F.	1	1841					1
Parker	Uriah F.	1	1842					1
Parker	Uriah F.	1	1843					1
Parker	W. S.	5	1843	183				1
Parker	William	5	1839					1
Parker	William S.	5	1838	113	60			1
Parker	William S.	5	1840	113	60			1
Parkor	William S.	5	1841	173				1
Parker	William S.	5	1842	513				1
Parot	Enoch	5	1841					1
Parot	Enoch	5	1842					1
Parot	John	5	1841					1
Parsons	Joseph	9	1838	150	150			
Parsons	Joseph C.	9	1837	150	150			
Patrick	Henderson	6	1840					1
Patrick	Henderson	6	1841			3		1
Patrick	James H.	6	1838			1		1
Patrick	John B.	6	1838			3		1
Patrick	John B.	6	1839			1		1
Patrick	John B.	1	1841					1
Patrick	John B.	1	1842					1
Patrick	John B.	1	1843					1
Patterson	James	5	1838		100			
Patterson	James	5	1839		100			
Patterson	James	5	1840		100			
Patterson	James	5	1841	100				
Patterson	James Junr.	5	1842					1
Patterson	James Junr.	5	1843					1
Patterson	James Senr.	5	1842	100				
Patterson	James Senr.	5	1843	100				
Patterson	Thomas	5	1840					1
Paty	Mathew	6	1841	200				1
Paty	Matthew	6	1838		100			1
Paty	Matthew	6	1839		100			1
Paty	Matthew	6	1840		100			1
Paty	Matthew	6	1842	200				1
Paty	Matthew	6	1843	200				1

Last Name	First Name		Dist.	Year	Acres	S.Acres	T.L.	Slaves	W.P.
Paty	William		6	1841	250				
Paty	William		6	1842	250				
Paty	William R.		6	1838		250			1
Paty	William R.		6	1839		250			
Paty	William R.		6	1840		250			1
Paty	William R.		2	1841					1
Paty	William R.		2	1842					1
Paty	William R.		2	1843					1
Paty	William R.		6	1843	250				
Pavatt	A. S.		2	1840					1
Pavatt	A. S.		2	1841					1
Pavatt	A. S.		2	1842					1
Pavatt	Algernon S.		2	1839					1
Pavatt	C. T.		9	1843					1
Pavatt	Cuffman		6	1839		300			
Pavatt	Cuffman heirs		6	1843	300				
Pavatt	E.		2	1842	756				
Pavatt	F. J.		6	1842				4	1
Pavatt	Felix J.		2	1839					1
Pavatt	Felix J.		2	1840					1
Pavatt	Felix J.		6	1841				3	1
Pavatt	Isaac		2	1838	128	100		1	
Pavatt	Isaac		2	1839	128	100		1	
Pavatt	Isaac		2	1840	128	100		1	
Pavatt	Isaac		2	1841	228			1	
Pavatt	Isaac		2	1842	228			1	
Pavatt	Isaac		2	1843	228				
Pavatt	John E.		3	1840		700			
Pavatt	John E.		3	1841	2,700				
Pavatt	John E.	Isaac Pavatt agt.	2	1843	100				
Pavatt	Margaret		2	1838	400			5	
Pavatt	Margaret		2	1839	400			3	
Pavatt	Margarett		2	1840	400			3	
Pavatt	S. C.		2	1840		400			
Pavatt	Stephen C.		2	1838					1
Payne	Charles		1	1840					1
Payne	Charles F.		1	1838					1
Payne	Charles F.		1	1841					1
Payne	Charles F.		1	1842					1
Payne	Charles F.		1	1843					1
Pearce	David		3	1838					1
Pearce	David		3	1839					1
Pearce	Joel		3	1838		110		1	1
Pearce	Joel		3	1839		210		1	1
Pearce	Joel		3	1840		210			1
Pearce	Joel		3	1841	210				1
Pearce	Joel		3	1842	210				1
Pearce	Joel		3	1843	210				1
Pearce	William		3	1839					1

Last Name	First Name		Dist.	Year	Acres	S.Acres	T.L.	Slaves	W.P.
Pedigrew	Ownly	[see Pettigrew]	4	1838		100			1
Pedigrew	Ownly		4	1841	150				1
Pedigrew	Ownly		4	1842	150				1
Pedigrew	Ownly		4	1843	150				1
Peeler	John		10	1843					1
Peeler	John R.		10	1841	400				1
Peoples	George		8	1837	262	400			1
Peoples	George		8	1838	264	360		6	1
Peoples	George		8	1839	200	330		3	1
Peppers	Joel		3	1838					1
Peppers	Joel		2	1839					1
Peppers	Joel		3	1839					1
Peppers	Joel		2	1840					1
Peppers	Urbane		3	1842					1
Peppers	William		3	1839					1
Peppers	William		3	1840					1
Peppers	William		3	1841					1
Peppers	William		3	1842					1
Perry	Kinchen		9	1837	100	50		2	
Perry	Kinchen		9	1838	100	150		2	
Perry	Kinchen		9	1839	100	150		2	
Perry	Kinchen		9	1840	100	150		2	
Perry	Kinchen		9	1841	250			3	
Perry	Kinchen		9	1842	250			4	
Perry	Kinchen		9	1843	250			4	
Perry	Lewis		5	1839	26	50			1
Perry	Lewis		5	1840	26	50			1
Perry	Lewis		5	1841	76				1
Perry	Lewis		6	1842					1
Perry	Lewis		6	1843					1
Perry	William		9	1842					1
Perry	William		9	1843					1
Peters	John		7	1838					1
Peters	John		7	1842					1
Peters	John		10	1842	400				1
Peters	John		7	1843					1
Pettigrew	Ownly	[see Pedigrew]	4	1839		100			1
Pettigrew	Ownly		4	1840		100			1
Petty	George		10	1839	100	200			1
Petty	George		10	1840	100	200			1
Petty	George		10	1841	300				1
Petty	George		10	1842	300				1
Petty	George		10	1843	300				1
Petty	George V.		10	1837	100	100			1
Pewett	John Senr.	[see Prewett]	8	1842	250				
Phebus	L. W.		4	1841	50				
Phebus	L. W.		4	1843	50				
Phebus	Lewis W.		4	1839		50			
Phebus	Lewis W.		4	1840		50			

Last Name	First Name	Dist.	Year	Acres	S.Acres	T.L.	Slaves	W.P.
Phebus	Lewis W.	4	1842	50				
Phillips	Ira	7	1837					1
Phillips	Ira	7	1838		200			1
Phillips	Ira	7	1839					1
Phillips	Ira	7	1843					1
Phillips	Jackson	9	1837	150			1	1
Phillips	Jackson	9	1838	150			1	1
Phillips	Jackson	9	1839	150			2	1
Phillips	Jackson	9	1840	150			2	1
Phillips	Jackson	9	1841	150			2	1
Phillips	Jackson	9	1842				2	1
Pickett	Joseph	7	1837		200			1
Pickett	Joseph	2	1838		200			1
Pickett	Joseph	7	1838		200			
Pickett	Joseph	2	1839					1
Pickett	Joseph	7	1839		200			
Pickett	Joseph	2	1840					1
Pickett	Joseph	2	1841					1
Pickett	Joseph	2	1842	100			1	1
Pickett	Joseph	2	1843				1	1
Piller	Anderson	7	1839					1
Pinion	James	4	1843					1
Pitt	James L.	11	1843	38				1
Pitt	Kinchen	1	1838		50			1
Pitt	Kinchen	1	1839		50			1
Pitt	Kinchen	1	1840		50			1
Pitt	Kinchen	11	1841	50				1
Pitt	Kinchen	11	1842	50				1
Pitt	Kintchen	11	1843	50				1
Pitt	Starling	11	1841	195				1
Pitt	Starling	11	1843	125				1
Pitt	Sterling	11	1842	125				
Plant	John	6	1838	168	50			1
Plant	John	6	1839	76	50	1		1
Plant	John	6	1840	116	50	1		
Plant	John	6	1841	156		1		
Plant	John	6	1842	157				
Plant	John	6	1843	157				
Plumer	John	7	1839					1
Plumer	John	3	1841					1
Plumer	John K.	7	1837					1
Plumer	John K.	7	1838					1
Pool	Joshua	9	1837					1
Powell	Bryant B.	3	1838		100			
Powell	Bryant B.	3	1839		100			
Powell	Bryant B.	3	1840					
Powell	W. B. W. & Bryant	3	1842	200				
Powell	William B.	3	1841	200				1
Powell	William B. W.	3	1838		150			1

Last Name	First Name		Dist.	Year	Acres	S.Acres	T.L.	Slaves	W.P.
Powell	William B. W.		3	1839		150			1
Powell	William B. W.		3	1840					
Powell	William B. W.		3	1843	200				
Powers	Isham		7	1843					1
Powers	John		7	1837	219				1
Powers	John		7	1838	219				1
Powers	John		7	1839	125				1
Powers	John		7	1840					1
Powers	Nathaniel		8	1843	200				
Powers	Spencer		8	1840					1
Poyner	Ealeanor		5	1841	115				
Poyner	Ealender		5	1840	115				
Poyner	Ealenor		5	1842	155				
Poyner	Elanor		5	1839	115				
Poyner	Eleanor		5	1838	115				
Poyner	Eleanor		5	1843	150				
Poyner	James		5	1838	30	110			1
Poyner	James		5	1839	30	110			1
Poyner	James		5	1840	30	110			
Poyner	James		5	1842	140				1
Poyner	James		5	1843	130				1
Poyner	Robert		5	1838	102	200			
Poyner	Robert		5	1839	102	200			1
Poyner	Robert		5	1840	103	400			
Poyner	Robert		5	1841	503				
Poyner	Robert		5	1842	453				
Poyner	Robert		5	1843	453				1
Poyner	William		5	1843					1
Poyner	James		5	1841	140				1
Prator	Elijah		5	1841					1
Prator	Elijah		5	1842					1
Prator	Elijah		5	1843					1
Prator	John		9	1837		100			
Prator	John		9	1838		100			
Prator	John		9	1839		100			
Prator	John		9	1840		100			
Prator	John heirs		9	1841	100				
Prator	John heirs		9	1842	100				
Prator	John heirs		9	1843	100				
Preestley	Caroline		2	1839				1	
Preestley	Caroline		6	1840			1	1	
Preestley	Carroline		6	1841			1	1	
Preestley	Carroline		6	1842			1	1	
Preestley	Carroline		6	1843			1	1	
Preestley	James P. M.		3	1839		5,000			
Preestley	James P. M.		3	1840		900			
Preestley	James P. M.		3	1841	900				
Prewett	David	[see Pewett]	4	1838		200			1
Prewett	David		4	1839		200		2	

Last Name	First Name	Dist.	Year	Acres	S.Acres	T.L.	Slaves	W.P.
Prewett	David	4	1840		200		2	1
Prewett	David	4	1841	200			2	
Prewett	David	4	1842	200			2	
Prewett	David	8	1843	200			2	
Prewett	Elisha	8	1837					1
Prewett	Elisha	8	1838					1
Prewett	Elisha	8	1839					1
Prewett	Elisha	8	1840					1
Prewett	Elisha	8	1841					1
Prewett	Elisha	8	1842	15				1
Prewett	Elisha	8	1843	15				1
Prewett	James	8	1837	60				
Prewett	James	8	1838	50	50			1
Prewett	James	8	1839	60	290			1
Prewett	James	8	1840	60	340			1
Prewett	James	8	1841	400				1
Prewett	James	8	1842	410				1
Prewett	James Junr.	8	1842					1
Prewett	James Junr.	8	1843					1
Prewett	James Senr.	8	1843	420				1
Prewett	Joel	8	1837	210	100			1
Prewett	Joel	8	1838	210	350			1
Prewett	Joel	8	1839	210	350			1
Prewett	John	8	1837	115				
Prewett	John	4	1838		75			1
Prewett	John	4	1839		75			1
Prewett	John	8	1839	115				
Prewett	John	4	1840		70			1
Prewett	John	8	1840	115				
Prewett	John	4	1841	75				
Prewett	John	4	1842	75				1
Prewett	John	8	1843	75				1
Prewett	John heirs	8	1843	165				
Prewett	John Senr.	8	1838	115				
Prewett	John Senr.	8	1841	265				
Prewett	Shaderick	4	1838		50			
Prewett	Shaderick	4	1839		50			1
Prewett	Shaderick	4	1840		50			1
Prewett	Shaderick	4	1841	50				1
Prewett	Shaderick	4	1842	50				1
Prewett	Shaderick	8	1843	50				1
Prewett	William	8	1839					1
Prewett	William	8	1840					1
Prewett	William	8	1841					1
Prewett	William	8	1842					1
Prewett	William	8	1843					1
Price	Jesse	9	1843					1
Price	William	9	1837	254	841		2	1
Price	William	9	1838	254	841		2	1

Last Name	First Name		Dist.	Year	Acres	S.Acres	T.L.	Slaves	W.P.
Price	William		9	1839	254	841		3	1
Price	William		9	1840	369	902		2	1
Price	William		9	1841	1,271			2	1
Price	William		9	1842	1,371			2	1
Price	William		9	1843	1,271			2	1
Price	Zebedee		3	1838					1
Price	Zebedee		3	1839					1
Price	Zebedee		3	1840					1
Price	Zebedee		3	1841					1
Price	Zebedee		3	1842					1
Price	Zebedee		3	1843					1
Prichard	D. D.		10	1840		100			1
Prichard	William		2	1838					1
Prichard	William		6	1843	50		5		1
Pricthard	D. D.		10	1838		100			1
Pritchard	D. D.		10	1839		100			1
Pritchard	D. D.		10	1841	100				1
Pritchard	William		6	1838			2		1
Pritchard	William		6	1839			3		1
Pritchard	William		6	1840			3		1
Pritchard	William		6	1841			3		1
Pritchard	William		6	1842	50		5		1
Prock	Daniel		3	1838					1
Prock	Daniel		3	1839					1
Prock	Daniel		3	1841					1
Prock	Daniel		3	1842					1
Prock	Daniel		3	1843					1
Prock	William		4	1838				2	
Prock	William T.		4	1839					1
Prock	William T.		4	1840					
Prock	William T.		4	1841					1
Prock	William T.		4	1842					1
Prock	William T.		3	1843	66				
Pucket	Josiah	[see Puckett]	1	1838	20				
Pucket	Josiah		1	1839	20				
Pucket	Josiah		1	1840	20				
Pucket	Josiah		1	1841	20				
Pucket	Josiah D.		1	1842	20				
Pucket	Josiah D.		1	1843	20				
Puckett	E. B.	[see Pucket]	6	1838					
Puckett	E. B.		6	1839			2		
Puckett	E. B.		6	1840			2		
Puckett	E. B.		6	1841			2		
Puckett	E. B.		6	1842			2		
Pullen	Archabald	[see Pullin]	9	1839	395	150			
Pullen	Archabald		9	1840	395	150			
Pullen	Archabald		9	1842	543				
Pullen	Archabald		9	1843	463				
Pullen	N. B.		9	1842					

Last Name	First Name		Dist.	Year	Acres	S.Acres	T.L.	Slaves	W.P.
Pullen	N. B.		9	1843					1
Pullen	Nelson		9	1839					1
Pullen	Nelson		9	1840					1
Pullen	William		9	1839		150		1	1
Pullen	William C.		9	1842	150				1
Pullen	William C.		9	1843	150				1
Pullin	Archibald	[see Pullen]	9	1838	295	150			
Pullin	Archibald		9	1841	543				
Pullin	Nelson		9	1838					1
Pullin	Nelson		9	1841					1
Pullin	William		9	1838					1
Pullin	William		9	1840		150			1
Pullin	William		9	1841	150				1
Qualls	Ferreby		9	1837		100			
Qualls	Ferreby		9	1838		100			
Qualls	Ferreby		9	1839		100			
Qualls	Ferreby		9	1840		100			
Qualls	Ferreby		9	1841	100				
Qualls	Ferreby		9	1842	100				
Qualls	Ferreby		9	1843	100				
Qualls	Thomas		4	1842				1	
Qualls	Thomas		4	1843				1	
Ragan	N. W.		5	1840					1
Ragan	N. W.		5	1841					1
Ragan	N. W.		5	1842					1
Ragan	N. W.		5	1843					1
Ragan	Nathan W.		5	1838	37	35			1
Ragan	Nathan W.		5	1839	37	35			1
Ragsdail	Peter		4	1843	200				
Rea	John		8	1843	50,000				
Reece	Berry		4	1838		50			1
Reece	Berry		4	1839		50			1
Reece	Berry		4	1840		50			1
Reece	Berry		4	1841	50				1
Reece	Berry		4	1842	50				1
Reece	Berry		4	1843	50				1
Reece	Henry R.		4	1842					1
Reece	Henry R.		4	1843					1
Reece	Isaac		4	1838					1
Reece	Isaac		4	1839					1
Reece	Isaac		4	1840					1
Reece	Isaac		4	1841					1
Reece	Isaac		4	1842					1
Reece	Isaac		4	1843					1
Reece	James heirs		4	1839	28	100			
Reece	James heirs		4	1840	28	100			
Reece	James heirs		4	1841	128				
Reece	James heirs		4	1842	128				
Reece	James heirs		4	1843	128				

Last Name	First Name	Dist.	Year	Acres	S.Acres	T.L.	Slaves	W.P.
Reece	James Senr.	8	1838	24	100			
Reems	Woody	7	1840		200			1
Reems	Woody	7	1841	200				1
Reems	Woody	7	1842	100				1
Reems	Woody	7	1843	100				1
Reeves	Edmund	2	1840	120	220		3	
Reeves	Edmund	2	1841	340			3	
Reeves	Edmund heirs	2	1842	340				
Reeves	James	2	1838	143	50			
Reeves	James	2	1839	143	60			
Reeves	James	2	1840	143	60			
Reeves	James M.	1	1843					1
Reeves	James R.	2	1843					1
Reeves	Jesse	9	1837					1
Reeves	Jesse	9	1838					1
Reeves	Jesse	9	1839					1
Reeves	Jesse	9	1840		100			1
Reeves	Jesse	9	1841					1
Reeves	Jesse	9	1842					1
Reeves	Jesse	9	1843					1
Reeves	Jonathan	2	1838					1
Reeves	Jonathan	9	1838					1
Reeves	Jonathan	2	1839					1
Reeves	Jonathan	9	1839					1
Reeves	Jonathan	2	1840					1
Reeves	Peyton	9	1837					1
Reeves	Peyton	9	1838					1
Reeves	Peyton	9	1839					1
Reeves	Peyton	9	1840					1
Reeves	Peyton	9	1841					1
Reeves	Peyton	9	1842	200				1
Reeves	Peyton	9	1843	200				1
Reeves	Reuben	9	1837	213				
Reeves	Reuben	9	1838	113				1
Reeves	Reuben	9	1839	213				1
Reeves	Reuben	9	1840	213				
Reeves	Reuben	9	1841	213				
Reeves	Reuben Junr.	9	1842					1
Reeves	Reuben Junr.	9	1843					1
Reeves	Reuben Senr.	9	1842	213				
Reeves	Reuben Senr.	9	1843	213				
Reeves	Timothy	2	1838	144	60			
Reeves	Timothy	2	1841	204				
Reeves	Timothy	2	1842	204				
Reeves	Timothy	2	1843	196				
Reeves	Timothy Junr.	2	1839					1
Reeves	Timothy Junr.	2	1840					1
Reeves	Timothy Senr.	2	1839	144	60			
Reeves	Timothy Senr.	2	1840	144	60			

Last Name	First Name	Dist.	Year	Acres	S.Acres	T.L.	Slaves	W.P.
Reeves	William	2	1838					1
Reeves	William F.	2	1840					1
Reeves	William F.	2	1839					1
Reid	George	4	1839					1
Reid	George	4	1840					1
Reid	George W.	4	1838					1
Reynolds	John S.	4	1843					1
Rice	Jesse	9	1838					1
Rice	Jesse	9	1839					1
Rice	Jesse	9	1840		100			1
Rice	Jesse	9	1841					1
Rice	Jesse	9	1842					1
Rice	Jesse	9	1843					1
Rice	John Junr.	9	1837					1
Rice	John Junr.	9	1838					1
Rice	John Junr.	9	1839					1
Rice	John Junr.	9	1840					1
Rice	John Junr.	9	1841					1
Rice	John Junr.	9	1842					1
Rice	John Junr.	9	1843					1
Rice	John Senr.	9	1837	140				
Rice	John Senr.	9	1838	190				
Rice	John Senr.	9	1839	190				1
Rice	John Senr.	9	1840	196				
Rice	John Senr.	9	1841	190				
Rice	John Senr.	9	1842	190				
Rice	John Senr.	9	1843	190				
Rice	Thomas	9	1838					1
Rice	Thomas	9	1840					1
Rice	Thomas	9	1841					1
Rice	Thomas	9	1842					1
Rice	Thomas	9	1843					1
Rice	William	9	1843					1
Rich	Jackson	9	1838					1
Richardson	Randsom	3	1842					1
Richardson	Randsom S.	3	1838					1
Richardson	Winna heirs	5	1838	104	200		1	
Richardson	Winna heirs	5	1839	104	200		1	
Ridings	George	5	1838	50	137			
Ridings	George	5	1839	50	137			
Ridings	George Junr.	5	1840	75				1
Ridings	George Junr.	11	1841	200				1
Ridings	George Junr.	11	1842	200				1
Ridings	George Junr.	11	1843	200				1
Ridings	George Senr.	5	1840	50	137			
Ridings	George Senr.	11	1841	237				
Ridings	George Senr.	11	1842	187				
Ridings	George Senr.	11	1843	187				
Ridings	James R.	11	1841					1

Last Name	First Name	Dist.	Year	Acres	S.Acres	T.L.	Slaves	W.P.
Ridings	James R.	11	1842					1
Ridings	James R.	11	1843					1
Ridings	Joel	1	1838		100			
Ridings	Joel	5	1838	210	200		2	
Ridings	Joel	1	1839		100			
Ridings	Joel	5	1839	210	200		2	
Ridings	Joel	1	1840		100			
Ridings	Joel	4	1840					1
Ridings	Joel	5	1840	135	200		2	
Ridings	Joel	4	1841					1
Ridings	Joel	11	1841	485			2	
Ridings	Joel	4	1842					1
Ridings	Joel	11	1842	485			3	
Ridings	Joel	4	1843					1
Ridings	Joel	11	1843	485			3	
Ridings	Robertson	5	1838					1
Ridings	Robertson	5	1839					1
Ridings	Robertson	5	1840					1
Ridings	Solomon	11	1843					1
Ridings	Wilie	4	1839					1
Ridings	Wilie	4	1841					1
Ridings	Wilie	4	1842					1
Ridings	Wilie	4	1843					1
Ridings	Wilie H.	4	1838					1
Rives	Edmund	2	1838	118	230		4	
Rives	Edmund	2	1839	120	220		3	
Rives	Edmund	2	1843	340				
Rives	Edmund heirs	6	1842				4	
Rives	Edmund heirs	6	1843				5	
Roberson	Amos [see Robertson, Robinson]	10	1841				2	
Roberson	Ealender heirs	6	1840	69	35			
Roberson	John & Thomas	6	1840		1,000			
Roberson	William	5	1843	25				1
Roberts	Aaron	4	1839					1
Roberts	Aaron	4	1841	150				1
Roberts	Aaron	4	1842	150				1
Roberts	Aaron	4	1843	150				1
Roberts	Caleb	4	1838		200			
Roberts	Caleb	4	1839		200			1
Roberts	Caleb	4	1840		200			1
Roberts	Caleb	4	1841	200				1
Roberts	Caleb	4	1842	50				1
Roberts	Caleb	4	1843	50				1
Roberts	Eli	5	1838	26	50			1
Roberts	George heirs	4	1838	50	200			
Roberts	George heirs	4	1839	50	200			
Roberts	Moses	4	1838					1
Roberts	Moses	4	1839					1
Roberts	Moses	4	1840	100				1

Last Name	First Name	Dist.	Year	Acres	S.Acres	T.L.	Slaves	W.P.
Roberts	Moses	4	1841	50				1
Roberts	Moses	4	1843					1
Robertson	Eleanor [Robison, Robinson]	6	1838	65	53			
Robertson	Peyton	2	1838				2	
Robertson	Peyton	2	1839				2	
Robertson	Peyton	2	1840				2	
Robertson	Peyton	2	1841				2	
Robertson	Peyton	2	1842				2	
Robertson	Peyton	2	1843				2	
Robertson	William	5	1840		25			1
Robertson	William	5	1841	25				1
Robertson	William	5	1842	25				1
Robins	J. R.	5	1843					1
Robins	John	5	1839					1
Robins	John	5	1840					1
Robins	John R.	5	1842					1
Robins	Mary	5	1838	66				
Robins	Mary	5	1839	66				
Robins	Mary	5	1840	66				
Robins	Mary	5	1841	66				
Robins	William	5	1841					1
Robins	William	5	1842	115				1
Robins	William	5	1843	115				1
Robinson	Amos [see Robertson, Robison]	10	1837				2	1
Robinson	Ealenor heirs	6	1841	219				
Robinson	Eleanor heirs	6	1842	219				
Robinson	John & Thomas	6	1841	1,000				
Robinson	John & Thomas	6	1842	1,000				
Robinson	Roger	1	1843	140				1
Robinson	Roger W.	1	1842	140				1
Robison	Amos	10	1840				2	
Robison	Amos	10	1842				2	
Robison	Eleander heirs	6	1843	219				
Robison	Ellen	6	1839	69	53			
Robison	John & Thomas	6	1839		1,000			1
Robison	John & Thomas	6	1843	1,000				
Robison	Samuel C.	6	1838					1
Rogers	Chacy	9	1837	150			2	
Rogers	Chacy	9	1838	150			2	
Rogers	Chacy	9	1839	150			1	
Rogers	Chacy	9	1840	150			1	
Rogers	Chacy	9	1841	150			1	
Rogers	Chacy	9	1842	150			1	
Rogers	Chacy	9	1843	150			1	
Rogers	Green	4	1841					1
Rogers	Green	4	1842					1
Rogers	Green	9	1843					1
Rogers	Isham	4	1838					1
Rogers	Isham	4	1839					1

Last Name	First Name	Dist.	Year	Acres	S.Acres	T.L.	Slaves	W.P.
Rogers	Isham	4	1840					1
Rogers	Isham	4	1841					1
Rogers	Isham	4	1842					1
Rogers	Isham	4	1843					1
Rogers	Isham	11	1843					1
Rogers	James	9	1839				1	1
Rogers	James	9	1840				1	1
Rogers	James	9	1841				1	1
Rogers	James	9	1842	100				1
Rogers	James	9	1843	100				1
Rogers	Jesse	9	1837		100			1
Rogers	Jesse	1	1838	60				
Rogers	Jesse	2	1838	150	50	1/2	4	
Rogers	Jesse	5	1838	30				
Rogers	Jesse	9	1838		100			1
Rogers	Jesse	1	1839	60				
Rogers	Jesse	2	1839	150	50	1/2	4	
Rogers	Jesse	9	1839		100			1
Rogers	Jesse	2	1840	150	50		4	
Rogers	Jesse	5	1840	30				
Rogers	Jesse	9	1840		100			1
Rogers	Jesse	2	1841	200		1/2	4	
Rogers	Jesse	4	1841	101				
Rogers	Jesse	5	1841	30				
Rogers	Jesse	9	1841	100				1
Rogers	Jesse	2	1842	200			6	
Rogers	Jesse	4	1842					1
Rogers	Jesse	5	1842	30				
Rogers	Jesse	9	1842				1	1
Rogers	Jesse	4	1842	101				
Rogers	Jesse	2	1843	200			5	
Rogers	Jesse	4	1843	101			1	1
Rogers	Jesse	5	1843	30				
Rogers	Jesse Senr.	5	1839	30				
Rogers	Pleasant	7	1840	125				1
Rogers	Pleasant	7	1841	125				1
Rogers	Pleasant	7	1842	175				1
Rogers	Pleasant	7	1843	250				1
Rogers	Redmund	2	1838			1/2		
Rogers	Redmund	2	1839			1		
Rogers	Redmund	2	1840			1		
Rogers	Redmund	2	1841			1/2		
Rogers	Redmund	2	1842			1/2		
Rogers	Redmund	2	1843			1/2		
Rogers	Samuel	7	1838					1
Rogers	Samuel	7	1839					1
Rogers	Samuel	7	1840					1
Rogers	Samuel	7	1841					1
Rogers	Samuel	7	1842					1

Last Name	First Name	Dist.	Year	Acres	S.Acres	T.L.	Slaves	W.P.
Rogers	Samuel	7	1843	100				1
Rogers	Sion	2	1838			1		
Rogers	William	9	1837					1
Rogers	William	8	1838		100			1
Rogers	William	8	1839		100			1
Rogers	William	8	1840	175	240			1
Rogers	William	8	1841	340				1
Rogers	William	8	1842	340				1
Rogers	William	8	1843	510				1
Rolins	John	5	1841					1
Ross	Franklin	4	1839					1
Roy	Calven	7	1843					1
Roy	Isaac	7	1837		200			
Roy	Isaac	10	1837					1
Roy	Isaac	7	1839					1
Roy	Isaac	7	1840					1
Roy	Isaac	7	1841					1
Roy	Isaac	7	1842					1
Roy	William	10	1837					1
Roy	William	7	1842					1
Rucker	E. A.	1	1843					1
Rudolph	Elijah	1	1838	135	50		2	1
Rudolph	Elijah	1	1839	135	50		2	1
Rudolph	Elijah	1	1840	135	50		2	1
Rudolph	Elijah	1	1841	442			1	1
Rudolph	Elijah	1	1842				2	
Rudolph	Elijah	1	1843				2	
Rudolph	Robert M.	1	1841					1
Rudolph	Robert M.	1	1842	514				1
Rudolph	Robert M.	1	1843	514				1
Rudolph	Robert M. D.	1	1839					1
Rudolph	Robert M. D.	1	1840					1
Rumley	J. J.	10	1840					1
Rumley	John J.	10	1839					1
Rumley	John J.	10	1841					1
Rushing	Abraham	11	1841	212				
Rushing	Abraham	11	1842	212				
Rushing	Abraham	11	1843	212				
Rushing	Burwell	11	1841					1
Rushing	David	11	1842	28				
Rushing	Marcus	11	1842	100				1
Rushing	Mark	11	1841	28				1
Rushing	Mark	11	1843	100				
Rushing	Matthew	11	1841					1
Rushing	Phillip	11	1841					
Rushing	Phillip	11	1842	25				1
Rushing	Phillip	11	1843	175				1
Rushing	Reuben	11	1841	150				1
Rushing	Reuben	11	1842	200				1

Last Name	First Name		Dist.	Year	Acres	S.Acres	T.L.	Slaves	W.P.
Rushing	Reuben		11	1843	200				1
Rushing	Rolen		11	1841	250				1
Rushing	Rolen B.		11	1842	50				1
Rushing	Rolen B.		11	1843	38				1
Rushing	Rue		5	1838	60	50			1
Rushing	Rue		5	1839	60	50			1
Rushing	Rue		5	1840	60	50			1
Rushing	Rue		5	1841	110				1
Rushing	Rue		5	1842	80				1
Rushing	Rue		5	1843	80				1
Rushing	Willis		1	1838	50				1
Rushing	Willis		1	1839		50			1
Rushing	Willis		11	1843					1
Rushing	Wilson		11	1841	65				1
Rushing	Wilson		11	1842	65				1
Rushing	Wilson		11	1843	65				1
Rutherford	James		2	1838				3	1
Rutherford	James		2	1839				3	
Rutherford	James heirs		2	1840				3	
Rutherford	James heirs		2	1841				3	
Rutherford	James heirs		2	1842				3	
Rutherford	James heirs		2	1843				3	
Sage	Rufus W.		1	1841					1
Sales	James S.		6	1838		100			
Salyers	John P.		8	1837		50			
Salyers	John P.		8	1838		50			
Sanders	James	[see Saunders]	9	1837					1
Sanders	James		9	1838					1
Sanders	James		9	1839	80				1
Sanders	James		9	1840	80				1
Sanders	James		9	1841	250				1
Sanders	James heirs		3	1838	1,280				
Sanders	James heirs		3	1839	2,700				
Sanders	James heirs		3	1840	2,700				
Sanders	James heirs		3	1841	2,700				
Sanders	James heirs		3	1842	2,780				
Sanders	& Martin		6	1840		1/2			
Sanders	& Martin		6	1841		1/2			
Sanders	Wilie		9	1837	360	254		2	1
Sanders	Wilie		9	1838	260	200		2	1
Sanders	Wilie		9	1839	180	200		2	1
Sanders	Wilie		9	1840	180	200		2	1
Sanders	Wilie		9	1841	680			3	
Saunders	James	[see Sanders]	9	1842	350				1
Saunders	James		9	1843	250				1
Saunders	James heirs		3	1843	2,780				
Saunders	John		9	1842					1
Saunders	John		9	1843					1
Saunders	& Martin		6	1842		1/2			

Last Name	First Name		Dist.	Year	Acres	S.Acres	T.L.	Slaves	W.P.
Saunders	& Martin		6	1843			1/2		
Saunders	Wilie		9	1842	380			4	
Saunders	Wilie		9	1843	680			4	
Scholes	Alexander		1	1842					1
Scholes	Alexander		1	1843					1
Scholes	Allen		11	1841	191				1
Scholes	Allen		11	1842	191				1
Scholes	Allen		11	1843	191				1
Scholes	& Brown		1	1842	700				
Scholes	& Brown		1	1843	700				
Scholes	Moses H.		1	1841					1
Scholes	Nathaniel		1	1839	135	125			1
Scholes	Nathaniel		1	1841	130				1
Scholes	Nathaniel		1	1842	55				1
Scholes	Nathaniel		1	1843	55				1
Scott	B. F.		7	1839	175				1
Scott	B. F.		7	1840	175				1
Scott	B. F.		7	1841	275				1
Scott	B. F.		7	1842	275				1
Scott	Benjamin		7	1843	275				1
Scott	John T.		4	1842				1	1
Scott	John T.		4	1843				1	1
Scott	John T.		8	1843	600				
Scott	T. B. F.		7	1838					1
Seamore	Alsey	[see Semore]	9	1839	100	100			
Seamore	Alsey		9	1842	200				
Seamore	Alsey		9	1843	200				
Seamore	Henry		9	1839					1
Seamore	Henry		9	1842					1
Seamore	Henry		9	1843					1
Seats	William J.		4	1838		450		1	1
Seats	William J.		4	1839		450			1
Seats	William J.		4	1840		450		1	1
Seats	William J.		4	1841	450			2	1
Seats	William J.		4	1842	450			1	1
Seats	William J.		4	1843	1,000			2	1
Semore	Alsey	[see Seamore]	9	1838	100	100			
Semore	Alsey		9	1840	100	100			
Semore	Alsey		9	1841	200				
Semore	Henry		9	1841					1
Shale	Phillip		3	1839		600			
Shannon	James		8	1837		348			
Shannon	James		8	1838		357			
Shannon	James		8	1839		350			
Shannon	James		8	1840		350			
Shannon	James		8	1841	350				
Shannon	James		8	1842	360				
Shannon	James		8	1843	360				
Shannon	Mary & Elizabeth		8	1839	140				

Last Name	First Name	Dist.	Year	Acres	S.Acres	T.L.	Slaves	W.P.
Shannon	Mary & Elizabeth	8	1840	160				
Shannon	Mary & Elizabeth	8	1841	150				
Shannon	Mary & Elizabeth	8	1842	150				
Shannon	Mary & Elizabeth	8	1843	150				
Shannon	Mary & others	8	1838	240				
Shannon	Robert	8	1837	80				1
Shannon	Robert	8	1838	80				1
Shannon	Robert	8	1839	80				1
Shannon	Robert	8	1840	80				1
Shannon	Robert	8	1841	80				1
Shannon	Robert	8	1842	80				1
Shannon	Robert	8	1843	80				1
Shaver	John	2	1843					
Shaver	Michael	7	1837					1
Shaver	Michael	10	1839		500			1
Shaver	Michael	2	1841					1
Shaver	Michael	2	1842					
Shaver	Michael	2	1843					1
Shaw	Thomas	5	1838		100			
Shaw	Thomas	5	1839		100			
Shaw	Thomas	5	1840		100			
Shaw	Thomas	5	1841	100				
Shaw	Thomas	5	1842	100				
Shaw	Thomas	5	1843	100				
Shelby	William heirs	10	1837	50	100			
Shelby	William heirs	10	1838	50	45			
Shelby	William heirs	8	1839	50	45			
Shelby	William heirs	10	1839	50	45			
Shelby	William heirs	10	1840	50	45			
Shelby	William heirs	10	1841	95				
Shelby	William heirs	10	1842	90				
Shelby	William heirs	10	1843	90				
Shoat	Tilman [see Choat]	7	1838		100			1
Shoat	Tilman	7	1839					1
Shouse	John	7	1837	50				1
Shouse	John D.	10	1839					1
Shouse	Joseph	10	1837		75			
Shouse	Joseph	10	1838		75			
Shouse	Joseph	10	1839	50	260			
Shouse	Joseph	10	1840	50	260			
Shouse	Joseph	10	1841	310				
Shouse	Joseph	10	1842	310				
Shouse	Joseph	10	1843	210				
Shropshire	heirs & Sil Adams	6	1838		10,000			
Shuffield	William	4	1838		37			1
Shuffield	William	4	1840					1
Shuffle	William	4	1841					1
Shuffle	William	4	1842					1
Shute	Philip	3	1841	600				

Last Name	First Name		Dist.	Year	Acres	S.Acres	T.L. Slaves	W.P.
Shute	Phillip		3	1840		600		
Sikes	H. H.		6	1838				1
Sikes	H. H.		6	1839				1
Sikes	H. H.		6	1840				1
Simmons	Edward		3	1841	300			
Simmons	Edward		3	1842	292			
Simmons	Edward		3	1843	292			
Simmons	James		8	1837		50		
Simmons	James		4	1838		210		
Simmons	James		4	1839		100		
Simmons	James heirs		4	1840		160		
Simmons	James heirs		4	1842	150			
Simmons	James heirs		8	1842	50			
Simmons	James heirs		8	1843	200			
Simmons	Thomas heirs		4	1838		50		
Simmons	Thomas heirs		4	1839		50		
Simmons	Thomas heirs		4	1840		50		
Simmons	Wilie		8	1840	50			
Simmons	Wilie		8	1841	50			
Simmons	William		8	1839	548			
Simmons	William		8	1840	272			
Simmons	William		8	1841	240			1
Simmons	William		8	1842	240			1
Simmons	William		8	1843	240			
Simmons	William B.		2	1838				1
Simms	Charlotte	[see Sims]	3	1839	448	100		
Simms	Charlotte		3	1840	371	100		
Simms	Charlotte		3	1841	471			
Simms	Joseph		3	1841				1
Simpson	David M.		4	1838				
Simpson	David M.		4	1839				1
Simpson	David M.		4	1840		122		1
Simpson	David M.		4	1841	122			1
Simpson	David M.		4	1842	122			1
Simpson	David M.		4	1843	60			1
Simpson	James		5	1842				1
Simpson	James		5	1843				1
Simpson	James A.		5	1841				1
Simpson	Joel		5	1840				1
Simpson	Joel		5	1842				1
Simpson	Joel M.		5	1841				1
Simpson	Joel M.		5	1843	292			1
Simpson	John		10	1837				1
Simpson	John		10	1839				1
Simpson	John		10	1840				1
Simpson	Nathaniel		10	1837	100	150		
Simpson	Nathaniel		10	1838	100	150		
Simpson	Nathaniel		10	1839	100	150		
Simpson	Nathaniel		10	1840	100	150		

Last Name	First Name	Dist.	Year	Acres	S.Acres	T.L.	Slaves	W.P.
Simpson	Nathaniel	10	1843					1
Simpson	Nathaniel heirs	10	1841	250				
Simpson	Nathaniel heirs	10	1842	250				
Simpson	Samuel	10	1837	188				1
Simpson	Samuel	10	1838	188				
Simpson	Samuel	10	1839	188				
Simpson	Samuel	10	1840	188				
Simpson	Thomas	10	1837					1
Simpson	Thomas	5	1838	267	25			
Simpson	Thomas	6	1838				3	
Simpson	Thomas	5	1839	267	25			
Simpson	Thomas	6	1839				3	
Simpson	Thomas	10	1839					1
Simpson	Thomas	5	1840	267	25			
Simpson	Thomas	6	1840				3	
Simpson	Thomas	10	1840					1
Simpson	Thomas	5	1841	292				
Simpson	Thomas	6	1841				3	
Simpson	Thomas	10	1841					1
Simpson	Thomas	10	1842					1
Simpson	Thomas	10	1843	100				1
Simpson	Thomas heirs	5	1842	292				
Simpson	Thomas heirs	6	1842				3	
Simpson	William	10	1837	381				
Simpson	William	10	1838	381				
Simpson	William	10	1839	181				
Simpson	William	10	1840	181				
Simpson	William	10	1841	283				
Simpson	William	10	1842	283				
Simpson	William Junr.	10	1843					1
Simpson	William Senr.	10	1843	380				
Sims	Charlotte [see Simms]	3	1838	448	100			
Sims	Charlotte	3	1842	471				
Sims	Charlotte	3	1843	471				
Sims	Joseph	3	1840					1
Sims	Joseph	3	1842					1
Sims	Joseph	3	1843					1
Singleton	David	4	1839		75			1
Singleton	David	4	1840		100			1
Singleton	David	4	1841					1
Singleton	David C.	4	1842					1
Singleton	David C.	4	1843					1
Singleton	James L.	4	1838	30	250			1
Singleton	James L.	4	1839	30	275			1
Singleton	James L.	4	1840	30	225			1
Singleton	James L.	4	1841	305				1
Singleton	James L.	4	1842	305				
Singleton	James L.	4	1843	515				1
Singleton	Robert	4	1841					1

Last Name	First Name	Dist.	Year	Acres	S.Acres	T.L.	Slaves	W.P.
Singleton	Robert A.	4	1842					1
Singleton	Robert A.	4	1843					1
Sisco	Hugh J.	10	1843					1
Slate	William	6	1838	20	70			1
Slate	William	6	1839	70	20			1
Slate	William	6	1840	70	25			1
Slate	William	6	1841	95				1
Slate	William	6	1842	95				1
Slate	William	6	1843	255				1
Smith	Bedy	9	1841	80				
Smith	Bedy	9	1842	80				
Smith	Bedy	9	1843	80				
Smith	Brison	6	1838					1
Smith	Brison	6	1839					1
Smith	Brison	6	1840					2
Smith	Brison	1	1841					1
Smith	Bryson	2	1842					1
Smith	Bryson	2	1843					1
Smith	Edward	5	1838	210	30			1
Smith	Edward	5	1839	210	30			1
Smith	Edward	5	1840					1
Smith	Gibson	5	1838	10	25			1
Smith	Gibson	5	1839	10	25			1
Smith	Gibson	5	1840		100			1
Smith	Gibson	5	1841	100				1
Smith	Gibson	5	1842	100				1
Smith	Gibson	5	1843					1
Smith	James	5	1840	108				1
Smith	James	5	1841	108				1
Smith	James	5	1842	576				1
Smith	James	9	1842					1
Smith	James	5	1843	733				1
Smith	Jarvis	5	1838	60	27			
Smith	Jarvis	5	1839	70	50			
Smith	Jarvis	5	1840	70	27			
Smith	Jarvis	5	1841	97				
Smith	Jarvis	5	1842	97				
Smith	Jarvis	5	1843	277				
Smith	Joel	6	1838	340	240			
Smith	Joel	6	1839	190	50			
Smith	Joel	6	1840	190	50			
Smith	Joel	6	1841	440				
Smith	Joel	6	1842	429				
Smith	Joel	6	1843	491				
Smith	John	5	1842					1
Smith	John	5	1843					1
Smith	M. S.	2	1840	170			1/2	
Smith	M. S.	1	1842	33				
Smith	M. S.	2	1842	170			1/2	

Last Name	First Name		Dist.	Year	Acres	S.Acres	T.L.	Slaves	W.P.
Smith	Moab S.		1	1838	30				
Smith	Moab S.		2	1838	150		1/2		
Smith	Moab S.		2	1839	150		1/2		
Smith	Moab S.		1	1841	30				
Smith	Moab S.		2	1841	170		1/2		
Smith	Moab S.		1	1843	33				
Smith	Moab S.		2	1843	170		1/2		1
Smith	R. J.		6	1838					1
Smith	R. J.		6	1839					1
Smith	Robert		9	1837	100				1
Smith	Robert		9	1838	100				1
Smith	Robert		9	1839	100				1
Smith	Robert		9	1840	100				1
Smith	Robert		9	1841	100				1
Smith	Robert		9	1842	100				1
Smith	Robert		9	1843	100				1
Smith	Thomas		9	1842					1
Smith	Thomas		9	1843					1
Smith	Thomas L.		4	1842	75				
Smith	Thomas S.		4	1840		75			1
Smith	Thomas S.		4	1841	75				
Smith	Thomas S.		4	1842					1
Smith	Thomas S.		4	1843	38				1
Smith	William		9	1837					1
Smith	William		9	1838					1
Smith	William		9	1839					1
Smith	William		9	1839	30	127			1
Smith	William		4	1840					1
Smith	William		9	1840					1
Smith	William		9	1840	30	127			1
Smith	William		4	1841					1
Smith	William		9	1841					1
Smith	William		9	1841					1
Smith	William		4	1842	37				1
Smith	William		9	1842					1
Smith	William		9	1842					1
Smith	William		4	1843	87				1
Smith	William		9	1843					1
Smith	William M.		9	1843					1
Smith	Williamson		5	1839					1
Smith	Williamson		5	1843					1
Smith	William [Sr.]		9	1838	30	127			
Sommers	John	[see Summers]	1	1840	50	100		2	1
Sommers	John		11	1841	300			2	1
Sommers	John		11	1842	314			2	1
Southern	Maryann R.		6	1842			2		1
Southern	Maryann R.		6	1843			2		
Southern	William B.		6	1838				4	1
Southern	William	guard. for Mary L. Alford	6	1838				1	

Last Name	First Name	Dist.	Year	Acres	S.Acres	T.L.	Slaves	W.P.
Spain	William	3	1841					1
Spain	William	3	1842					1
Spain	William	3	1843					1
Span	J. S.	6	1841					1
Span	J. S.	6	1842				2	1
Span	J. S.	6	1843				2	1
Sparks	Hardy	9	1837		250			
Sparks	Isaac	9	1837	100				
Sparks	Isiah	9	1843					1
Spence	John L.	4	1839		5,725			
Spence	John L.	4	1842	700				
Spencer	Daniel	4	1838		5,000			
Spencer	John L.	4	1838		5,000			
Spencer	John L.	4	1839					1
Spencer	John L.	4	1840					1
Spencer	John L.	4	1841					1
Spencer	John L.	4	1842					1
Spencer	John L.	4	1842					1
Spencer	John L.	4	1843	500				1
Spencer	Josephine	4	1838		5,000			
Spencer	Thomas P.	4	1838					1
Spencer	Thomas S.	4	1839	220	300			1
Spencer	Thomas S.	4	1840	220	300			
Spencer	Thomas S.	4	1841	520				
Spencer	Thomas S.	4	1842	520			3	
Spencer	Thomas S.	4	1843	470			3	1
Sphers	Washingtons	1	1839					1
Spicer	B. B.	9	1839	106	469		3	1
Spicer	B. B.	9	1840	106	469		3	1
Spicer	B. B.	9	1841	575			4	1
Spicer	B. B.	9	1842	575			5	1
Spicer	B. B.	6	1842				2	
Spicer	B. B.	6	1843	300			5	1
Spicer	B. B.	9	1843	600			2	
Spicer	B. B. guard. of E. Alford	6	1840				2	
Spicer	B. B. guard. of G. Ely & E.Alford	6	1841				4	
Spicer	B. B. guard. of George Ely	6	1840				2	
Spicer	B. B. guard. of George Ely	6	1842				2	
Spicer	B. B. guard. of George Ely	6	1843				2	
Spicer	B. B. guard. of Martha Alford	6	1843				2	
Spicer	Burwell B.	9	1837	106	369		2	1
Spicer	Burwell B.	9	1838	106	469		2	1
Spicer	Burwell B.	9	1842				1	
Spicer	J. P.	9	1842	300				1
Spicer	James	9	1837	200			2	
Spicer	James	9	1838	200			2	
Spicer	James	9	1839	200			2	
Spicer	James	9	1840	200			2	
Spicer	James	9	1841	200			2	

Last Name	First Name	Dist.	Year	Acres	S.Acres	T.L.	Slaves	W.P.
Spicer	James	9	1842	200			2	
Spicer	James	9	1843	200			2	
Spicer	James H.	9	1838					1
Spicer	Jesse	9	1837					1
Spicer	Jesse	9	1838		50			1
Spicer	Jesse	9	1839		50			1
Spicer	Jesse	9	1840					1
Spicer	Jesse	10	1841	300				1
Spicer	Jesse	10	1842	300				1
Spicer	Jesse P.	9	1843	300				1
Spicer	Patrick	9	1837	125	50			
Spicer	Patrick	9	1838	125	50			
Spicer	Patrick	9	1839	125	50			
Spicer	Patrick	9	1840	125	50			
Spicer	Patrick	9	1841	173				
Spicer	Patrick	9	1842	173				
Spicer	Patrick	9	1843	173				
Spicer	William	9	1837	223				1
Spicer	William	9	1838	223				1
Spicer	William	9	1839	223				1
Spicer	William	9	1840	223			1	
Spicer	William	9	1841	232			1	
Spicer	William	9	1842	232			1	1
Spicer	William	9	1843	223			1	
Spradling	Lucinda	8	1842	200				
Spradling	Obediah	8	1837	30				
Spradling	Obediah	8	1838	30				
Spradling	Obediah	8	1839	30	370			1
Spradling	William J.	8	1843					1
Stacy	Hiram	4	1841					1
Stacy	Salatheal	4	1842					1
Stacy	Salithill	5	1838					1
Stacy	Sallitheal	5	1839					1
Stacy	Sallitheal	4	1841					1
Stacy	Selathial	5	1840					1
Stacy	Simon	6	1843	147				1
Statom	William P.	9	1841	40				1
Statom	William P.	9	1842	40				1
Statom	William P.	9	1843	40				1
Stears	John	[see Stires] 9	1837		100			1
Stears	John	9	1838		100			1
Stears	John	9	1839		100			1
Stears	John	9	1840		100			1
Stears	John	9	1841	100				1
Stears	John	9	1842	100				1
Steptoe	James H.	3	1841					1
Steptoe	James H.	3	1843					1
Stewart	Abraham	9	1837	40				1
Stewart	Abram	9	1838	40				1

Last Name	First Name		Dist.	Year	Acres	S.Acres	T.L.	Slaves	W.P.
Stewart	Lindley		9	1842					1
Stewart	Lindley		9	1843					1
Stewart	Sampson		9	1837	30	127			
Stewart	Sampson		9	1839					1
Stewart	Sampson		9	1840					1
Stewart	Sampson		9	1841	50				1
Stewart	Sampson		9	1842	50				1
Stewart	Sampson		9	1843	80				1
Stewart	William		1	1839	166				
Stewart	William		1	1840	166				
Stires	Baltzzar	[see Stears]	2	1838					1
Stires	Baltzzar		2	1839					1
Stires	Baltzzar		3	1841	50				1
Stires	Baltzzar		3	1842	50				
Stires	Baltzzar		3	1843	125				
Stires	Norman		3	1843					1
Stoddart	William		1	1838	166				
Stoddart	William		1	1839	542				
Stoddart	William heirs		1	1842	542				
Stoddert	William heirs		1	1840	542				
Stoddert	William heirs		1	1841	542				
Stoddert	William heirs		1	1843	542				
Strayhorn	Samuel D.		10	1837	130				
Strayhorn	Samuel D.		10	1838	130				
Stringer	Edward		9	1837	338	450		3	
Stringer	Edward		9	1838	45	350		3	
Stringer	Edward		9	1839	45	246		2	
Stringer	Edward		9	1840	42	246		2	
Stringer	Edward		9	1841	288			3	
Stringer	Edward		9	1842	55			1	
Stringer	Edward		9	1843	55				1
Stringer	John		9	1838	95				1
Stringer	John		9	1839	95				1
Stringer	John		9	1840	95				1
Stringer	John		9	1841	95				1
Stringer	John		9	1842	95				1
Stringer	John		9	1843	95				1
Stump	F. H.		4	1840		550			
Stump	F. H.		4	1841	300				
Stump	F. H.		4	1842	300				
Stump	F. H.		4	1843	300				
Stump	John		5	1840		10,000			
Stump	John		5	1841	10,000				
Stump	John		5	1842	5,000				
Sullivan	John		1	1838	780	19,800		3	1
Sullivan	John		1	1839	780	19,800		3	1
Sullivan	John		1	1840	780	24,300		3	1
Sullivan	John		1	1841	7,980			3	1
Sullivan	John		1	1842	7,980			3	1

Last Name	First Name		Dist.	Year	Acres	S.Acres	T.L.	Slaves	W.P.
Sullivan	John		1	1843	7,980			5	1
Summers	John	[see Sommers]	1	1838	50			2	1
Summers	John		1	1839	50			2	1
Summers	Matilda		11	1843	364			1	
Taber	Isaac		9	1837					1
Tanner	Elias		1	1841					1
Tate	John W.		7	1837		400			
Tate	John W.		7	1838		400			1
Tate	John W.		7	1839		400			
Tate	Lucia		4	1843				1	
Taylor	A. J.		10	1843					1
Taylor	Daniel		8	1837		50			
Taylor	Daniel		8	1838		50			
Taylor	Daniel heirs		8	1839		50			
Taylor	Drury		10	1839	400	25		4	
Taylor	Drury		10	1840	400	25		5	
Taylor	Drury		8	1842	160				1
Taylor	Drury		10	1842	700			4	
Taylor	Drury		10	1843	1,180			3	
Taylor	Drury Junr.		8	1837	60	100			1
Taylor	Drury Junr.		8	1838	60	300			1
Taylor	Drury Junr.		8	1839	60	120			1
Taylor	Drury Junr.		8	1840	45	50			1
Taylor	Drury Junr.		8	1841	160				1
Taylor	Drury Junr.		8	1843	160				1
Taylor	Drury Senr.		10	1837	400	125		2	
Taylor	Drury Senr.		10	1838	400	125		3	
Taylor	Drury Senr.		10	1841	700			5	
Taylor	Drury Senr.		8	1843	85				
Taylor	Edmund		8	1837	260	125		3	
Taylor	Edmund		8	1838	260	125		3	
Taylor	Edmund		8	1839	260	75		4	
Taylor	Edmund		8	1840	260	250		4	
Taylor	Edmund		8	1841	510			3	
Taylor	Edmund		8	1842	510			3	
Taylor	Edmund		8	1843	385			4	
Taylor	Edmund Junr.		8	1839					1
Taylor	Edmund Junr.		8	1841					1
Taylor	G. W.		10	1843				1	1
Taylor	George		10	1840					1
Taylor	George W.		10	1837					1
Taylor	George W.		10	1838					1
Taylor	George W.		10	1839					1
Taylor	George W.		10	1841					1
Taylor	George W.		10	1842				1	1
Taylor	James		8	1838					1
Taylor	James		10	1839	104	200			1
Taylor	James		10	1840	104	200			1
Taylor	James		10	1842	304				1

Last Name	First Name	Dist.	Year	Acres	S.Acres	T.L.	Slaves	W.P.
Taylor	James	10	1843	304				1
Taylor	James E.	10	1841	304				1
Taylor	John	8	1837	226				1
Taylor	John	8	1838	226	130			1
Taylor	John	8	1839	226	130			1
Taylor	John	8	1840	214	80			1
Taylor	John	8	1841	294				1
Taylor	John	8	1842	294				1
Taylor	John	8	1843	294			1	1
Taylor	Kinchen	8	1837	260				1
Taylor	Kinchen	8	1838	274				1
Taylor	Kinchen	8	1839	274				1
Taylor	Kinchen	8	1840	274				1
Taylor	Kinchen	8	1841	274				1
Taylor	Kinchen	8	1842	274				1
Taylor	Kinchen	8	1843	274				1
Taylor	Patrick	10	1843	400				
Taylor	Richard L.	11	1841	65				1
Taylor	William	8	1839					1
Taylor	William	8	1843					1
Taylor	William L.	8	1840		125			1
Taylor	William L.	8	1841	125				1
Teas	George	8	1837	140	65			1
Teas	George	8	1838	140	65			1
Teas	George	8	1839	140	115			1
Teas	James	8	1837	107	150		3	
Teas	James	8	1838	107	150		2	
Teas	James	8	1839	107	150		2	
Teas	James	8	1840	107	150		3	
Teas	James	8	1841	257			3	
Teas	James	8	1842	257			3	
Teas	James	8	1843	257			4	
Teas	James C.	8	1838					1
Teas	James C.	8	1839		50			1
Teas	James C.	8	1840	12	50			1
Teas	James C.	8	1841	77				1
Teas	James C.	8	1842	77				1
Teas	James C.	8	1843	77				1
Teas	Joseph	8	1840					1
Teas	Joseph	8	1841					1
Teas	Joseph	8	1842					1
Teas	Joseph	8	1843					1
Teas	William	8	1838					1
Teas	William	8	1840					1
Teas	William	8	1843					1
Thomas	David D.	1	1838	281	75			
Thomas	David D.	1	1839	281	75			
Thomas	David D.	1	1840	281	75			
Thomas	David D.	1	1841	191				

Last Name	First Name	Dist.	Year	Acres	S.Acres	T.L.	Slaves	W.P.
Thomas	David D.	1	1842	211				
Thomas	David D. heirs	1	1843	75				
Thomas	John H.	1	1838	200				1
Thomas	John H.	1	1839	200				1
Thomas	John H.	1	1840	200				1
Thomas	John H.	1	1841	200				1
Thomas	John H.	1	1842	200				1
Thomas	John H.	1	1843	541				1
Thomason	J. M.	5	1843					1
Thomason	John	5	1838	20	275			
Thomason	John	5	1839	20	275			
Thomason	John	5	1840	20	275			
Thomason	John	5	1841	295				
Thomason	John	5	1842	295				
Thomason	John	5	1843	295				
Thomason	John M.	5	1838		50			1
Thomason	John M.	5	1839					1
Thomason	John M.	5	1840					1
Thomason	John M.	5	1841					1
Thomason	John M.	5	1842					1
Thomason	William	5	1842	100				1
Thomason	William J.	5	1838		50			
Thomason	William J.	5	1839					1
Thomason	William J.	5	1841	100				1
Thomason	William J.	5	1843	100				1
Thompson	Allen	4	1841	200				
Thompson	Allen	4	1843	700				1
Thompson	B. F.	4	1841	2,200				1
Thompson	B. F.	4	1843	425				1
Thompson	Burton F.	4	1838	200				1
Thompson	Burton F.	4	1839	200	2,000			1
Thompson	Burton F.	4	1840	200	2,000			1
Thompson	James	5	1838	220			2	1
Thompson	James	5	1839	120			2	1
Thompson	James	5	1840	120				1
Thompson	James	11	1841	120			2	1
Thompson	James	11	1842	120			2	1
Thompson	James	11	1843	120			2	1
Thompson	John	2	1838	240	500	1/2		
Thompson	John	1	1839		25			
Thompson	John	2	1839	20	500	5		
Thompson	John	1	1840		25			
Thompson	John	2	1840		500	4		
Thompson	John	1	1841	25				
Thompson	John	2	1841	500		4		
Thompson	John	1	1842	25				
Thompson	John	2	1842	500				
Thompson	John	1	1843	25				
Thompson	John	2	1843	500		4		

Last Name	First Name	Dist.	Year	Acres	S.Acres	T.L.	Slaves	W.P.
Thompson	Nancy	1	1838	140				
Thompson	Nancy	5	1838				2	
Thompson	Nancy	1	1839	140			2	
Thompson	Nancy	1	1841	140			6	
Thompson	Nancy	1	1842	140			1	
Thompson	Nancy	1	1843	140			1	
Thompson	Shered	4	1843					1
Tidwell	Robert	8	1839					1
Tidwell	Wilson	8	1839					1
Tilley	Edmund	4	1843					1
Toland	Blackman L.	8	1840					1
Toland	Blackman L.	8	1841					1
Toland	Isaac F.	7	1841					1
Toland	Isaac F.	7	1842					1
Toland	Isaac F.	7	1843					1
Toland	Jacob	8	1837	175	400			1
Toland	Jacob	8	1838	175	400			1
Toland	Jacob	8	1839	175	400			1
Toland	Jacob	8	1840	175	4,000			
Toland	Jacob	8	1841	575				
Toland	Jacob	8	1842	575				
Toland	Jacob	8	1843	575				1
Toland	Jonathan	7	1837	100	100			1
Toland	Jonathan	7	1838	100	200			1
Toland	Jonathan	7	1839	200	200			1
Toland	Jonathan	7	1840	200	25			1
Toland	Jonathan	7	1841	225				1
Toland	Jonathan	7	1842	275				1
Toland	Jonathan	7	1843	275				1
Toland	L. B.	8	1839					1
Toland	Learner B.	8	1842					1
Toland	Learner B.	8	1843					1
Tomlinson	Daniel	11	1841	90				1
Tomlinson	Daniel	11	1842	90				1
Tomlinson	Daniel	11	1843	90				1
Tomlinson	Katherine	11	1841	187			1	
Tomlinson	Katherine	11	1842	187			1	
Tomlinson	Katherine	11	1843	187			1	
Totty	Lucy	4	1842				1	
Townsend	James	3	1838					1
Townsend	James	3	1839					1
Townsend	James	3	1840					1
Townsend	James	3	1841					1
Townsend	John	3	1838		128			1
Townsend	John	3	1839		128			1
Townsend	John	3	1840		128			1
Townsend	John	3	1841	128				1
Townsend	John	3	1842	129				1
Townsend	John	3	1843	129				1

Last Name	First Name	Dist.	Year	Acres	S.Acres	T.L.	Slaves	W.P.
Townsend	Thomas	3	1838		100			
Townsend	Thomas	3	1839					
Townsend	Thomas	3	1840		100			
Townsend	Thomas	3	1841	100				
Townsend	Thomas heirs	3	1842	100				
Townsend	Thomas heirs	3	1843	100				
Traylor	H. B.	1	1840		301		1	
Traylor	H. B.	1	1841	301			1	
Traylor	H. B.	1	1842	301			1	
Traylor	H. B.	1	1843	281			1	
Traylor	Hiram B.	1	1838		301		1	
Traylor	Hiram B.	1	1839		307		1	
Traylor	Polly	1	1838	184			4	
Traylor	Polly	1	1839	184			4	
Traylor	Polly	1	1840	184			3	
Traylor	Polly	1	1841	184			4	
Traylor	Polly	1	1842	184			4	
Traylor	Polly	1	1843	184			4	
Traylor	Richard L.	11	1842	65				1
Traylor	Richard L.	11	1843	65				1
Traylor	William	1	1838		325			
Traylor	William	1	1839		325			
Traylor	William	1	1841	325				
Traylor	William	1	1842	325				
Traylor	William	1	1843	320				
Tribble	Absolem	10	1842	100				
Tribble	Absolem	10	1843	100				
Trogden	Ezekiel	5	1838					1
Trogden	Ezekiel	5	1839					1
Trogden	Ezekiel	5	1840					1
Trogden	Ezekiel	5	1841					1
Trogden	Ezekiel	5	1842					1
Trogden	Ezekiel	5	1843					1
Trousdale	William	1	1838					1
Tubb	Daniel L.	8	1842					1
Tubb	Daniel L.	8	1843					1
Tubb	Elias	5	1838	162			2	1
Tubb	Elias	5	1839	164			3	
Tubb	Elias	5	1840	164				1
Tubb	Elias	5	1841	104			3	
Tubb	Elias	5	1842	244				
Tubb	Elias	5	1843	144			3	
Tubb	Nathan	7	1839	300				
Tubb	Nathan	7	1840	467			1	1
Tubb	Nathan	7	1841	467			1	1
Tubb	Nathan	8	1841	6,060				
Tubb	Nathan	7	1842	467			1	1
Tubb	Nathan	8	1842	672				
Tubb	Nathan	7	1843	469			1	1

Last Name	First Name	Dist.	Year	Acres	S.Acres	T.L.	Slaves	W.P.
Tubb	Nathan	8	1843	672				
Tubb	William	5	1840					1
Tubb	William	5	1841					1
Tubb	William	5	1842					1
Tubb	William	5	1843					1
Tuggle	James	1	1842					1
Tuggle	James	1	1843					1
Turner	Frances M.	11	1843	25				
Turner	George	5	1838					1
Turner	George Junr.	6	1838					1
Turner	George Junr.	6	1839	350				
Turner	George Junr.	6	1840	350				1
Turner	George Junr.	6	1841	350				1
Turner	George Junr.	6	1842	350			1	1
Turner	George Junr.	6	1843	350			1	1
Turner	George Senr.	6	1838	164	300		3	
Turner	George Senr.	6	1839	164	400		3	
Turner	George Senr.	6	1840	164	400		3	
Turner	George Senr.	6	1841	564			3	
Turner	George Senr.	6	1842	564			3	
Turner	George Senr.	6	1843	564			3	
Turner	Isaac	5	1841	114				
Turner	Isaac	5	1842	114				
Turner	Isaac	5	1843	114				1
Turner	John	6	1843					1
Turner	R. D.	6	1838	113		3		1
Turner	R. D.	6	1842	113		3		1
Turner	R. D.	6	1843	113		3		1
Turner	Richard D.	6	1839	113		3		1
Turner	Richard D.	6	1840	113		3		1
Turner	Richard D.	6	1841	113		3		1
Turner	Robert	1	1843					1
Turner	Wilie	2	1838	605				
Turner	Wilie	1	1839	333	234		5	1
Turner	Wilie	2	1839	605				
Turner	Wilie	1	1841	567			6	1
Turner	Wilie	1	1842	567			6	1
Turner	Wilie	1	1843	567			6	1
Turner	William	9	1837	100				1
Turner	William	9	1838	65	30			1
Turner	William	9	1839	65	30			1
Turner	William	9	1840	65	30			1
Turner	William	1	1841					1
Turner	William	9	1841	95				1
Turner	William	1	1842					1
Turner	William	9	1842	95				1
Turner	William	9	1843					1
Turner	Willie	1	1838	333	234		5	1
Turner	Willie	1	1840	333	234		5	1

Last Name	First Name		Dist.	Year	Acres	S.Acres	T.L.	Slaves	W.P.
Turner	Willie		2	1840	605				
Turner	Willie		2	1841	605				
Turner	Willie		2	1842	605				
Turner	Willie		2	1843	605				
Vaden	A. M.		7	1841	300				1
Vaden	A. M.		7	1843	300				1
Vaden	Archabald		7	1837	300				1
Vaden	Archabald		7	1839	300				1
Vaden	Archabald		7	1840	300				1
Vaden	Archabald		7	1842	300				1
Vaden	Archabald M.		7	1838	300				1
Varden	Edmund		7	1837		75			1
Varden	Edmund		7	1838		70			1
Varden	Edmund		7	1839		50			1
Varden	Edmund		7	1840		50			1
Varden	Edmund		7	1841	50				1
Varden	Edmund		7	1842	50				1
Varden	Edmund		7	1843	50				1
Wadkins	James	[see Watkins]	10	1838	25	100			1
Wadkins	James		10	1842	150				1
Wadkins	Joel		10	1838					1
Wadkins	Joel		10	1840					1
Wadkins	Joel		10	1842					1
Wadkins	John		3	1838		200			
Wadkins	John		3	1839		200			
Wadkins	John		3	1841	200				
Wadkins	John		3	1842	200				
Wadkins	John		3	1843	200				
Waggoner	Christopher		6	1838	460	100	2	3	
Waggoner	Christopher		6	1839	462	100	2	2	
Waggoner	Christopher		6	1840	462	100	2	2	
Waggoner	Christopher		6	1841	562		2	2	
Waggoner	Christopher		6	1842	512			2	
Waggoner	Christopher		6	1843	517			2	
Waggoner	D. D. heirs		3	1842	375			1	
Waggoner	D. D. heirs		3	1843	375			1	
Waggoner	Daniel		3	1839	125	250		1	1
Waggoner	Daniel D.		3	1838	125	250			1
Waggoner	Daniel D.		3	1840		350		1	1
Waggoner	Daniel D.		3	1841	350			1	1
Waggoner	Martin		3	1839	125				1
Waggoner	Martin		3	1840		135			1
Waggoner	Martin		3	1841	135				1
Waggoner	Martin		3	1842	135				1
Waggoner	Martin		3	1843	135				1
Waggoner	Martin A.		3	1838	135			1	1
Waggoner	Nicholas		6	1842					1
Waggoner	Nicholass		6	1843					1
Waits	Nancy		9	1838		150			

Last Name	First Name	Dist.	Year	Acres	S.Acres	T.L.	Slaves	W.P.
Waits	Nancy	9	1839		150			
Waits	Nancy	9	1840		150			
Waits	Nancy	9	1841	150				
Waits	Nancy	9	1842	150				
Waits	Nancy	9	1843	150				
Waits	Ransom	9	1842					1
Waits	Ransom	9	1843					1
Walker	Andrew	4	1838		190			1
Walker	Andrew	4	1839		190		1	1
Walker	Andrew	3	1841					1
Walker	Andrew	7	1842					1
Walker	Dickson	5	1842					1
Walker	Ealenor	9	1839	50				
Walker	Ealenor	9	1840	50				
Walker	Ealenor	9	1843	50				
Walker	Eleanor	9	1838	50				
Walker	Eleanor	9	1841	50				
Walker	Eleanor	9	1842	50				
Walker	Elijah	10	1837	104	160			1
Walker	Elijah	10	1838	104	160			1
Walker	Elijah	2	1841					1
Walker	Elijah	2	1842					1
Walker	Jesse	3	1840					1
Walker	Jesse	0	1841					1
Walker	Jesse	7	1842					1
Walker	John	5	1838					1
Walker	John	5	1839	104				1
Walker	John	5	1840	104	200		1	1
Walker	John	5	1841	301			1	1
Walker	John	5	1842	300			1	1
Walker	John	5	1843	300			1	1
Walker	Mary	9	1837	50				
Walker	W. E.	6	1838					1
Walker	William E.	6	1839					1
Wall	James P. heirs	2	1838		300	4		
Wall	James P. heirs	2	1839		300	4		
Wall	James P. heirs	2	1840		300	4		
Wall	James P. heirs	2	1841	300		4		
Wall	James P. heirs	2	1842	300		4		
Wall	James P. heirs	2	1843	300		4		
Wallace	James	5	1843					1
Wamack	Drury	7	1837	80	200		1	1
Wamack	Drury	7	1838	80	200		1	
Wamack	Drury	7	1839	80	200		2	1
Wamack	Drury	7	1840	80	200		2	1
Wamack	Drury	7	1841	280			3	1
Wamack	Drury	7	1842	200			3	1
Wamack	Drury	7	1843	580			2	1
Ward	John	9	1837	25				1

Last Name	First Name		Dist.	Year	Acres	S.Acres	T.L.	Slaves	W.P.
Ward	William		10	1837	114	100		1	1
Ward	William		10	1838	114	100			1
Ward	William		10	1839	114	200		2	1
Ward	William		10	1840	114	200		2	1
Ward	William		10	1841	314			2	1
Ward	William		10	1842	314			2	1
Ward	William		10	1843	214			2	1
Warren	Albert		4	1840				5	1
Warren	Albert		4	1841	628			5	1
Warren	Albert		4	1842	628			5	1
Warren	Albert		7	1843	166			6	1
Warren	Azariah		1	1838					1
Warren	Azariah		1	1839					1
Warren	Azariah		1	1840					1
Warren	Azariah		1	1841					1
Warren	Azariah		1	1842					1
Warren	Azariah		1	1843					1
Warren	Egbert M.		1	1843					1
Warren	Emzey		1	1842					1
Warren	Emzey		1	1843					1
Warren	John G.		1	1838	220	25		4	1
Warren	John G.		1	1839	220	25		3	1
Warren	John G.		1	1840	220	25		3	
Warren	John G.		1	1841	245			3	1
Warren	John G. heirs		1	1842	255			3	
Warren	John G. heirs		1	1843	255			2	
Warren	Thomas M.		1	1842					1
Warren	Thomas M.		1	1843					1
Warwick	John		3	1841					1
Warwick	John		3	1842					1
Warwick	John		3	1843					1
Washburn	H. H.		2	1840		220			1
Washburn	H. H.		6	1840			1		
Washburn	H. H.		6	1841			1		
Washburn	H. H.		2	1842	220				1
Washburn	H. H.		6	1842			1		
Washburn	H. H.		6	1843			1		1
Washburn	Hiram H.		2	1838	71	120			1
Washburn	Hiram H.		6	1838			1		
Washburn	Hiram H.		2	1839	71	120			1
Washburn	Hiram H.		6	1839			1		
Washburn	Hiram H.		2	1841	220				1
Washburn	Hiram H.		2	1843	200				1
Watkins	Abner	[see Wadkins]	10	1843					1
Watkins	James		10	1837	52	100			1
Watkins	James		10	1839	25				1
Watkins	James		10	1841	150				1
Watkins	James		10	1843	150				1
Watkins	Joel		10	1837					1

Last Name	First Name	Dist.	Year	Acres	S.Acres	T.L.	Slaves	W.P.
Watkins	Joel	10	1839		100			1
Watkins	Joel	10	1841					1
Watkins	Joel	10	1843					1
Watkins	John	3	1840		200			
Watson	James	1	1838	66				1
Watson	James	1	1839	86				1
Watson	James	1	1840	86				1
Watson	James	1	1841	80			1	1
Watson	James	1	1842	230			1	1
Watson	James	1	1843	230			1	
Webster	James	7	1837	50				1
Webster	James	7	1839		30			1
Webster	James	7	1840		50			1
Webster	James	7	1842	50				1
Webster	James M.	7	1838	50	50			1
Webster	James M.	7	1841	50				1
Webster	James M.	7	1843	50				1
Webster	William	7	1837					1
Webster	William	7	1838					1
Webster	William	7	1839					1
Webster	William	7	1840					1
Webster	William	7	1841					1
Webster	William	7	1842					1
Webster	William	6	1843					1
West	Reuben	5	1841					1
West	Reuben	5	1842					1
West	Reuben	5	1843					1
White	Anderson	6	1838	60	90		4	
White	Anderson	6	1839	60	70		4	
White	Anderson	6	1843	210			3	
White	Anderson Junr.	6	1840					1
White	Anderson Junr.	6	1841					1
White	Anderson Junr.	6	1842					1
White	Anderson Senr.	6	1840	60	90		3	
White	Anderson Senr.	6	1841	210			2	
White	Anderson Senr.	6	1842	210			2	
White	Charles	4	1843	200			1	1
White	Charles P.	4	1840	200			1	1
White	Charles P.	4	1841	200			1	1
White	Charles P.	4	1842	200			1	1
White	Eli	7	1840	80	200			1
White	Eli	7	1841	280				1
White	Eli	7	1842	280				1
White	Eli	7	1843	280				1
White	Elias	6	1838					1
White	Elias	6	1839					1
White	Elias	6	1840					1
White	Elias	6	1841					1
White	Elias	6	1842					1

Last Name	First Name	Dist.	Year	Acres	S.Acres	T.L.	Slaves	W.P.
White	Elias	6	1843					1
White	Elias gurad. of Eli Hooper &c	7	1839				1	
White	Hooper	6	1843					1
White	Thomas	6	1838	410	100		1	1
White	Thomas	6	1839	410	100		1	1
White	Thomas	6	1840	410	100		1	1
White	Thomas	6	1841	510			1	
White	Thomas	6	1842	640			1	1
White	Thomas	6	1843	640			1	1
White	Whidbea	6	1838	100	134		1	1
White	Whidbea	6	1839	100	134		1	
White	Whidbea	6	1840	100	134		1	
White	Whidbea	6	1841	234			1	
White	Whidbea	6	1842	234			1	
White	Widbea	6	1843	234			1	
White	William A.	6	1838					1
White	William A.	6	1839					1
White	William A.	6	1840					1
White	William A.	6	1841					1
White	William A.	6	1842					1
White	William A.	6	1843					1
White	William heirs	1	1840	210				
White	William heirs	1	1841	210				
White	William heirs	1	1842	210				
White	William heirs D. D. Thomas agt.	1	1839	210				
White	William heirs David D.Thomas agt.	1	1838	210				
White	Wm. heirs	1	1843	210				
Whitehead	Robert	4	1843	200				
Whitehead	Robert heirs	3	1838	550				
Whitehead	Robert heirs	3	1839	550				
Whitehead	Robert heirs	3	1840	550				
Whitehead	Robert heirs	3	1841	550				
Whitehead	Robert heirs	3	1842	550				
Whitehead	Robert heirs	3	1843	550				
Whitehead	W. N.	3	1842					1
Whitehead	W. N.	3	1843					1
Whitehead	William N.	3	1838					1
Whitehead	William N.	3	1839					1
Wiggins	Benjamin	5	1840		50			1
Wiggins	Benjamin	5	1841	50				1
Wiggins	Benjamin	5	1842	50				1
Wiggins	Benjamin	5	1843	200				1
Wiggins	Reuben	5	1838	150				1
Wiggins	Reuben	5	1839	150	180			1
Wiggins	Reuben	5	1840	150	180			
Wiggins	Reuben	5	1841	330				
Wiggins	Reuben	5	1842	330				
Wiggins	Reuben	5	1843	330				
Wilcocks	Bryant	4	1842					1

Last Name	First Name		Dist.	Year	Acres	S.Acres	T.L.	Slaves	W.P.
Wilcox	& Co.		1	1843	750				
Wilcox	& Co.	by Will McCutchen	1	1842	750				
Wildredge	Edmond		5	1840	175	75		4	
Wildredge	Edmund		2	1838			1		
Wildredge	Edmund		5	1838	175	75		4	
Wildredge	Edmund		2	1839			1		
Wildredge	Edmund		5	1839	175	75		4	
Wildredge	Edmund		2	1840			1		
Wildredge	Edmund		2	1841			1		
Wildredge	Edmund heirs		2	1842			1		
Wildredge	Edmund heirs		2	1843			1		
Wildredge	Elizabeth		5	1841	250			2	
Wildredge	Elizabeth		5	1842	250			2	
Wildredge	Samuel		5	1838	150				1
Wildredge	Samuel		5	1839	150				1
Wildredge	Samuel		5	1840	150				1
Wildredge	Samuel		5	1841	150				1
Wildredge	Samuel		5	1842	250			2	1
Wildredge	Samuel		5	1843	250			2	1
Wildridge	Edmund heirs		5	1843	250			2	
Wilkins	James		4	1838		170			
Wilkins	Richard		4	1839		170			
Wilkins	Thomas		4	1841	223				
Wilkins	Thomas		4	1843	223				
Williams	Andrew J.		4	1841					1
Williams	Andrew J.		4	1842					1
Williams	Andrew J.		8	1843					1
Williams	G. W.		10	1843	200				1
Williams	George W.		6	1838					1
Williams	George W.		10	1839					1
Williams	George W.		10	1840					1
Williams	George W.		10	1841					1
Williams	George W.		10	1842					1
Williams	John E.		1	1838					1
Williams	John E.		1	1839					1
Williams	Samuel		2	1838					1
Williams	Samuel		6	1838					
Williams	Samuel		6	1839				3	1
Williams	Samuel		6	1840				3	1
Wilson	David F.		5	1840	15,000				
Wilson	David F.		6	1840	15,000				
Wilson	David F.		10	1840	10,000				
Wilson	David F.		5	1841	15,000				
Wilson	Joel		10	1837	132				
Wilson	Joel		10	1838	132	200			
Wilson	Joel		10	1839	132	200			
Wilson	Joel		10	1840	132	200			1
Wilson	Joel		10	1841	332				1
Wilson	Joel		10	1842	332				1

Last Name	First Name	Dist.	Year	Acres	S.Acres	T.L.	Slaves	W.P.
Wilson	Joel	10	1843	332				
Wilson	John	10	1839	25				1
Wilson	John	10	1840	25				1
Wilson	John	10	1841	25				1
Wilson	John	10	1842					1
Wilson	John B.	10	1838	25	100			1
Wilson	Joseph	6	1842					1
Wilson	Joseph	6	1843					
Wilson	William	10	1842					1
Wilson	William	10	1843					1
Winchester	Wm.	5	1843					1
Winn	J. W.	2	1841					1
Winn	John W.	2	1843					1
Winstead	Alexander	5	1838					
Winstead	Alexander	5	1839					1
Winstead	Alexander	5	1840					1
Winstead	Alexander	5	1841					1
Winstead	Alexander	5	1842					1
Winstead	Alexander	5	1843	10				1
Winstead	Charles	5	1838	300			2	
Winstead	Charles	5	1839	300			1	
Winstead	Charles	5	1840	500			1	
Winstead	Charles	5	1841	300			1	
Winstead	Charles	5	1842	300			1	
Winstead	Charles	5	1843	300			1	
Winstead	David	5	1838					1
Winstead	David	5	1839					1
Winstead	David	5	1840					1
Winstead	David	5	1841					1
Winstead	David	5	1842					1
Winstead	David	5	1843					1
Wood	David	7	1837					1
Wood	John	9	1839	25	350			1
Wood	John	9	1840	25	350			1
Wood	John	9	1842	375				1
Wood	John	9	1843	375				
Woods	John	9	1838	25				1
Woods	John	9	1841	355				1
Woodward	Edward	4	1841	628				
Woodward	Edward	4	1842	628				1
Wyly	Christopher K.	2	1838					1
Wyly	John	2	1838			1	2	1
Wyly	John	2	1839			1	2	1
Wyly	John	2	1840			1	2	1
Wyly	John	6	1841			1	2	1
Wyly	John	2	1842			1		
Wyly	John	6	1842	218		2	1	1
Wyly	John	6	1843	218		2	4	1
Wyly	Thomas K.	2	1838	3,800	500	7	12	1

Last Name	First Name	Dist.	Year	Acres	S.Acres	T.L.	Slaves	W.P.
Wyly	Thomas K.	2	1839	3,840	500	8	10	
Wyly	Thomas K.	2	1840	3,840	500	8	10	1
Wyly	Thomas K.	2	1841	4,509		8	13	1
Wyly	Thomas K.	2	1842	4,448		10	13	1
Wyly	Thomas K.	2	1843	4,525		9	20	1
Yarber	Henry	5	1838					1
Yarber	Henry	5	1839					1
Yarber	Henry	5	1840					1
Yates	James	7	1837	325				1
Yeates	Freeman	6	1838			2		1
Yeates	Freeman	6	1839			2		1
Yeates	Freeman	6	1840					1
Yeates	Freeman	6	1841				1	1
Yeates	Freeman	6	1842				1	1
Yeates	Freeman	6	1843				1	1
Yeates	& Holland	6	1839		300			
Yeates	& Holland	6	1840		300			
Yeates	& Holland	6	1841	300				
Yeates	& Holland	6	1842	300				
Yeates	Izma	6	1838	260	100		5	
Yeates	Izma	6	1839	140	100		3	
Yeates	Izma	6	1840	140	100		4	
Yeates	Izma	6	1841	240			4	
Yeates	Izma	6	1842	240			3	
Yeates	Izma	6	1843	240			3	
Yeates	James	6	1838			2		1
Yeates	James	7	1838	325				
Yeates	James	6	1839			2		1
Yeates	James	7	1839	17			1	
Yeates	James	6	1840			3		
Yeates	James	6	1841			3		1
Yeates	James	6	1842			3		1
Yeates	James	6	1843	100		3		1
Yeates	James & Holland	6	1843	300				
Yeates	Levi	6	1838					1
Yeates	Levi	6	1839	60				1
Yeates	Levi	6	1840	60				1
Yeates	Levi	6	1841	60				1
Yeates	Levi	6	1842	60				1
Yeates	Levi	6	1843	60				1
Yeates	& Matthews	6	1841	500				
Yeates	& Matthews	6	1842	500				
Yeates	& Matthews, A. P.	6	1839		500			
Yeates	& Matthews, A. P.	6	1840		500			
Yeates	R. & James	6	1840		500		1	1
Yeates	R. & James	6	1841	500				
Yeates	R. & James	6	1842	500				
Yeates	R. & James	6	1843	500				
Yeates	R. & Matthews	6	1843	500				

Last Name	First Name	Dist.	Year	Acres	S.Acres	T.L.	Slaves	W.P.
Yeates	Reddick	6	1838					1
Yeates	Reddick	6	1839					1
Yeates	Reddick	6	1842					1
Yeates	Reddick	6	1843					1
Yeates	Reddick & James	6	1839		500		1	
Yeates	Reddick & Matthews	6	1838		500			
Yeates	Richard H.	8	1842					1
Yeates	T. P. & Freeman	2	1839				1	
Yeates	Thomas P.	2	1838	63	25	1		1
Yeates	Thomas P.	2	1839	63	125		1	1
Yeates	Thomas P.	2	1840	63	125			1
Yeates	Thomas P.	2	1841	60			1	1
Yeates	Thomas P.	2	1842	85			1	1
Yeates	Thomas P.	3	1842	100				
Yeates	Thomas P.	2	1843					
Yeates	Thomas P.	3	1843	100				
Yeates	William	6	1838					1
Yeates	William	6	1839	60				1
Yeates	William	6	1840	60				1
Yeates	William	6	1841	60				1
Yeates	William	6	1842	60				1
Yeates	William	6	1843	60				1
Young	J. D., N. K. & B. D.	3	1838		300			
Young	James	4	1839		150			
Young	James	4	1840		150			
Young	James	4	1841	150				
Young	James D.	9	1837	59	220			1
Young	James D.	9	1838	59	220			1
Young	James D.	9	1839	59	220		1	1
Young	James D.	9	1840	59	220		2	1
Young	James D.	9	1841	179			1	1
Young	James D.	9	1842	180			1	1
Young	James D.	9	1843	3,370			1	1
Young	N. K.	3	1840	148				
Young	N. K.	9	1841					1
Young	N. K.	4	1842	150				
Young	N. K.	9	1842	50				1
Young	N. K.	9	1843	250				1
Young	Norfleet C.	3	1841	448				
Young	Norfleet K.	9	1837					1
Young	Norfleet K.	3	1838	148				1
Young	Norfleet K.	3	1839	148	300			1
Young	Westly	5	1840	150	150			1
Young	Westly	5	1841	300				1
Young	Westly	5	1842	310				1
Young	Westly	5	1843	310				1
Young	William	4	1840		400			
Young	William	4	1841	400				
Young	William	4	1842	400				

Last Name	First Name	Dist.	Year	Acres	S.Acres	T.L.	Slaves	W.P.
Young	William C.	3	1838		300		3	1
Young	William C.	3	1839		400		3	1
Young	William C.	3	1840		400		2	1
Young	William C.	3	1841	400				1
Young	William C.	3	1842	400			3	1
Young	William C.	3	1843	400			3	1

PART II

HUMPHREYS COUNTY MARRIAGE RECORDS

1888-1900

This compilation of marriage records was abstracted from microfilm of the original marriage books H, I, and J. The microfilm was obtained from the Tennessee State Library and Archives, Nashville, Tennessee and is Roll #3, Humphreys County Marriages 1888-1900. Bonds in this book were issued from March, 1888. Marriage Books A, C, D, F, and G are also abstracted and indexed in *Humphreys County Tennessee Marriage Records, 1861-1888*, c1984 by Fischer and Burns.

The contents of Part II, the Marriage Records, is in three parts: The abstracts, the appendix and the index. In the abstracts, the grooms are listed alphabetically. Each abstract contains the name of the groom, the name of the bride, the date of solemnization, and the name of the bondsman. The letter/number item locates the bond in the original marriage book. The absence of a solemnization date does not mean that the marriage was not performed. When the date of the solemnization was not shown, the bond date followed with a capital "B" was used. (Ex. 31 May 1898 B) When there was an obvious discrepancy between the bond date and the solemnization date, the discrepancy is noted with an asterisk. (Ex. 31 May 1898*)

The appendix contains miscellaneous items that were written in the margins of the original books or notes placed there by the recorder.

The index in this book refers only to the marriage records. Page numbers in the index refer to the page numbers in this book. There is a bride index and an index of bondsmen. Variant spellings should be checked in these two lists.

All entries in the original documents were hand written. Names were transcribed as they were spelled in the documents. Capital letters were frequently difficult to discern: A and H, G and Y, I and J, L and S, T and F were easily confused. Small letters were often run together or were otherwise illegible. Every effort was made to determine the names in the correct form. When in doubt, it would be prudent for the researcher to check the microfilm for confirmation.

GROOM	BRIDE	DATE	BONDSMAN	LOC
Abbott, Will	Dunn, Fannie	30 May 1900 B	Johnson, Tom	J/483
Able, Jerry	Spicer, Willie D.	23 Sep 1898	White, E. P.	J/193
Adams, Andrew	Johnson, Mary N.	3 Jul 1898	Brown, B. F.	J/156
Adams, Boyd	Phifer, Maggie	14 Jun 1896	Anthony, Tom	I/471
Adams, James	Hughey, Callie	20 May 1888	Simpson, T. K.	H/15
Adams, Sill	Ellis, Laura	12 Mar 1894	Balthrop, Lee	I/202
Adams, Vester	Walker, Docia	19 Mar 1899	Anthony, Tom	J/292
Adams, Willie	Hatcher, Florence	15 Jan 1899	Adams, Jim	J/259
Adkins, Samuel D.	Finney, Lula	21 Apr 1898	Hall, J. H.	J/127
Adkins, Samuel D.	Nichols, Eula	20 May 1900	Carnell, Edmond	J/481
Alexander, Austin	Dickson, Lillie	24 Dec 1896	Carnell, M. C.	I/547
Alexander, J. I.	Ridens, Ida	19 Jan 1890	Gatlin, Jesse	H/234
Allen, C. E.	Narkett, L. A.	29 Jul 1888	Bone, G. S.	H/38
Allen, J. C.	Depriest, Ellie	13 Jul 1897	Buchanon, J. H.	J/21
Allen, W. B.	Myers, Emma	17 May 1899	Jones, B. E.	J/303
Allison, Alfred	Madden, Emma	1 Aug 1897	Mallard, G. P.	J/26
Allison, C. S.	Durham, M. C.	30 Dec 1888	Summers, Green	H/78
Allison, J. T.	Hooper, Nannie	24 Mar 1889	Allison, C. S.	H/125
Allison, R. W.	Forest, Mary A.	24 Dec 1891	Allison, J. T.	H/474
Allsbrooks, W. K.	Brooks, Georgie	12 Jun 1892	Heel, J. C.	H/529
Alsobrook, Geo. W.	Young, Kittie	15 Oct 1893	Beasley, B. F.	I/146
Alsobrook, W. H.	Ridings, Stella	28 Jan 1894	Pitts, E. D.	I/191
Alsup, Thos. M.	Leech, Lizzie	13 Aug 1893	Leech, W. B.	I/124
Anderson, Ernest R.	McKeel, Ida	28 Jul 1900	Anderson, J. T.	J/498
Anderson, J. R.	Balthrop, Matura L.	9 Mar 1890	Bone, J. T.	H/255
Anderson, Jno. M.	Cooley, Lizzie	25 Dec 1894	Hickman, J. L.	I/300
Anderson, Joe	Jackson, Laura	30 Apr 1893	Wyett, H.	I/86
Anderson, John C.	Etheridge, Nancy	11 Oct 1893	Ellis, Sandy	I/144
Anderson, M. M.	Lumsden, V. L.	29 Dec 1896	Patterson, J. W.	I/559
Anderson, Walter	Shaver, Lola	8 Apr 1900	Warren, M. E.	J/464
Anderson, Wm.	Hutchinson, Hattie	30 Dec 1900	Miller, Sam	J/572
Andrews, H. P.	Shaver, Francis P.	19 Aug 1900	Mitchell, A. H.	J/511
Anthony, George	Spicer, Ada	6 Sep 1891	Hall, J. H.	H/419
Anthony, James	Kelly, Malisa	5 Oct 1890	Thomas, B. R.	H/312
Anthony, John	Glenn, Lula	28 Jul 1889	McAdoo, J. M.	H/158
Armstrong, Dick	McCay, Luella	16 Sep 1900	Johnson, Jno. S.	J/524
Armstrong, George	Turner, Minnie	25 Dec 1895	Burns, Isaac	I/416
Arnold, J. F.	Parker, S. M.	21 May 1893	Arnold, D. B.	I/97
Arnold, M. P.	McMackins, Clara	20 Nov 1900	Bradley, N. J.	J/546
Arrington, Geo. W.	Williams, Emma	18 Oct 1893	Gibbon, A. H.	I/148
Arrington, James	Monseur, Josie	31 Jan 1897	Burgess, J. T.	I/569
Arrington, James T.	Patterson, Mary E.	31 Dec 1888	Summers, Green	H/77
Ashley, James	Daniel, Martha	13 Aug 1899	Ross, Lee	J/333
Ashlock, Jerome	Sandefer, Irene	8 Sep 1898	Sizemore, G. M.	J/182
Atkerson, C. M.	Atkerson, Mary Elizabeth	24 May 1897	Harris, T. R.	J/7
Atkerson, W. M.	Lucas, Bettie	12 Mar 1892	Adams, J. B.	H/510
Aughey, Samuel Charles	Johnson, Jennie Francis	26 Dec 1899	Talley, Claude E.	J/402
Austin, E. P.	Donnellan, H. P.	1 Jul 1895	Peet, S. T.	I/355
Averett, I. R.	Morrisett, Josie	5 Feb 1891	Knight, A. H.	H/371
Averett, W. G.	Varden, Milton	10 May 1892	Averitt, N. C.	H/523
Averitt, C. O.	Smith, B. L.	21 Mar 1897	Powers, W. J.	I/593
Averitt, Luther	Coleman, Bettie	27 Dec 1899	Knight, Genie	J/403
Bacon, Lewis	Brown, Jennie	10 Aug 1890	Thomas, B. R.	H/295
Bailey, S. A.	Turner, Kata	14 Aug 1899	Ridings, W. B.	J/334
Baker, A. F.	Warren, Georgie	3 Sep 1893	Hall, T. B.	I/132

GROOM	BRIDE	DATE	BONDSMAN	LOC
Baker, C. H.	Blasser, Berra	30 Apr 1898 B	Blasser, Martin	J/135
Baker, Elmo D.	Page, Fannie	18 Jun 1893	Crim, H. C.	I/107
Baker, G. W.	Matlock, Ida	15 Mar 1896	Harris, H. H.	I/445
Baker, H. M.	Williams, Ida	void	Lowe, G. A.	J/306
Baker, J. R.	Hailey, Matilda C.	6 Dec 1891	Baker, W. H.	H/455
Baker, James	Bowman, Annie	10 Feb 1889	Owens, W. H.	H/107
Baker, John	Lunsford, Mary	6 Jun 1897	Horner, Foster	J/8
Baker, John	Pegram, Mollie	5 Jan 1890	Hutcherson, G. W.	H/222
Baker, Pery	Gorden, Francis	24 Dec 1899	Willhite, C. C.	J/394
Baker, W. D.	Gorden, Willie	26 Jun 1898	Gorden, Geo.	J/155
Baker, W. H.	Crowell, Mary Q.	6 Dec 1891	Baker, J. R.	H/454
Baker, W. J.	McMillan, Lela	24 Dec 1893	Hall, T. J.	I/168
Baker, William M.	Street, Dula	25 Oct 1898	Fielder, J. D.	J/207
Baker, Wm.	Batton, Mary E.	17 Apr 1889	Goldstein, J.	H/130
Ballard, J. T.	Totty, Mary	7 Jan 1900	Pruett, T. J.	J/414
Balthrop, R. J.	Foresee, Amanda	16 Feb 1898	Bell, J. B.	J/110
Balthrop, R.J.	McCollum, E. B.	2 Feb 1890	Balthrop, J. L.	H/239
Banks, W. S.	Mallard, Johnie	2 Jun 1889	McCracken, W. T.	H/142
Barber, Wm.	Spicer, Alie	7 Jan 1894	Richardson, C. D.	I/180
Bardin, J. W.	Curtis, Lizzie	16 Feb 1893	Hooper, J. M.	I/65
Barfield, Wm.	Mays, Tiny	13 Oct 1889	Barfield, S. C.	H/181
Barker, F. B.	Mitchel, Victoria	21 Mar 1889	Hull, John M. V.	H/124
Barnett, B. B.	Smith, Mrs. Jennie	15 Nov 1897	Yarbrough, G. H.	J/57
Barns, Eldridge	Wheeler, Etta	24 Jun 1898	Vails, Jno.	J/154
Bass, A. H.	Parnell, N. F.	28 Jul 1895	Miller, S. H.	I/360
Bass, Josh	Murphree, Lillie	30 Jan 1900	Mayberry, P. S.	J/431
Bass, William	Merritt, Dora	27 Dec 1892	Sutton, W. J.	I/45
Bateman, R. W.	Stewart, Edna	1 Jan 1899	Bateman, J. H.	J/249
Bates, J. A.	Hooper, Nettie	7 Apr 1900	McCaleb, M. M.	J/463
Batton, Dr. J. A.	Stewart, Mollie	22 Jan 1899	Arnold, B. F.	J/262
Baugus, G. W.	Wilkins, H. J.	16 Jan 1893	Fowlkes, J. R.	I/56
Baugus, P. F.	Larkins, Nora	24 Dec 1891	Pickard, P. P.	H/471
Beard, Tom	Goodrich, Ada	29 Dec 1892	Stewart, A. W.	I/38
Beasley, J. H.	Miller, Luella	11 Mar 1900	Smith, Sam	J/449
Beasley, S. C.	Porch, M. A.	24 Feb 1897 B	Bell, J. D.	I/583
Beasley, Wm.	Nichols, Wafie	22 Jun 1899	Slaughter, J. S.	J/317
Beauregard, B.	Wilkins, Sina	25 Jun 1891	Thomas, B. R.	H/396
Beauregard, Bennett	Nutrell, Dolly	17 Sep 1888	Nuttrell, W. M.	H/46
Beavers, J. W.	Holland, Nancy E.	15 Oct 1889	Parker, J. E.	H/182
Beavers, John F.	Melton, Dollie	30 Apr 1893	Brown, B. M.	I/89
Beecham, D. E.	Ware, Sallie	9 May 1899	Brake, M. A.	J/302
Beecham, R. L.	Hornberger, E. D.	1 Nov 1899	Bigham, S. A.	J/367
Bell, A. C.	Fields, Louisa	9 Sep 1891	Bohanan, C. H.	H/422
Bell, C. S.	Haney, N. E.	18 Sep 1890	Bell, W. H.	H/308
Bell, D. D.	Inman, Lula	31 Jul 1900	Bell, J. W.	J/502
Bell, J. B.	Teas, Louise B.	27 Feb 1895	Fowlkes, J. R.	I/326
Bell, J. D.	Leegan, Susie	16 Dec 1900	Bell, D. D.	J/559
Bell, J. W.	McWilliams, Viola P.	17 Nov 1897	Thomas, F. T.	J/58
Bell, J. W.	Sims, Lula	25 Mar 1891	Bohanan, J. H.	H/383
Bell, W. A.	Lescheur, Lena	25 Dec 1892	Bohanan, D. W.	I/36
Benton, W. E.	Powers, Nannie	6 May 1896	Choat, Dock	I/462
Berry, Z. L.	Hannah, Allie	27 Dec 1898	Hollinger, D. T.	J/247
Berryman, Dorsey	Stewart, Lillie	25 Dec 1898	Harris, H. H.	J/236
Berryman, John	Stewart, Ida	4 May 1895	Rogers, S. A.	I/303
Bibb, J. M.	Crafton, Medie	13 May 1888	Swader, I. S.	H/13

GROOM	BRIDE	DATE	BONDSMAN	LOC
Bibb, William	Simpson, Maude	25 Oct 1893	Thedford, W. C.	I/150
Bilbrey, W. A.	Crowell, Annie C.	21 Nov 1897	Haney, T. J.	J/63
Binkley, Albert	Cooley, Anna	24 Jan 1900	Walsh, J. M.	J/429
Binkley, John	Hooper, Georgie	11 Sep 1898	Walsh, John	J/184
Binkley, Ridley F.	Brown, Glee L.	26 Dec 1899	Green, Charlie N.	J/392
Binkley, W. L.	Curtis, Kizzie	22 Aug 1889	Binkley, John	H/162
Bishop, Joseph	Batton, Josie	2 Jul 1890	Burkitt, J. P.	H/279
Bishop, Marion	Scholes, Miriam	26 Jan 1898	Beasley, A. N.	J/101
Bivins, Alex N.	Larkins, Pearl V.	15 May 1900	Buchanan, Sam	J/479
Black, L. A.	Wyly, T. M.	26 Dec 1897	Breece, L. L.	J/82
Black, M. L.	Vaughn, M. T.	26 Apr 1891	Goodman, F. P.	H/388
Blackwell, Emanuel	Tubbs, Matilda	8 Aug 1897	Thomas, F. T.	J/30
Blackwell, J. P.	Lumsford, Emma	28 Dec 1890	Smith, J. R.	H/350
Blackwell, James	Malugin, Sallie	1 May 1892	Burcham, G. R.	H/519
Blackwell, Joe	Cates, Mary Adeline	26 Oct 1899	Buchanan, G. W.	J/364
Blackwell, Joseph	Woody, Ada A.	6 Mar 1895	Blackwell, John	I/330
Blackwell, R. K.	Ragsdale, M. D.	31 Oct 1894	Blackwell, Joseph	I/264
Blackwell, Zebidee	Winters, Susan C.	1 Sep 1895	Calile, S. H	I/374
Bland, Geo. T.	McMillian, Lizzie	3 Mar 1897	Nix, W. H.	I/586
Blue, John	Greer, Delia	12 Aug 1891	Wilkins, Ernest	H/411
Bobbett, Wm.	Rice, Lena	30 Sep 1888	Yarbrough, Jno. S.	H/49
Bogard, Andrew	Richardson, Siddie	23 Dec 1894	Reeves, Mc. F.	I/286
Bohanan, Boyd M.	Byrd, Alice	6 Sept 1899 B	Curtis, Dalton	J/342
Bohanan, J. H.	Scott, S. J.	19 Feb 1891	Bohannan, W. J.	H/374
Bohanan, R. M.	Daniel, M. F.	1 Nov 1896	Bell, J. B.	I/516
Bohanan, Robert	Morrison, Martha	23 Apr, 1892	Pace, W. W.	H/514
Bohanan, W. J.	Leschieur, Fain	15 Jan 1893	Jackson, N. H.	I/55
Bohannan, H. A.	Watkins, L. J.	14 Jun 1891	Meredith, J. J.	H/395
Bohannan, M. B.	Oliver, D. E.	12 Jan 1891	Crafton, G. W.	H/355
Bohannan, T. M.	Parnell, S. L.	28 Jan 1892	Bohanan, R. M.	H/490
Bone, John T.	Haney, Jennie O.	18 Sep 1889	Reeves, J. P.	H/171
Boon, M. C.	Hargrove, Susie	30 Jun 1889	Beazley, Bedford	H/148
Boone, Robert	Thomas, Addie	23 Jan 1898	Forrest, J. T.	J/95
Boswell, George	Cathey, Callie	27 Dec 1891	Baker, A. F.	H/469
Botdorf, D. G.	Crews, Laura	27 Dec 1891	Holland, R. J.	H/476
Bowen, Will R. H.	Russell, Minnie	8 Dec 1889	Bowen, M. T.	H/203
Bowers, Tom M.	Midkif, Lizzie	10 May 1888	Acklin, T. F.	H/12
Bowman, C. A.	Toland, Anna	10 Feb 1889	Bowman, W. E.	H/92
Bowman, J. B.	Whitfield, Annie W.	1 Nov 1900	Harris, Geo. R.	J/540
Bowman, Will E.	Toland, Ada	13 Jan 1889	Teas, George H.	H/91
Box, H. H.	Lattimer, M. A.	15 Apr 1896	Shannon, J. F.	I/455
Box, H. H.	Madden, S. I.	9 Jul 1891	Fowlkes, J. R.	H/403
Box, James	Kitrell, Emma	1 Dec 1894 B	McCann, G. P.	I/277
Box, Jas.	Ervin, Annie	24 Sep 1893	Thomas, F. T.	I/140
Box, Peter	Rhodes, Lizzie	1 Jan 1893	McCann, G. P.	I/47
Boyd, J. F.	ODoniley, Susie	19 Dec 1900	Harris, T. R.	J/563
Braden, J. J.	Sims, Lou	7 May 1890 B	Wolverton, D. C.	H/270
Braden, Sam W.	Johnson, Mary F.	2 Dec 1894	Daniel, J. P.	I/275
Bradford, Joseph	Owens, Mary	29 Jun 1890	Morris, D. T.	H/284
Bradley, Bob	Spicer, Mollie	12 Feb 1899	Brown, Ira	J/273
Bradley, J. A.	Dolan, Annie	8 Aug 1900	Bradley, P. L.	J/505
Bradley, J. T.	Wallace, M. E.	20 Jan 1897	Headrick, J. W.	I/564
Bradley, Jack	Hooper, [no 1st name]	28 May 1889	Bradley, John	H/141
Bradley, N. B.	Hooper, L. K.	3 Oct 1890	Hooper, T. B.	H/311
Bradley, Robt.	Schafer, Noah	7 Sep 1891	Hatcher, W. L.	H/421

GROOM	BRIDE	DATE	BONDSMAN	LOC
Brake, Charlie	Stewart, Josie	22 Jan 1895	Johnson, I. M.	I/308
Brake, Jeff	Baker, Mirna J.	8 Nov 1896	Dunagan, Lee	I/520
Brake, M. W. S.	Rogers, Mary P.	16 Nov 1893	Carter, W. M.	I/158
Brake, R. B.	Rogers, Lena J.	7 Mar 1897	Bowman, Thos. F.	I/589
Bramblett, W. G.	Jones, Margaret	5 Jul 1888	Meadow, D. G.	H/27
Bramlet, J. H.	Sanders, Sallie F.	16 Jul 1899	Gray, E. L.	J/324
Branch, C. M.	Thomas, Mary	7 Mar 1900	Cagle, A. G.	J/447
Branch, J. C.	Parnell, Callie	4 Aug 1895	Bohanan, J. H.	I/363
Brannon, Milton	Thomason, Della	1 Apr 1900	Daniel, A. C.	J/459
Brazel, W. J.	Choat, Mattie	18 Jul 1889	Choate, W. I.	H/153
Brazil, G. D.	Johnson, Ida	18 Oct 1891	Wallace, J. M.	H/439
Brazil, James	Grimes, Mary	5 Nov 1899	Brooks, John L.	J/368
Brazil, John	Taylor, Margaret	7 Apr 1892	Halbrook, J. T.	H/517
Breeden, J. W.	Bobbett, Sallie	25 Dec 1891	McCann, G. P.	H/466
Breeden, Joseph	Winters, Jennie	30 May 1890	Daniel, J. P.	H/272
Brewer, P. H.	Bone, Fannie	31 Jul 1890	Ladd, Allen	H/293
Brigger, R. A.	Hopkins, Olive O.	9 Oct 1895	Hopkins, H. E.	I/387
Briggs, James	Burcham, Delia	23 Dec 1893	Ladd, Allan	I/175
Brigham, Jean	Martin, Jennie	20 Jan 1889	Morgan, J. F.	H/100
Brim, Thomas H.	Owen, Sallie M.	7 Feb 1889	Shannon, R. T.	H/106
Brinkley, L. W.	Lanier, Sadie	27 Nov 1900	Brinkley, Geo. T.	J/548
Brisentine, C. H.	Barber, Minnie	23 Feb 1900 B	McAdoo, J. M.	J/443
Britz, J. H.	Hendrick, Eva	12 Nov 1899	Steele, D. A.	J/369
Brooks, C. W.	Naive, Nora	15 Jul 1888	Reeves, J. P.	H/32
Brown, A. E.	Parrish, Minnie	11 Apr 1895	Summy, B. F.	I/337
Brown, B. S.	Lomax, C. B.	24 Dec 1896	Lomax, W. D.	I/551
Brown, Bonie	Coleman, Ada	7 Feb 1900	Long, J. H.	J/437
Brown, G. W.	Johnson, Lizzie	18 Oct 1891	Wallace, J. M.	H/438
Brown, Hubbard	Jackson, Cora	7 Oct 1894	Massey, C. B.	I/220
Brown, J. B.	Gray, Caroline	6 Feb 1896	Griffin, A. V.	I/434
Brown, J. B.	Stewart, Sarah	10 Jul 1892	Holland, B. F.	H/539
Brown, J. D.	Castleman, Ida	23 Dec 1891	Wyatt, F. R.	H/467
Brown, J. R.	Adams, Mollie	23 Jan 1890	Luke, W. C.	H/235
Brown, James	Knight, Mary	8 Sep 1891	Baugaurd, B.	H/424
Brown, John	Anderson, Mollie	23 Dec 1900	Hunter, A. M.	J/565
Brown, John	Williams, Ida	19 Jun 1889	Gunn, J. M.	H/147
Brown, P. A.	Hooper, M. F. J.	11 Dec 1895	Hooper, J. W.	I/405
Brown, R. W.	Parish, Bernice	4 Jul 1888	Davis, G. D.	H/25
Brown, Robert	Barfield, Rachael	26 Jan 1899	Maxwell, Gilbert	J/265
Brown, Thomas	Brown, Celia	15 Oct 1890	Brown, John	H/318
Brown, W. A.	Greer, M. J.	4 Nov 1900	Walker, R. E.	J/541
Brown, W. A.	McClelan, W. M.	21 Dec 1890	Brown, Thomas	H/339
Bryant, Ben	Hall, Ellen	20 Feb 1897	Murrell, J. T.	I/581
Bryant, T. C.	Cooley, Willie	17 May 1899	Stanley, W. S.	J/304
Bryant, W. B.	Porch, Nancy	20 Dec 1894	Bell, J. B.	I/291
Buchanan, Boyd	Chance, Laura	24 Sep 1899	Scott, D. C.	J/351
Buchanan, Charley	Sherrill, Alice	17 May 1899	Smith, W. T.	J/305
Buchanan, Martin	Capps, Alma E.	8 Oct 1896	Porch, Peter H.	I/506
Buchanan, S. L.	Roberts, Lula	29 Jul 1900	Danero, Frank B.	J/496
Buchanan, W. C.	Spicer, Hallie	12 Aug 1900	Bell, Jesse F.	J/507
Buchanan, W. J.	Little, Mary	15 May 1897	Porch, P. T.	J/6
Buckner, Tom	Waggoner, Addie	11 Dec 1898	Poyner, M. K.	J/219
Bunch, Monroe	Tubbs, Martha	4 Oct 1891	Meadow, T. R.	H/433
Burch, J. H.	Reagans, Belle	28 Jun 1896	Nash, T. S.	I/476
Burcham, G. R.	Thompson, Martha J.	16 Apr 1896	Buchanan, S. L.	I/456

GROOM	BRIDE	DATE	BONDSMAN	LOC
Burgess, B. F.	Haney, M. E.	21 Dec 1898	Meadow, T. R.	J/232
Burgess, J. T.	Evans, Lizzie	21 Dec 1890	Wilson, J. T.	H/340
Burgess, J. T.	Shaver, Minnie	17 Nov 1889	Burgess, A. J.	H/193
Burgess, J. W.	Bomdt, Georgie	22 May 1899	Tubb, J. E.	J/307
Burkett, Wm.	Story, Fannie	27 Nov 1898	Sandefer, G. H.	J/217
Burns, Wm.	Mitchell, Lectie	7 Oct 1900	Porter, J. K.	J/527
Butterfield, John	Fortner, Jane	23 Apr 1900	Scrulock, T. N.	J/473
Buttrey, A. J.	Pierce, Lou	11 Mar 1891	Cowen, D.	H/379
Byrn, D. R.	Toland, F. A.	17 Jan 1889	May, W. H.	H/95
Byrn, D. R.	Toland, Willie	28 Dec 1893	Mays, J. W.	I/178
Cagle, C. F.	Winters, Ella	29 Jun 1900	Cagle, D. D.	J/489
Caldwell, James	Edwards, Charity	29 Jun 1888	Russell, Andrew	H/24
Caldwell, W. M.	McCrary, T. M.	25 Dec 1898	Fowlkes, Robt.	J/243
Campbell, G. B.	Gorman, Lavinia	7 Oct 1900	Sanders, Mason	J/529
Canada, J. L.	McCauley, Ruth	15 Oct 1899	Jarrell, G. G.	J/358
Canady, M. F.	Runions, Etta	10 Dec 1893	White, Ed	I/165
Candrey, Val	Leonard, Maggie	24 Dec 1894 B	Walsh, P	I/299
Cannon, G. W.	Williams, Mattie	12 Sep 1893	Meadow, T. R.	I/135
Capps, Allen	Crafton, Emma Jane	14 Sep 1899	Crafton, Edmon	J/347
Carnegle, C. J.	Stall, Della	1 Sep 1896	White, J. P.	I/497
Carnell, D. C.	Merryman, Fannie D.	18 Jun 1890	White, J. P.	H/280
Carnell, R. D.	Hall, Ella	25 Jun 1893	Fortner, J. M.	I/110
Carter, H. E.	Lashlee, Maggie	19 Sep 1898 B	Ellis, E. S.	J/191
Carter, J. A.	Durham, M. I.	12 Jul 1896	Carter, H. L.	I/483
Carter, J. E.	McKeel, Edna	5 Jul 1898	Carnell, M. C.	J/157
Carter, Philip	Taylor, Lottie	19 Jan 1889	Crockett, Joe	H/98
Cash, John	Scholes, Bettie	5 Jun 1898	Daniel, A. O.	J/141
Cates, Robert	Turner, Ollie	2 Jan 1896	Mallard, Alfred	I/418
Cawthon, J. N.	Holland, Maggie	4 Nov 1900	McKelvey, D. H.	J/542
Chambers, Abraham	Moore, Annie	6 Jun 1894	Johnson, T. Bright	I/226
Chambers, Eli	Brown, Mollie	3 Feb 1897	Summers, G. B.	I/573
Chance, Dave	Goodman, Pearley	25 Apr 1898	Bell, A. C.	J/133
Chance, Dorsey	Buchanan, Jane	26 Jun 1898	Goodman, J. S.	J/151
Chance, J. D.	Barrett, J. V.	4 Jan 1891	Bell, J. B.	H/354
Chance, W. J.	Smith, M. J.	26 Dec 1894	Jackson, N. J.	I/295
Chandler, W. B.	Owen, Katie	26 Oct 1890	Bryant, J. T.	H/322
Chappell, Charlie	Riley, Annie	13 Dec 1894	Yarbrough, G. H.	I/286
Chappell, R. L.	Mathews, Lou	20 Oct 1889	Shelton, J. Asa	H/183
Chilton, T. W.	Arnet, M. C.	12 Sep 1890	Sherrod, W. M.	H/304
Choat, Daniel	Murrell, Lillie	21 Nov 1897	Ferguson, John	J/61
Choat, Harry	Clark, Amanda	11 May 1893	Choat, John	I/92
Choat, J. P.	Matlock, M. A.	17 Jan 1892	Roy, M. W.	H/486
Choat, V.	Warren, Lizzie	20 Sep 1896	Meadow, F. R.	I/501
Choate, Sam	Tiner, Martha	10 Nov 1889	Choate, Rufus	H/194
Chronister, J. D.	May, S. J.	5 Apr 1891	Foy, Joseph	H/385
Clark, J. T.	Beasley, Ida	18 Mar 1891	Beasley, C.	H/381
Clark, John	Averett, Grace	18 Sep 1898	Wreck, Charley	J/188
Cleary, George	Stewart, Fannie	15 Jun 1893 B	Knight, W. R.	I/106
Clemans, W. J.	Forester, Mollie	17 Sep 1891	Page, J. P.	H/426
Clemmons, J. F.	Turner, Maude	31 May 1900	Mallard, G. P.	J/484
Clemmons, Will	Spencer, Amelia	20 Jan 1889	Lossen, Wm.	H/99
Clemons, J. S.	Spence, M. J.	21 Aug 1899	Taylor, D. T.	J/337
Clemons, Thos.	Jackson, Lillie	21 Jan 1900	Toland, E. E.	J/423
Cobb, George	McCrary, Nora	29 Apr 1894	Summers, Bibe	I/216
Coble, J. C.	Daniel, Mattie	1 Jan 1891	Word, L. J.	H/353

GROOM	BRIDE	DATE	BONDSMAN	LOC
Cole, J. W.	Murry, S. L.	12 Dec 1888	Warren, H. E.	H/66
Cole, Matt	Rowe, Nancy Ann	14 Jan 1890	McCollum, B. F.	H/228
Coleman, Edom	Broaddus, Millie	18 Apr 1888	Simpson, Wright	H/8
Coleman, J. A.	Dowdy, Annis	4 Mar 1900	Lane, Thomas	J/442
Coleman, J. R.	Isbell, Devie	12 May 1889	Colman, J. W.	H/137
Coleman, W. H.	Daniel, Dora B.	11 Aug 1897	Smith, R. E.	J/31
Coleman, W. J.	O'Donnelley, Ogie	7 Feb 1897	Dickeson, Sam.	I/570
Coleman, W. M.	Forsee, Lela	28 Sep 1895 B	Harris, Ade	I/381
Collier, C. S.	Collier, M. F.	3 Nov 1895	Bell, W. W.	I/392
Collier, E. G.	Cooley, Addie	22 Dec 1895	Turner, W. L.	I/409
Collier, G. T.	Organ, Iris	17 Dec 1899	Lee, J. K.	J/383
Collins, A. C.	Chance, Martha A.	28 May 1899	Sands, J. J.	J/309
Collins, W. A.	Stewart, Trixie	24 Dec 1896	Oguin, T. O.	I/550
Conley, J. M.	ODonley, Allie	8 Sep 1898	Shannon, J. J.	J/178
Connelley, Thos. F.	Walsh, Birdie	25 Jan 1897	Summers, G. B.	I/566
Connelly, Bailey	Rogers, Emma E.	27 Nov 1889	Conners, J. J.	H/198
Connelly, J. M.	Stewart, Florence	26 Dec 1900	Williams, G. W.	J/571
Connelly, Michael J.	Burst, Lula E.	11 Aug 1897	Heel, Robt. E.	J/34
Conroy, V. C.	Connelly, Nora	1 Feb 1899	Choat, J. M.	J/269
Cooley, D. D.	Collier, Effie	18 Aug 1899	Cooley, W. H.	J/335
Cooley, Joe	Turner, Myrtle	30 Jan 1899*	Waren, R. H.	J/271
Cooley, Leonard	Adams, Jennie	28 Nov 1890	Hall, J. H	H/333
Cooley, Sid	Ray, Rhoda	27 Oct 1889	Fowlkes, W. H.	H/185
Cooley, Sid B.	Pinder, Allie	4 Aug 1891	Rogers, Dan	H/408
Cooley, W. C.	Sisk, M. E.	4 Dec 1892	Cannon, W. T.	I/21
Cooley, W. M.S.	Bohanan, Eva	20 Sep 1897	Hall, J. H.	J/41
Cooley, W. R.	Arnold, Josie	13 may 1888	Batton, T. S.	H/14
Cooper, Daniel C.	Manley, Lizzie	26 Jun 1891	Wyly, H.	H/397
Cooper, Ed	Young, Belle	30 May 1900	Thomas, F. T.	J/482
Cooper, Fred	Hawkins, Lucy	15 Dec 1889	McDaniel, Vergil	H/209
Cooper, Henry	Britt, Frank	7 Jul 1889	Meadow, D. G.	H/150
Cooper, Jake	Aken, Maggie	16 Mar 1900	Plant, S. W.	J/455
Corbet, R. E.	Plant, Bessie	5 Apr 1896	Stribling, Jno M.	I/452
Corbett, D. A.	Phelps, Lucy	21 Sep 1898	Waggoner, M. A.	J/190
Corlew, T. W.	Dickson, M. A.	23 Dec 1888	Jarrell, G. G.	H/72
Cotham, G. P.	Roberts, Lizzie	15 Jul 1897	Bryant, G. W.	J/22
Cotham, J. H. T.	Anderson, Ada	10 May 1896	Pewett, T.H.	I/463
Courtney, J. F.	Biggins, Anna	25 Apr 1891	Morriel, J.	H/387
Cowen, C. W.	Harris, Minnie	3 Sep 1890	Hoskins, T. M.	H/302
Cowen, E.	Garrett, V. M.	22 Oct 1890	Ridings, R. F.	H/321
Cowet, Wyatt E.	McCollum, Jennie	7 Jan 1894	Fowlkes, J. R.	I/181
Cowett, Ned	Edney, Alice	23 Oct 1898	Smith, J. T.	J/202
Cox, William	Talley, Mattie	4 Jul 1897	Tally, G. T.	J/15
Craft, P. C.	Hughey, A. H.	25 Dec 1897	Johnson, W. T.	J/87
Craft, Thomas	Wallace, Lydia	30 Oct 1897	Shaver, W. H.	J/51
Craft, Wesley	Hopkins, Lillie	6 Dec 1888	Hopkins, H. E.	H/62
Crafton, B. D.	Irvin, E. E.	9 Mar 1892	Poyner, W. L.	H/507
Crafton, D. A.	Bohanan, M. L.	28 Mar 1895	Buchanan, Sam	I/334
Crafton, G. W.	Louiser, Jane	27 Nov 1900	Bell, J. B.	J/549
Crafton, W. H.	Dowdy, Lottie	24 Apr 1896	Porch, W. T.	I/458
Crafton, W. H.	Tibbs, Sallie	7 Nov 1895	Bell, J. B.	I/393
Crafton, Wm.	Pettygrew, Francis	5 Jul 1892	Daniel, J. W. Jr.	H/538
Craig, R. F.	Patrick, S. J.	12 Nov 1890	Hudson, W. A.	H/326
Craig, V. F.	Hatcher, Fannie	10 Jan 1892	Craig, A. W.	H/484
Craigg, J. H.	Cooley, A. M.	22 Jul 1888	Siders, J. M.	H/35

GROOM	BRIDE	DATE	BONDSMAN	LOC
Crane, G. W.	Doughty, Martha	13 Dec 1888	Watts, P. H.	H/67
Crane, J. T.	Osburn, Leocadia	7 Mar 1893	Pitts, J. H.	I/72
Cravin, Mike	Daniel, D.	3 Jan 1889	Adams, W. B.	H/81
Crim, H. C. Jr.	McKeel, Alice	3 Feb 1895	Crim, Elmer	I/313
Crockett, G. S.	Thompson, Eva	8 Dec 1894	Cowen, D. Jr.	I/284
Crockett, Henry	Gatewood, Blanche	31 Oct 1889	White, J. P.	H/190
Crockett, Joe	Wyly, Nellie	18 Jan 1892	Carter, Lewis	H/487
Crockett, Mose	Jones, Lola	17 Mar 1895	Murphree, A. W.	I/332
Crockett, W. H.	May, L. M.	21 Dec 1898	Vinyard, B. J.	J/230
Croswell, F. P.	Hazleworth, H. B.	22 Jul 1888	Colier, D. D.	H/34
Crowder, Charley	Miller, Mary J.	6 Oct 1891	Crowder, Joseph	H/435
Crowder, Joseph	Miller, Emma	22 Jan 1891	Cole, Mat	H/365
Crowell, Anderson	Edsell, Lizzie	27 Sep 1894	Thomas, B. R.	I/257
Crowell, E. L.	Smith, C. J.	2 Jun 1895	Crowell, Lee	I/343
Crowell, H. L.	Tankersley, Neppie	24 Sep 1899	Buchanan, G. W.	J/353
Crowell, J. F.	Crowell, S. D. H.	27 Mar 1892	Anderson, J. R.	H/512
Crowell, J. M.	Harbison, Fannie	3 Sep 1899	Sugg, J. A.	J/338
Crowell, J. M.	Sanders, Lucy	4 Aug 1895	Young, I. C.	I/364
Crowell, J. S.	Bell, Barbara	9 Oct 1890	Thomas, B. R.	H/313
Crowell, Jno. A.	Gamble, Lula M.	20 Aug 1896	Crowell, W. G.	I/493
Crowell, Lilbirn	Buchanan, Emma	17 Oct 1900	Ellis, E. S.	J/534
Crowell, S.	Norman, N. E.	29 Jul 1891	Sparks, D. G. W.	H/405
Crowell, W. M.	Sanders, Ophelia	31 Jul 1892	Young, James A.	H/547
Crowell, W. W.	Holland, Addie	8 Jul 1900	Brake, M. M.	J/490
Crowell, William Green	Tuberville, Josephus	27 Nov 1895	Crowell, John	I/402
Crump, C. E.	Browerning, Ada	16 Apr 1898	Daniel, A. C.	J/128
Cuff, John H.	Burcham, Delia	void	Mayberry, George	I/70
Cuff, John H.	Cowett, Blake B.	26 Mar 1893	Williams, Henry	I/78
Cullum, D. F.	Arnold, S. M.	25 Oct 1898*	Brake, M. W.	J/214
Cullum, E. L.	Averitt, Ida	24 Dec 1893	Parker, L. C.	I/174
Cummings, A. M. Jr.	Herity, Annie	21 Sep 1891	Hart, J. H.	H/430
Cunningham, P. E.	Hamrick, Ada	19 Feb 1900	Anderson, J. F.	J/441
Curry, Felix	Sandefur, Annie	15 Jul 1893 B	Duncan, J. N.	I/116
Curtis, E. T.	Riggins, L. C.	17 Apr 1890	Hooper, J. E.	H/263
Curtis, Eli	McNab, Lula	10 Mar 1892	Roberts, J. M.	H/508
Curtis, G. A.	Smith, Julia	13 Dec 1896	Brown, P. A.	I/536
Curtis, J. A.	Hadley, E. H.	18 Sep 1898	Hatcher, R. L.	J/186
Curtis, J. D.	Roberts, S. A.	17 Mar 1889	Foster, M. D.	H/119
Curtis, J. F.	Hatcher, Mary A.	31 Jul 1898	Hatcher, R. L.	J/163
Curtis, J. H.	Hooper, M. J.	23 Dec 1888	Hooper, J. A.	H/73
Curtis, John E.	Hooper, Sarah F.	27 Sep 1891	Wheeler, J. W. E.	H/431
Curtis, Josh	Alexander, Levonia	6 Aug 1894	Fowlkes, J. R.	I/240
Curtis, Nathan	Stewart, Janie	27 May 1900	Wheeler, J. W. E.	J/480
Curtis, Perry	Riggins, Mattie	14 Jan 1894	Binkley, W. L.	I/182
Curtis, W. A.	Bohanan, Mattie	9 Apr 1894	Bell, J. F.	I/207
Dailey, Z. B.	McKeel, Dollie	25 Aug 1892	Daniel, G. M.	H/551
Dalton, J. T.	Edwards, Mrs. S. A.	19 Sep 1898	Simpson, J. N.	J/189
Dameworth, C. N.	Smith, E. E.	31 Mar 1889	Allison, S. J.	H/127
Dameworth, R. D.	Smith, R. J.	13 Feb 1890	Dameworth, J. D.	H/245
Daniel, A. C.	Brake, S. E.	10 Apr 1894	Thomason, S. G.	I/208
Daniel, A. C.	Brake, Zora	3 Dec 1891	Carter, W. M.	H/450
Daniel, Alvin	Brake, Alice	25 Dec 1895	Collins, W. A.	I/411
Daniel, D. C. Jr.	Smith, Ada L.	21 Jan 1900	Buchanan, Sam	J/422
Daniel, J. F.	Horner, Annie L.	8 Dec 1889	Ross, S. B.	H/204
Daniel, J. H.	Richard[son], Annie	14 Jan 1891	McCollum, B. F.	H/362

GROOM	BRIDE	DATE	BONDSMAN	LOC
Daniel, J. R.	Simpson, Adda	24 Nov 1895	Daniel, J. F.	I/401
Daniel, Jas. W.	McKeel, Mrs. Louisa	29 Sep 1889	Daniel, J. M.	H/173
Daniel, John N.	Parnell, Willie I.	16 Sep 1893	Daniel, C. W.	I/136
Daniel, N. M.	Mays, Sarah E.	4 Jun 1899	Daniel, J. P.	J/311
Daniel, Robt. E.	Daniel, E. J.	9 Nov 1888	Horner, R. F.	H/54
Daniel, T. J.	Oakley, Bettie	10 Jul 1892	McCrary, W. N.	H/541
Daniel, W. A.	Haskins, Maggie E.	29 Dec 1895	Haskins, Willie	I/419
Daniel, W. H.	Winters, Fronia A.	29 Aug 1889	Owens, S. D.	H/163
Daniel, W. H. Jr.	Lomax, Maggie E.	6 Sep 1892	Ridings, J. I.	I/1
Daniel, W. R.	Martin, Ierzetry	29 Jul 1900	Ackers, J. C.	J/497
Daniels, Joe	Kirby, Ida	14 Apr 1900	Taylor, L. W.	J/465
Danley, William	Roberts, Fannie	22 Dec 1889	Roberts, W. F.	H/213
Dark, J. I.	Wakins, Ophelia	1 May 1895	Fowlkes, J.R.	I/341
Davidson, C. W.	Gwin, N. I.	7 Jun 1891	McCracken, J. E.	H/393
Davidson, G. W.	McCord, Mary	21 Dec 1890	Davidson, C. S.	H/342
Davidson, J. R.	Reece, E. E.	6 Mar 1893 B	McKeel, F. P.	I/74
Davidson, James H.	Moss, Amelia M.	11 Jun 1890	Andrews, John L.	H/277
Davidson, W. R.	Johnson, May	7 Jan 1895	Dukes, George	I/304
Davis, J. E.	ODoniley, Mamie	29 Nov 1900	Fentress, Geo. F.	J/551
Davis, J. H.	Crowder, Ida	28 Feb 1892	Brake, Charley	H/501
Davis, Robert	Davis, Amanda	18 Jan 1894	Lucas, Felix	I/188
Davis, W. C.	Reagin, Mattie	7 Nov 1896	Buchanan, S. L.	I/519
Davis, Will	Patterson, Lela	15 Oct 1895	Box, M. R.	I/385
Dean, J. B.	Porch, Ada	23 Dec 1896	Porch, John F.	I/546
Dean, John	Claiborne, Minnie	22 Dec 1899	Gray, W. M.	J/385
Dean, Morgan R.	King, Mrs. Mary E.	4 Nov 1888	Hall, J. H.	H/53
Dean, S. S.	Gunter, Mamie	27 Dec 1896	Choat, V.	I/558
Deck, Evanda	Brazil, Eva	9 Aug 1891	Hatcher, W. W.	H/409
Denny, Nuck	Wallace, N. C.	25 Dec 1890	Wallace, J. M.	H/347
Denslow, Orson	Caufield, Alice L.	1 Nov 1891	Shannon, R. T.	H/440
Depriest, J. T.	Duncan, Lizzie	13 Nov 1893	Field, W. J.	I/156
Dickerson, Joe E.	Prichard, Addie	11 Mar 1896	Harris, J. K.	I/441
Dishow, Frank	Chambers, Lucy Ann	20 Apr 1898	St. John, W. S.	J/130
Dobbins, G. W.	Bohanan, Josie	18 Nov 1894	Buckanan, Sam	I/271
Dodd, J. W.	Pruett, E. V.	21 Jan 1893	Turbeville, T. L.	I/52
Dolan, Mark	Hadley, Minnie Bell	15 Apr 1890	Cockrill, J. M.	H/262
Dolan, W. E.	Bradley, J. L.	26 Dec 1900	Brennan, M. J.	J/564
Donlon, G. W.	Crawford, Tishie	17 Apr 1890	Maxwell, Gilbert	H/264
Donlow, G. W.	Rollins, Minnie	29 Oct 1896	Rye, H. E.	I/515
Donnell, Thomas A.	Burnett, Mary Lee	10 Aug 1892	Warren, A. J.	H/550
Dorch, Henry	Box, Catharine	16 Aug 1893	Love, G. A.	I/126
Dotson, B. G.	Averitt, Ollie	25 Oct 1900	Dotson, R. L.	J/537
Dotson, G. B.	Wyatt, Fannie	24 May 1896	Moore, O. O.	I/466
Dotson, G. W.	Hooper, S. M.	30 Nov 1890	Balthrop, R. J.	H/334
Dotson, James	Brown, Annie	4 May 1897	Chambers, Nick	J/4
Dotson, L. E.	Burgess, Lizzie	18 Mar 1900	Tummins, James	J/456
Dotson, M. B.	Bateman, S. F.	5 Oct 1892	Henley, A. C.	I/8
Dotson, W. J.	Moore, Lynn	31 Dec 1891	Knight, T. H.	H/482
Doughtey, Louis	Johnson, Mattie	31 Dec 1891	Aughey, S. S.	H/480
Doughty, John W.	Johnson, L. J.	5 Aug 1888	none	H/37
Dowdy, Miles	Coleman, Eula	14 Jan 1900	Brown, L. B.	J/420
Dowdy, W. E.	Narket, P. A.	7 Apr 1900	Bivens, Alex	J/462
Duff, J. D.	Davis, Asalee	12 Jun 1898	Rogers, I. N.	J/148
Duke, N. C.	Mitchell, Mary A.	25 Mar 1891	McCann, G. P.	H/382
Dunagan, Lee	Brake, Rachael	1 Dec 1889	Young, Jas. A.	H/199

GROOM	BRIDE	DATE	BONDSMAN	LOC
Duncan, John	Plant, Willie	13 Oct 1895	Corbitt, R. C.	I/389
Duncan, T. L.	McElyea, G. A.	16 Dec 1894	Waggoner, M. A.	I/287
Dunn, J. S.	Choat, Maude	27 Dec 1900	Henry, S. H.	J/579
Dunn, R. S.	Malone, Leonora	21 Jun 1893	Armstrong, J. W.	I/108
Durdin, J. M.	Reece, Olivie P.	18 Nov 1897	Marchbanks, W. J.	J/60
Durham, A. E.	Latimer, M. J.	29 Oct 1891	Allison, R. W.	H/441
Durham, Geo.	Smith, Melissa	1 Mar 1896	Stockard, A. C.	I/440
Durham, J. T.	Triplett, H. V.	7 Jan 1900	Carter, J. A.	J/412
Durham, Jas. S.	Smith, Eliza C.	28 Feb 1889	Summers, G. B.	H/113
Durham, W. D.	Davis, Leonie	14 Apr 1985	Ridings, W. B.	I/338
Durham, W. L.	Maden, Jennie	21 Mar 1897	Varden, John B.	I/590
Easley, Labe	Wyly, Luisa	4 Oct 1891	Spicer, Lawrence	H/434
Edney, Ed	Branch, Bell	10 Oct 1895	Hooper, H. W.	I/382
Edney, Henry	Lunsford, Alice	11 Jul 1897	Porch, Peter	J/17
Edney, John	Palmer, Mary	5 Mar 1893	Sullivan, John L.	I/71
Edney, Wicks	Toland, Lizzie	13 Nov 1888	Swader, J. A.	H/55
Edwards, Allen	Pegram, Mollie	27 May 1888	Rogers, J. N.	H/16
Edwards, Cole	Lewis, Hannah	24 Sep 1888	McWitty, Abe	H/47
Edwards, D. M.	Daniel, Bertha	6 Aug 1898	Simpson, J. N.	J/169
Edwards, J. E.	Bramlett, Sarah	21 Jun 1898	Reeves, N. B.	J/153
Edwards, J. F.	Dunn, Mandy	29 Dec 1895	Tinnell, R. L.	I/420
Edwards, R. L.	Batson, Mrs. S. L.	8 Sep 1900	Potter, R. L.	J/519
Edwards, Steve	Glazener, Mary	6 Oct 1889	Black, A. F.	H/179
Edwards, W. A.	Hegwood, Maggie	9 Mar 1890	, W. A.	H/254
Firwin, W. R.	Massenger, Annie	6 Aug 1900	Owens, J. C.	J/506
Elinvington, John	Warren, Minnie	13 Mar 1892	Palmer, Junius M.	H/509
Elkins, D. F.	Harris, Bettie	28 Dec 1897	Meadow, W. H.	J/77
Elliot, W. M.	Ussery, Dollie	15 Feb 1899	Holloway, W. E.	J/277
Ellis, Alexander	Ingram, Mary	30 Mar 1892	Crockett, James	H/516
Ellis, Dick	McCrary, Belle	10 Oct 1895	Box, M. R.	I/384
Ellis, John L.	Mize, Lorena	5 Jul 1895 B	Evans, J. A.	I/362
Ellis, Sandie	Morgan, M. E.	11 Feb 1890	Tuberville, W. D.	H/244
Ellison, J. C.	Latimer, Nora	23 Dec 1894	Fortner, L. R.	I/297
Emery, Robt.	Frizzell, Sallie	20 Nov 1890*	Cowan, J. P.	H/330
Emery, W. R.	Shaver, L. A.	4 Nov 1897	Hall, J. H.	J/54
Emery, W. W.	McSwiney, M. A.	17 Jan 1898	Headrick, J. W.	J/97
England, D. W.	Hemby, Dora	27 Feb 1889	Hemby, S. H.	H/114
Erranton, J. D.	Rumsey, Maude	4 Jun 1899	Steel, D. A.	J/308
Errington, J. F.	Jones, Eva	5 Apr 1900	Cox, J. W.	J/461
Etheridge, A. F.	Capps, Lula B.	24 Dec 1896	Langan, P. J.	I/545
Etheridge, A. V.	Moore, M. E.	27 Nov 1898	Ragen, S. A.	J/218
Etheridge, I. H.	May, Asilee	19 Dec 1900	Sandes, J. J.	J/557
Etheridge, Jesse H.	Hicks, Kate A.	6 Nov 1891	Blessing, C. J.	H/446
Ethridge, D. F.	Ethridge, Susie	15 Aug 1895	Forester, J. S.	I/371
Ethridge, G. W.	Bryant, M. E.	10 Oct 1895	Ethridge, W. H.	I/383
Ethridge, Guss	Holland, Matie	19 Sep 1893	Hargrove, John	I/138
Ethridge, J. F.	Hudspeth, Emma	7 Oct 1900	Harbison, J. W.	J/528
Ethridge, T. C.	Carter, G. L.	12 Jan 1896	Ethridge, W. H.	I/425
Ethridge, W. H.	Carter, C. E.	17 Feb 1895	Cooper, D. M.	I/317
Evans, G. W.	Hailey, Vina	26 Dec 1897	Napier, E. Y.	J/69
Evans, Geroge	Hall, Morta	11 Jul 1892	Hinty, John	H/540
Ewins, Amos	Box, Ola	26 Dec 1900	Carnell, R. C.	J/576
Farmer, G. W.	Curtis, Ada	5 Oct 1891	Bone, P. B.	H/436
Farrington, J. E.	Stacy, Nora	21 Jan 1894	Holland, A. J.	I/190
Fellows, F. W.	Cullum, Florence M.	2 Oct 1898	Cullum, E. L.	J/197

GROOM	BRIDE	DATE	BONDSMAN	LOC
Felts, Joseph	Dyer, Misouri	5 Dec 1893	White, J. P.	I/162
Fentress, J. E.	Willams, MInnle	10 Nov 1895	Fentress, C. L.	I/395
Ferguson, J. C.	Davis, Minnie	void	Lumsden, W. S.	H/515
Ferguson, J. C.	Stacy, Elmie	1 Jan 1893	Carter, H. C.	I/48
Ferguson, Sidney	Lehman, Maggie	2 Jan 1900	Gibbons, J. L.	J/410
Ferguson, Thomas	Wayrick, Eugenia	11 Feb 1900	Swift, Marvin	J/439
Few, E. W.	Holland, A. E.	28 Feb 1892	Williams, W. F.	H/500
Few, G. W.	Myers, N. I.	19 Jan 1893	Burgess, W. H.	I/57
Field, J. F.	Lewis, L. P.	6 Sep 1894	Gibbons, J. C.	I/249
Fielder, S. M.	Thompson, N. F.	7 Feb 1897	Cooley, W. C.	I/574
Fields, Franklin	Knight, Sewell	25 Jul 1898	Priest, Charlie	J/164
Fields, W. J.	Curtis, S. A.	16 Jun 1889	Pace, W. W.	H/146
Finley, John	Dyer, Gillie	4 Jul 1899	Postis, J. K.	J/321
Flanery, Monroe	Pervance, Polina	13 Feb 1899 B	Brake, Jeff	J/275
Flowers, M. C.	Haskins, Mollie	3 Aug 1893	White, Ed	I/120
Flowers, P. H.	Harris, Elizabeth	29 Nov 1899	Manly, A. H.	J/374
Flowers, T. C.	Stacy, Stella	17 Apr 1898	Varden, J. B.	J/129
Foelgner, Tony	Matlock, Minnie	13 Mar 1899	Bowman, J. Lee	J/288
Ford, Woody	Vaden, Emma	17 Jul 1889	Massey, M. L.	H/152
Forehand, T. R.	Scholes, Gay	15 Jun 1898	Harris, George R.	J/150
Foresee, B. F.	Bryant, Nora	12 Nov 1893	Bryant, W. B.	I/157
Foresee, Jessee	Love, Eva	11 Jan 1893	Spicer, Sam	I/54
Forester, J. S.	Adams, E. A.	22 Aug 1895	Traylor, W. S.	I/372
Forister, M. A.	Etheridge, M. D.	3 Sep 1896	Lovett, T. E.	I/495
Forrest, J. T.	Summers, Mattie	5 Sep 1893	Bell, J. B.	I/133
Forrester, James	Morrisett, Queen	13 Apr 1893	Gatlin, Jesse	I/81
Forrester, Jesse S.	Scott, Lena	20 Dec 1891	Lee, W. H.	H/458
Forrester, W. D.	Scott, Della	26 May 1895	Sanders, J. G.	I/342
Forrister, E.	Dark, Ophelia	31 Jul 1900	Darrow, Frank B.	J/500
Forsee, Will	Coleman, Aradia	4 Oct 1899	Coleman, W. D.	J/355
Fortner, J. L.	Allison, Ada	19 Mar 1893	Thomason, W. C.	I/76
Fortner, J. M.	Gatlin, Eliza	16 Jul 1890	Houlihan, J. D.	H/288
Fortner, Will	Webb, Nora	2 Apr 1893	Wright, Dick	I/80
Fortner, William	Johnson, Mary	5 Nov 1890	Taylor, Dempsey	H/324
Foster, M. D.	Fowlkes, Victoria	2 Feb 1890	McNeil, W. H.	H/240
Foster, M. J.	Tate, Jennie	26 Dec 1895	Ruston, F. M.	I/414
Fowler, J. A.	Roberts, Alice	void	Sandefur, John	H/30
Fowler, James A.	Swader, Eva	9 Sep 1888	Sandefur, John	H/44
Fowlkes, Bob	Caldwell, Mora C.	16 Sep 1899*	Cooley, J. T.	J/349
Fowlkes, C. J.	Jones, Mattie B.	11 Dec 1900	Ridings, W. B.	J/554
Fowlkes, H. L.	Dean, Cora	15 Mar 1896	Whitfield, Jno. E.	I/446
Fowlkes, James F.	Nolan, Theodocia Alicia	22 Jan 1890	Slayden, Jas. H.	H/236
Fowlkes, M. M.	Slayden, Marie	26 Nov 1890	Conners, J. J.	H/331
Fowlkes, R. H.	McCully, Alice	10 Apr 1898	Hall, W. J.	J/122
Fowlkes, Robert	Crockett, Nannie	19 Jul 1891	Foresee, Jesse	H/404
French, A. C.	Parnell, Jennie	28 Aug 1897 B	Daniel, J. N.	J/36
French, David	Sandifer, Irena	23 Aug 1891	Dreden, W. R.	H/416
Fuqua, J. M.	Holland, Amanda	22 Dec 1888	Fuqua, T. J.	H/71
Gardner, B. L.	Wasson, Girtie	28 Dec 1897	Connelly, M. J.	J/89
Gartrell, J. J.	Owens, Nannie	11 Dec 1891	Hite, J. A. David	H/457
Gatlin, Charles	Edwards, Nolia	11 Jun 1892	Brown, B. M.	H/531
Gatlin, Forest	Goodwin, Nora	11 Mar 1900	Gatlin, H. E.	J/451
Gatlin, Harris E.	Houlehan, Lucy	26 Oct 1899	Ellis, E. S.	J/363
Gatlin, J. A.	Jones, Ellen	18 Aug 1898	Gatlin, W. W.	J/173
Gatlin, Tom	Turner, Catherine	22 Mar 1896	Fortner, J. M.	I/448

GROOM	BRIDE	DATE	BONDSMAN	LOC
Gatlin, W. W. M.	Hemby, Edna	8 Sep 1895	Gatlin, J. H.	I/376
Gauser, John	Hamrick, Ella	9 Oct 1892	White, J. C.	I/10
George, Henry	Teaster, Effie	22 Oct 1893	Yarbrough, G. H.	I/149
George, L. P.	Binkley, Mollie	5 Feb 1890	Reeves, McFerrin	H/242
Gibbons, A. A.	McDonald, Lillie	31 Jul 1898	Stewart, J. E.	J/167
Gibbons, A. H.	Doughty, Italy	17 Feb 1895	Forrest, J. T.	I/319
Gibbons, A. H.	Holbrook, Maggie	11 Dec 1898	Bell, J. B.	J/220
Gibbons, G. T.	Johnson, M. L.	18 Sep 1890	Mays, J. B.	H/307
Gibbons, J. C.	Smith, E. E.	16 Sep 1894	Gibbon, G. T.	I/252
Gibbons, John	Langan, Sarah	9 Feb 1892	Gibbons, James	H/492
Gibbons, Mike	Herrity, Mary A.	8 Nov 1893	Stanford, J. H.	I/152
Gibbs, A. S.	Stavely, Sallie	19 May 1895	Brigham, C. E.	I/347
Gibbs, Powell	Latimer, Nannie	2 Dec 1900	Buchanan, W. J.	J/553
Giffin, Andrew	Anthony, Belle	6 Apr 1890	McAdoo, J. M.	H/261
Gill, Allie	Patrick, Laura	6 Mar 1898	Daniel, A. C.	J/113
Gilmore, Allen	Overall, Lucy	28 Jan 1894	Colefinill, Manl ?	I/192
Givens, T. C.	Hutchison, Addie	18 Feb 1897	Forrester, W. R.	I/579
Glynn, Benjamin	Kennedy, Alice	5 Jul 1890	McAdoo, J. M.	H/285
Godwin, J. T.	Field, E. O.	19 Jul 1896	Buchanan, J. H.	I/486
Goodloe, Erwin	Caldwell, Mary	27 Dec 1891	Harvey, Albert	H/472
Goodloe, Irvin	Leech, Loubertie	8 Dec 1889	White, Marcus	H/201
Goodloe, Richard	Cooper, Ella	30 Jul 1888	Everett, R. L.	H/39
Goodloe, W. B.	Ricketts, Maude	19 Jan 1892	Fletcher, W. R.	H/488
Goodlow, Nelson	Richardson, Bettie	27 Dec 1896	Goodlow, Irvin	I/553
Goodman, Franklin P.	Wright, Josie	1 Nov 1891	McKeel, J. N.	H/442
Goodrich, Daniel	Foresee, Mishie	28 Jan 1894	Meadow, T. R.	I/105
Goodrich, Easau	Turner, Annie	4 Feb 1900	Spicer, S. W. J.	J/436
Goodwin, F. G.	Shaver, Nora	28 May 1899	Miller, D. E.	J/310
Goodwin, G. C.	Spain, Nannie	9 Nov 1890	Spann, W. R.	H/325
Goodwin, James S.	Stewart, Jennie	7 May 1898	Parnell, W. M.	J/137
Goodwin, P. S.	Earles, Mrs. Jennie	12 Feb 1889	Waggoner, J. M.	H/108
Goodwin, W. A.	Garland, Nora	7 May 1899	Bradley, N. B.	J/301
Gorden, George	Pruett, N. R.	6 Aug 1899	Pruett, J. B.	J/331
Gorden, Milton	Russell, Annie	17 Nov 1889	Williams, Jefferson	H/195
Goren, Henry	Jackson, Annie	10 Feb 1892	Thomas, B. R.	H/493
Gossett, Allen	Mathews, Sallie	8 Jul 1897	Thomas, D. B. Jr.	J/16
Gossett, John A.	Hall, Annie	1 Jun 1898	Bell, J. B.	J/146
Gossett, John M.	Williams, Mattie L.	12 Dec 1893	Crockett, F. S.	I/164
Gossett, John T.	Malugen, Manerva J.	28 Jul 1889	Ross, S. B.	H/157
Gotcher, James	Ridgway, Edna	24 Apr 1894	White, J. P.	I/213
Grace, J. R.	Craft, Annie	27 Apr 1890	Cannon, W. T.	H/267
Grace, W. B.	Burns, Delia	7 Jun 1890	O'Donnell, S. P.	H/275
Graves, David	Perry, Jennie	24 Feb 1895	Moore, J. R.	I/323
Gray, M. J.	Bone, Ellen	22 Apr 1890	Shannon, R. T.	H/266
Gray, W. F.	Bryant, Sue	18 Jun 1899	Rodgers, Frank	J/316
Green, Charlie N.	Curtis, Ferba A.	28 Nov 1896	Green, W. J.	I/529
Greer, John A.	Jones, Mary	11 Jan 1899	Napier, E. Y.	J/255
Greer, Robt. H.	Pruett, Willie	25 Dec 1892	Duff, J. D.	I/40
Greer, W. G.	Ragan, Maggie	30 Nov 1890	Litton, W. W.	H/332
Gregory, G. T.	Miller, J. E.	9 Dec 1888	Shannon, R. T.	H/65
Griffin, A. V.	Latty, Martha	18 Sep 1893	Tubb, I. H.	I/139
Griffin, A. V.	Smith, Mary	16 Oct 1892	Rushing, J. R.	I/12
Griffin, R. E.	Martin, R. D.	28 Jan 1891	Mathews, W. H.	H/367
Griffin, S. D.	Turner, Mellie M.	19 Feb 1899	Ridings, W. B.	J/281
Grimes, Jim	Reece, Mollie	2 Sep 1900	Hall, R. J.	J/518

GROOM	BRIDE	DATE	BONDSMAN	LOC
Grines, Will	Dudley, Milberry	13 Nov 1898	Dudley, John	J/211
Gunn, A. E.	Moody, C. L.	21 Oct 1888	Brazel, W. S.	H/51
Gunn, A. J.	Johnson, Ellen	12 Oct 1890	Williams, W. T.	H/316
Gunn, Lawson	Holland, Mandie	14 Jun 1899	Edwards, Gus	J/315
Gunter, Issac	Choate, Beulah	29 Jul 1900	Warren, M. E.	J/499
Guthery, James	Ingram, Ella	21 Dec 1898	Cooley, W. C.	J/234
Guthery, Walter	Barnhill, Ada	5 Nov 1900	Jackson, John	J/543
Gween, Jonathan M.	Crawford, Minnie	18 Apr 1889	Conners, J. J.	H/132
Gwin, Charley	Turner, Lizzie	25 Dec 1892	Wyly, Labe	I/44
Gwin, R. A.	Johnson, Julia	18 Nov 1897	Arnold, D. R.	J/59
Gwin, Willie	Hickerson, Malissa	2 Jan 1893	Thomas, F. T.	I/50
Hagler, Hart	Vaughn, Rosa	26 Apr 1893	Williams, Henry	I/84
Hagler, R. H.	Griffin, Rachel D.	7 Aug 1897	Bowman, Thos. F.	J/28
Halbrook, J. T.	Fowlkes, Tishie	19 Oct 1890	Anderson, Jas. T.	H/319
Haley, James H.	Breeden, Sallie	24 Dec 1893	Hemby, D. M.	I/172
Haley, T. B.	Sanders, Mary B.	27 Jan 1889	Perry, E.	H/96
Hall, Ed. T.	Anderson, Myrtle	29 Nov 1896	Ingram, C. M.	I/530
Hall, G. M.	Jones, M. F.	15 Jun 1890	May, J. L.	H/278
Hall, J. M.	Averett, Milton	23 Mar 1899	Conners, J. J.	J/293
Hall, Marshall	Vaughn, Ida	16 Dec 1894	Bohanan, J. H.	I/289
Hall, T. B.	McGee, Dora	24 Dec 1891	Hall, J. H.	H/473
Hall, T. J.	Cooley, Leonie	16 Nov 1900	Hall, H. D.	J/544
Hamilton, R. L.	Freeman, D. A.	1 Apr 1896	Swader, J. A. ?	I/451
Hand, V. B.	Matthews, Ida	1 Jun 1900	Turbeville, T. L.	J/485
Haney, W. M.	Ricketts, Lola	15 Aug 1893	Shannon, J. F.	I/127
Hannah, S. M.	Renfrow, Maggie B.	27 Oct 1898	Ridings, W. B.	J/205
Hannah, Walter	Fowlkes, Mamie	7 Aug 1893	Mays, Will	I/122
Hanson, Henry C.	Wooten, Fannie E.	22 Nov 1895	Briggs, J. B. F.	I/399
Harbeureich, Herman	Spence, Lillie	10 Jun 1894	Tinnel, John	I/228
Harbison, S. A.	McCollum, Mary	26 Feb 1899	Crowell, J. M.	J/278
Harden, James	Dodson, Malicia	25 Oct 1895	Willkie, P. O.	I/390
Hardin, James	Crafton, Lee	28 Jul 1899	Jackson, J. M.	J/328
Hargrove, John	Bradley, Fredonia	19 Sep 1893	Hatcher, W. C.	I/137
Harpole, J. A.	Wyly, Stella	1 Jan 1889	Johnson, W. H. Jr.	H/80
Harris, Aid	Perkins, Lula	11 Sep 1897	Barr, Bonnie	J/40
Harris, Alex	Wyly, Ida	11 Jan 1889	Sullivan, Bob	H/226
Harris, Coleman H.	Pickard, Mollie	14 Jan 1890	Cowen, C. W.	H/232
Harris, Eck	Forsee, Azilee	27 Feb 1896	Mayberry, Berry	I/437
Harris, Henry M.	Ervin, Susie	6 Dec 1893	McMurry, A. P.	I/163
Harris, James M.	Lanier, Lizzie	4 Jul 1890	Conners, J. J.	H/286
Harris, Lee R.	Rust, Mary A.	2 Feb 1898	Knight, J. W.	J/104
Harris, Thomas	Wilhite, Finnie	15 Mar 1896	Jewell, P. S.	I/438
Harris, Thos. R.	Traylor, Carrie M.	17 Feb 1892	Harris, H. M.	H/497
Harris, W. W. S.	Bergland, Mrs. Tennie	5 Apr 1888	Shannon, R. T.	H/5
Harrison, George L.	Sandford, Nannie M.	14 May 1895	Young, J. M. C.	I/344
Harvey, Charley	Wyly, Dora	3 Oct 1897	Russell, William	J/46
Hassell, W. J.	Hailey, L. L.	23 Jan 1899	Lomax, W. A.	J/258
Hatcher, Alfred	Triplett, Emma	5 Dec 1897	Binkley, Albert	J/67
Hatcher, B. L.	Avery, O. F.	11 Sep 1889	Bradley, N. B.	H/170
Hatcher, G. T.	Wheeler, Minnie	12 Feb 1893	Smith, A. E.	I/63
Hatcher, J. C.	Finley, L. M.	12 Aug 1893	Ridings, W. B.	I/123
Hatcher, J. M.	Curtis, Decie	13 Jul 1898	Brinkley, J. A.	J/161
Hawkins, Alfred	Adams, Charity	6 Jul 1894	Thomas, F. T.	I/234
Hawkins, Alfred	Venier, Lou	28 Aug 1898	Napier, E. Y.	J/176
Hawkins, Joe	Clark, Chester	25 Dec 1896	Russell, Andrew	I/557

GROOM	BRIDE	DATE	BONDSMAN	LOC
Hayes, Hugh	Smith, Jesse	3 Oct 1898*	Massey, James	J/209
Hayes, J. W.	Barr, Mattie	8 Aug 1894	Gholston, Aaron	I/241
Hayes, John B.	Allen, Nancy P.	22 Oct 1889	Daughten, W. C.	H/184
Haygood, Thos. T.	Rogers, Tera	30 Jul 1893	Jones, J. W.	I/119
Hayrel, Willie	Rice, Annie	19 Apr 1897	Haney, T. J.	J/1
Hays, James	Reeves, Annie	19 Sep 1899	Fowlkes, J. R.	J/350
Headrick, J. W.	Wallace, Nolie A.	15 Nov 1896	Bradley, J. T.	I/521
Headrick, James A.	Curtis, Nancy E.	12 Dec 1897	Green, G. N.	J/71
Headrick, W. J.	McSwiney, Conie	16 Jan 1898	Headrick, J. W.	J/96
Hedge, J. W.	Duncan, Tennie T.	14 Jan 1890	Sweldee, J. A.	H/229
Hedge, John H.	Fowlkes, Lelah	8 Nov 1893	Whitfield, J. M.	I/155
Hemby, J. S.	Gatlin, Annie	29 Jan 1899	Scurlock, H. C.	J/268
Hemby, S. H.	Turner, M. F.	23 Oct 1889	Parker, H. B.	H/186
Hendrix, Dennis	Roberts, Lou	7 Jan 1891	Bone, G. S.	H/356
Hendrix, Walter	Wilson, Laura	22 Apr 1900	Russell, F. B.	J/472
Herbison, J. S.	Peeler, Covie	4 Oct 1894	Baker, Willie	I/260
Herrin, Hardie B.	Wright, Zettie	20 Dec 1891	Foy, Joseph	H/461
Heygood, J. J.	Marberry, Hester G.	4 Mar 1897	Marberry, F. M.	I/587
Hickerson, Oscar	Webb, Lula	14 Apr 1899	Ross, W. W.	J/297
Hickman, J. L.	Prichard, Annie	31 Oct 1897	Hollinger, D. T.	J/52
Hicks, Grant	Powers, Robert	28 Jan 1894	Dotson, Bell	I/194
Hicks, J. M.	Hall, Nannie	31 Aug 1893	Mathews, John S.	I/130
Hilliard, William	Brazil, Martha A.	27 Oct 1889	May, W. P.	H/187
Himes, Ellick	Garner, Ellie	28 Apr 1895	Buchanan, Sam	I/340
Himes, Jas.	Young, Kittie	25 Dec 1900	Runion, Josh	J/569
Hinson, L. H.	Buchanan, Lillie D.	9 Jan 1899	Buchanan, R. M.	J/252
Hobbs, W. W.	Fowlkes, Victoria	18 Mar 1894	Hobbs, C. C.	I/206
Hogan, R. E.	Craig, Ellen	7 Feb 1899	Smith, Sam	J/272
Hogan, William	Wyly, Lizzie	1 Sep 1889	Young, J. M. C.	H/165
Hogans, Will	May, Georgie	14 Jul 1900	May, George	J/495
Hogwood, Wyly	Baker, Sarah	1 Apr 1898	Traylor, T. B.	J/121
Holderman, D. D.	Shrock, Nancy	7 Apr 1896 B	Simpson, A. D.	I/454
Holderman, Deo T.	Slonecker, Mary E.	6 Feb 1898	Few, G. W.	J/103
Holland, B. F.	Smith, M. C.	31 Dec 1894	Fuqua, P. J.	I/301
Holland, Dillard	Choat, Manda	4 Feb 1900	Norman, John	J/438
Holland, Eb	Noe, Bettie	17 Dec 1893	Brown, R. T.	I/169
Holland, Geo. W.	Smith, M. A.	11 Aug 1889	Stanfield, J. G.	H/160
Holland, Henry	Tummins, Dora	31 Oct 1894	Etheridge, Gus	I/265
Holland, Horace	Lockhart, Minnie	30 Dec 1891	Holland, R. A.	H/478
Holland, John	Baker, Mary J.	14 May 1893	Johnson, Sam	I/93
Holland, John	McCord, Jane	21 Feb 1889	Holland, R. A.	H/111
Holland, N. F.	Williams, Susie L.	8 Sep 1894	Guthrie, G. W.	I/251
Holland, R. P.	Horner, Mary J.	27 Aug 1893	Holland, R. P. Jr.	I/129
Holland, Robt.	Briggs, Mary	21 Dec 1893	Byrn, A. T.	I/171
Holland, Tom	Bivins, Mary	17 Nov 1900	Reagan, Geo,	J/545
Holleran, Mike	Craft, Sarah	3 Apr 1888	Burns, James	H/4
Hollister, W. A.	Turner, Nora L.	27 Jun 1895	Ridings, W. B.	I/353
Holloway, W. E.	Ussery, M. J.	5 May 1889	Nelson, W. D.	H/135
Holly, Wm. H.	Jackson, Maggie	15 Aug 1895	Dark, J. I.	I/370
Holmes, Albert	Lehman, Lillie	3 Oct 1899	Furgurson, Sidney	J/354
Holmes, Dorsey	McMillan, Nora	2 Dec 1896	Wynns, H. M.	I/532
Hooper, Alfred	Spicer, Hattie	30 Jun 1889	Wardy, Wm.	H/149
Hooper, D. H.	Curtis, M. C.	26 Mar 1896	Tinnel, H. W.	I/450
Hooper, H. H.	Jones, Odie	12 Sep 1897	Turner, L. W.	J/38
Hooper, J. C.	Brown, Dora	1 Sep 1889	Curtis, J. B.	H/166

GROOM	BRIDE	DATE	BONDSMAN	LOC
Hooper, J. C.	Headrick, N. C.	15 Mar 1896	Hooper, J. F.	I/447
Hooper, J. F.	Hooper, Etta	10 Feb 1895	Hooper, J. C.	I/316
Hooper, James A.	Swaney, Maude	3 Jan 1897	Tuggle, J. E.	I/561
Hooper, John J.	Pewett, Lucy E.	25 Dec 1889	Hooper, J. L.	H/216
Hooper, Noah	Hooper, Nora	4 Sep 1893	Bradley, T. J.	I/131
Hooper, W. H.	Fields, L. T.	19 Nov 1895	Fields, B. F.	I/397
Hooper, W. J.	Ennis, L. L.	5 Feb 1890	Hatcher, W. W.	H/243
Hooper, Will	Curtis, Amanda	14 Feb 1897	Ridings, W. B.	I/575
Hooten, Ed	Sterling, Mary	17 Dec 1899	Buchanan, Sam	J/382
Hooton, Henry	Rochell, Ella	4 Jan 1893	Miller, W. A.	I/51
Hoover, William	Lucas, Katie	26 Dec 1897	McCann, W. N.	J/83
Hopkins, H. Ernest	McGee, M. B.	26 May 1889	Hopkins, S. W.	H/140
Hopkins, Will A.	Davis, Mary E.	28 Jan 1900	Hopkins, R. C.	J/430
Hopper, C. D.	Moran, Annie	3 Sep 1899	Rushing, E. D.	J/340
Hopper, R. A.	Simmons, Elizabeth	7 Dec 1891	Rooker, J. S.	H/456
Hopson, George	Jefferson, Sarah Jane	16 Sep 1888	Busey, J. P.	H/45
Hornbeak, George	Stanfield, Nancy	11 Jul 1892	Toland, Tobe	H/542
Hornberger, James D.	Hooper, Nannie	20 Sep 1896	Allison, A. J.	I/500
Hornberger, W. C.	Beecham, Amelia	14 Aug 1898	Carnell, F. C.	J/172
Horner, J. V.	Smith, N. C.	18 May 1896	Bell, J. B.	I/464
Horner, John	Turner, Mattie	19 Dec 1897	McKeel, G. B.	J/76
Horner, Wm. M.	Hall, Mrs. Milton C.	18 Nov 1900	Saunders, J. G.	J/547
Howard, Fredrick King	Blessing, Mai Agnes	29 Nov 1900	MacCarty, Chas. S.	J/552
Howell, Zachariah	Wagoner, Lucy	23 Dec 1888	Jackson, W. K.	H/68
Huggins, J. J.	James, Lula	16 Nov 1892	Traylor, T. G.	I/16
Huggins, Maney	Murrell, Martha	23 Jan 1898	Murrell, J. T.	J/99
Hughes, J. Lee	Shipp, Loulie	18 Apr 1894	Hughes, A. C.	I/212
Hughes, William	Johnson, Mary	1 May 1894	Noe, W. T.	I/217
Hughey, John H.	Luten, Annie M.	29 Apr 1888	Davis, Jas. A.	H/11
Hughey, M. W.	Crowell, Mollie	30 Aug 1898	Heel, J. C.	J/177
Hughey, R. I.	Slaughter, Ellen	21 May 1895	Traylor, W. S.	I/348
Hull, John	Smith, Helen	1 Mar 1891	Eoum, R. A. M.	H/376
Hunter, A. M.	Davis, Lillie	10 Oct 1900	Brown, J. B.	J/531
Hunter, A. M.	Ethridge, Annie B.	22 Dec 1898 B	Bowman, W. E.	J/237
Hunter, Alex	Brown, Annie	8 May 1894	Mays, Hugh	I/218
Hunter, W. H.	Williamson, Julia	23 Jan 1896	White, J. P.	I/430
Hurt, Dave	Wallace, Florence	23 Nov 1897	Adams, J. H.	J/64
Hurt, John	Gray, M. A.	23 Aug 1893	Baker, B. B.	I/128
Hust, Wm.	Rooker, Mary A.	5 Nov 1891	McCrary, Jas. D.	H/445
Hust, Wm. H.	Choat, Lillie B.	18 Dec 1892	Smith, R. E.	I/28
Hutchinson, R. A.	Smith, M. A.	31 Jul 1892	Ladd, Allen	H/548
Hyde, David	McMullen, Dora	7 May 1893	Plant, Henry	I/88
Ingram, C. M.	Downey, Sallie	1 Jul 1894	Hickman, W. W.	I/232
Ingram, J. R.	Rogers, M. A.	10 Jun 1888	Ingram, C. M.	H/20
Ingram, Thomas	Gossett, Bessie	21 Aug 1898	York, Isiah	J/174
Ingram, Tom	Story, Lizzie	24 May 1896	Barnhill, Nev	I/465
Ingram, W. A.	Hooten, Rilda	11 Dec 1892	Priest, C. M.	I/26
Inman, S. C.	Davidson, S. A.	12 Aug 1894	Biffle, J. H.	I/242
Inman, W. H.	Bell, Della	2 Apr 1900	Crafton, G. M.	J/460
Inman, W. J.	Wright, Jossie	19 Apr 1893	Goodrich, D. H.	I/82
Jackson, B. F.	Dobbins, N. J.	26 Jul 1891	Inman, J. C.	H/406
Jackson, B. F.	Heath, M. J.	22 Sep 1895	Buchanan, J. H.	I/378
Jackson, J. M.	Bass, C. A.	2 Dec 1892	Bell, W. A.	I/22
Jackson, John	Emlar, Amanda	29 Jun 1891	Runions, Wm.	H/400
Jackson, R. A.	Duncan, Bettie	22 Jun 1892	McCrary, W. N.	H/535

GROOM	BRIDE	DATE	BONDSMAN	LOC
Jackson, V. L.	Sutton, Nannie	11 Feb 1890	Crim, H. C.	H/246
Jackson, Vaughn V.	Shaver, Maggie	28 Jun 1893	Goodwin, W. D.	I/99
Jacobs, C. T.	Harrison, Bertha C.	29 Jul 1899	Cearell, G. W.	J/329
Jacobs, J. N.	McCandless, Myrtle M.	22 Dec 1895	Jacobs, C. T.	I/410
James, Charles	Beasley, Eva	26 Dec 1900	Crowell, Lee	J/577
James, Daniel E. [Jones]	Tubbs, Maude L.	10 May 1898	Brogen, M.	J/138
James, Jesse W.	Holland, Mary A.	24 Dec 1891	McCann, G. P.	H/464
Jansen, Frank	Collier, Florence	24 Dec 1899	Smith, W. N.	J/397
Jaquess, James Frazier	Rogers, Marie Allie	22 Feb 1899	Kansler, Geo. S.	J/284
Jarratt, Rev. W. V.	Porter, Nannie B.	19 Jun 1892	Walker, Allen P.	H/530
Jarrell, J. R.	McCauley, Hettie	26 Dec 1888	Jarrell, T. J.	H/76
Jeffreys, Thomas	Bobbett, Mary	15 Dec 1896 B	Hollinger, D. T.	I/538
Jenkins, N. M.	Wills, Laura	16 Mar 1890	Baker, J. R.	H/257
Jewel, E.	Embley, Dove	6 Mar 1898	Rogers, J. J.	J/115
Johnican, Thomas	Allen, Alice	25 Jul 1888	Robbins, Elijah	H/36
Johnson, A. S.	Fortner, Sarah	11 Oct 1888	Russell, B. C.	H/50
Johnson, G. H.	Jones, Amelia	1 Jun 1898	Hogin, A. F.	J/145
Johnson, Hutson	Tummins, Mary	8 Aug 1895	Johnson, S. H.	I/365
Johnson, I. M.	Smith, Lula Belle	18 Dec 1895	Johnson, Wm.	I/407
Johnson, J. A.	Powers, R. C.	9 Dec 1894	Henry, J. C.	I/283
Johnson, J. D.	Moores, Lucy	9 Dec 1894	Ridings, J. I.	I/282
Johnson, J. M.	Trogden, Ada	23 Oct 1898	Hall, J. H.	J/203
Johnson, J. T.	Fergerson, L. O.	21 Jan 1894	Holland, A. J.	I/189
Johnson, J. W.	Ennis, Sarah E.	25 Jan 1891	McCollum, B. F.	H/366
Johnson, James	Peeler, Mary F.	4 Oct 1896	Johnson, Sam	I/508
Johnson, James	Wyly, Birdie	6 Jul 1896*	Graham, John	I/488
Johnson, Jim	Coach, Annie	16 Feb 1890	Sullivan, Bob	H/250
Johnson, Jno. S.	Rogers, Ella R.	11 Oct 1900	Harris, T. R.	J/532
Johnson, Joe	Wilson, Lucy	7 Nov 1895	Massey, F. M.	I/394
Johnson, Saml.	Baker, Cora	14 Jun 1891	Gunn, A. J.	H/394
Johnson, T. M.	Breeden, Amanda	6 Nov 1898	Whorley, R. J.	J/210
Johnson, Thomas	Hughey, Ellen	9 Oct 1892	Johnson, Wm.	I/9
Johnson, Tom	Woody, Ada	25 Dec 1898	Oliver, A. H.	J/239
Johnson, Tommy	Wallace, Maude	21 Apr 1900	Adams, J. A.	J/471
Johnson, W. H.	Foresee, Ellen	17 Dec 1893	May, J. H.	I/170
Johnson, W. J.	Heel, Annie	3 Jun 1894	May, J. H.	I/224
Johnson, Wm.	Adams, Lou	8 Sep 1895	Yarbrough, G. H.	I/375
Jones, Dave	Bateman, E.	5 Jul 1896	Dotson, Bob	I/477
Jones, Ed	Pewett, Mattie	16 Dec 1900	Hopkins, H. E.	J/558
Jones, H. C.	Bumpus, Ida	24 Apr 1900 B	Moore, D. M.	J/474
Jones, Isaac	May, Mary	19 Dec 1891	Luten, Elijah	H/463
Jones, Isaac	Totty, Lizzie	14 Feb 1889	May, Willie	H/110
Jones, Isaac A.	Williams, Maggie Lowe	24 Dec 1899	McClevelan, H.	J/387
Jones, J. T.	Black, L. A.	13 Jun 1897	Maberry, R. H.	J/11
Jones, Jesse W.	Mitchell, Mary A.	7 Sep 1890	Moore, W. D.	H/303
Jones, M. L.	Guthrie, Hellen	12 Feb 1890	Massy, C. V.	H/247
Jones, Nick	Luten, Amanda	11 Mar 1891	Hombeak, George	H/378
Jones, S. J.	Potter, F. E.	22 Aug 1899	Taylor, D. T.	J/336
Jones, S. P.	Allen, M. E.	24 Dec 1893	Goodwin, W. D.	I/176
Jones, Sam	Watkins, Pearl	9 Mar 1896	Yarbrough, G. H.	I/444
Jones, Sam Jr.	Fowlkes, Hattie	11 Jan 1900	Fowlkes, J. R.	J/415
Jones, W. C.	Link, Ellen	27 Feb 1894	Meadow, W. H.	I/198
Jones, Walter H.	Pruett, Emma	14 Feb 1897	Bryant, G. W.	I/577
Joyce, Joseph F.	Flanery, Mollie	18 Oct 1899	Flanary, T. N.	J/362
Kannard, George E.	Balthrop, Conie N.	17 Feb 1898	Jones, B. E.	J/111

GROOM	BRIDE	DATE	BONDSMAN	LOC
Keel, T. J.	Cathey, Josephine	25 Apr 1896	Lankford, Horace	I/459
Kelley, Richard	Davis, Linnie	8 Jun 1900	Jones, W. J.	J/486
Kelly, J. H.	Wofford, C. E.	16 Jan 1889	White, J. P.	H/94
Key, Harrison	Wallace, Nannie	4 Jun 1894	Cooley, R. W.	I/225
Kiley, John	Leonard, Bridgie	23 Feb 1895 B	Couray, Val	I/325
Kimmins, D.	Stewart, Emma	16 Dec 1894	Tinnell, John	I/290
Kimmins, W. J.	Baker, M. J.	23 Feb 1895	Tinnel, J. W.	I/322
Kimmons, J. F. E.	Baker, Ida	4 Jul 1899	Choat, J. P.	J/320
King, J. D.	Burnett, Emily	9 Sep 1894	Corbitt, Amos	I/250
King, Joe	Adams, Mattie	2 Sep 1899	Russell, Andrew	J/341
Kirkman, Bruce	Simpson, Lula	2 Dec 1894	Daniel, J. P.	I/279
Knight, Alvin	Triplette, Addie	19 Feb 1899	Knight, Genie	J/280
Knight, F. M.	Davidson, Alice	1 Aug 1894 B	Beasley, L. F.	I/238
Knight, H. C.	Davis, Sallie J.	25 Feb 1890	Vaden, G. N.	H/252
Knight, J. R.	Hatcher, Louisa	17 Sep 1891	G R. M.	H/427
Knight, James	McCauley, Cornelia	16 Sep 1894	Carter, Lewis	I/253
Knight, T. H.	Hopkins, Bessie M.	30 Sep 1894	Moore, J. H.	I/259
Knott, C. L.	Warren, Maude	26 Dec 1900	Smith, C. D.	J/568
Knouse, F. S.	White, Mary Lillian	26 Jan 1897	Ridings, W. B.	I/567
Ladd, R. P.	Shaver, Gould	20 Dec 1896	Ridings, W. B.	I/539
Lagan, Phillip Patrick	Holland, Margaret Ann	19 Oct 1897	Lagan, John	J/48
Laine, Daniel	Waggoner, Jennie	31 Dec 1891	Ragan, Wm.	H/481
Laird, A. G.	Marsh, Margaret	2 Sep 1898 B	Page, J. N.	J/179
Laird, Allen	Walker, Nannie	31 Jan 1895	Fowlkes, J. R.	I/311
Lancaster, G. R.	Fowler, Emma	21 Jan 1900	Ellis, E. S.	J/426
Lancaster, J. M.	Parchment, Ida	2 Mar 1892	Wynns, D. A.	H/502
Lancaster, Levi	McKeel, Stella	4 Mar 1894	Robbs, Elisha T.	I/199
Lancaster, T. C.	Cragg, E. D.	17 Mar 1889	Cragg, J. H.	H/117
Landers, T. G.	Gould, Annie	13 Feb 1899	Ridings, W. B.	J/274
Landis, W. D.	Harris, Fannie Pearl	30 Sep 1896	Hollinger, David T.	I/507
Lane, Eli	Shelton, Carrie	11 Nov 1894	Thomas, F. T.	I/269
Langley, Patrick	Fields, Lewella	17 Feb 1890	Feilds, H. A.	H/249
Lanier, D. W.	Anderson, Estelle	11 Jun 1898 B	Harris, H. H.	J/149
Lankford, James	Bolin, Mrs. Jennie	25 Dec 1889	Holland, S. H.	H/217
Lannone, W. D.	Marbury, Nettie	30 Oct 1893	Rogers, I. N.	I/151
Larkin, G. N.	Toland, L. B.	18 Sep 1895	Larkin, J. W.	I/377
Larkins, B. B.	Yates, Rebecca J.	15 Mar 1894	Harris, T. U.	I/205
Larkins, W. S.	Yates, Mollie	25 Dec 1900	Miller, D. E.	J/566
Lashlee, Henry	Turner, Susan	11 Nov 1894	Hayes, J. W.	I/270
Lashlee, Will W.	Stockard, M. A.	20 Jul 1892	Trotter, C. W.	H/545
Latimer, J. B.	Scoles, D. A.	26 Sep 1888	Forrest, J. G.	H/48
Lawson, Jimmie	Beecham, Emma	18 Sep 1898	Wreck, Charley	J/187
Lawson, William	McGee, Nora	25 Dec 1896	Bell, J. B.	I/556
Leaply, George	Choat, Maggie	7 Apr 1892	Matlock, Wm. H.	H/518
Ledbetter, H. M.	Shannon, Nancy	2 Sep 1897	Thomas, Jno. R.	J/37
Lee, Dorsey Putman	Fields, Dinky Ann	15 Feb 1896	Martin, Edw. E.	I/436
Lee, W. H.	McElyea, Estella	24 Dec 1890	Fairester, Jesse	H/349
Leech, Edward	Caldwell, Cora	28 Jun 1891	Matthews, B. F.	H/398
Legan, Jno.	Metcalf, Suse	5 Jan 1899	McCandlese, J. E.	J/251
Lehman, Edward	Holleran, Mary	23 May 1893	Gibbons, Joe	I/96
Lendinfield, W. H.	Phifer, Lela	17 Feb 1895	Collier, D. D.	I/318
Leonard, Thomas	Tarpey, Ellen	24 Jan 1893	Needham, John	I/58
Lescieur, B. F.	Duke, Roda	2 Mar 1892	Crafton, J. D.	H/504
Lescur, B. F.	Harden, Annie	9 Aug 1896	Bell, J. B.	I/491
Lewis, Cleyborn	Nichols, Panthia	4 Nov 1893	Summers, Bibe	I/153

GROOM	BRIDE	DATE	BONDSMAN	LOC
Lewis, Eddie	Sutton, Ella	3 Jul 1895	Vaden, J. A.	I/354
Lewis, J. W.	Daniel, Mattie	24 Jul 1892	Brigham, J. L.	H/546
Lewis, John	Waggoner, Isore	3 Jul 1888	Long, Mingo	H/26
Lindsey, James	Webb, Martha J.	31 Aug 1888	Smith, J. E. D.	H/43
Linsell, Fred	Boone, Pearle	11 Aug 1895	Pritue, R. J.	I/369
Little, Joseph	Little, Fannie	14 Feb 1897	French, Geo.	I/576
Little, W. T.	Baker, S. A.	28 Dec 1898	Young, Jas. A.	J/240
Littleton, J. T.	Stevens, S. C.	27 Mar 1892	Adams, Joseph H.	H/513
Litton, J. P.	Hailey, M. C.	8 Oct 1896	Few, D. W.	I/510
Lloyd, J. T.	Grice, Ella	27 Dec 1899	Robbins, H. C.	J/404
Lockhart, A. F.	Mallard, Addie	18 Dec 1898	Allison, J. M.	J/227
Loften, Wm.	Bates, Josie	7 Apr 1895	Fowlkes, J. R.	I/336
Lofton, Frank	Carter, Minnie	23 Aug 1895	Johnson, T. Bright	I/373
Logan, John Jr.	Tarpey, Margret	2 Mar 1897	Logan, John Sr.	I/585
Loggins, James T.	McCauley, Ethel	29 Nov 1898*	Shannon, J. F.	J/248
Loggins, R. B.	Jarrell, Mrs. M. A.	10 Nov 1889	Moore, G. B.	H/192
Lomax, John	McBride, Sevilla	21 Dec 1892	Dunn, Henry W.	I/33
Lomax, W. D.	Fowler, Emma	void	Lomax, J. M.	J/393
Long, Ben	Harris, Lizzie	15 Dec 1889	Wyly, Randle	H/206
Long, Henry	Capps, M. L.	24 Dec 1899	Brown, W. T. G.	J/400
Long, Jessie	Phifer, Janie	3 Jan 1892	Box, Lafayett	H/483
Long, Oliver	McMullen, Mary	11 Jul 1897	Thomas, F. T.	J/19
Long, Robert	Marable, Julia	6 Apr 1890	Long, Edward	H/260
Long, Whit	York, Lou	14 Sep 1890	Hall, J. H.	H/306
Loudermilk, S. L.	Powers, S. J.	29 Sep 1889	Thomas, B. R.	H/175
Lucas, Jackson	Walker, Mrs. Julia	31 May 1888	Cowen, John P.	H/17
Lucas, John	Nix, Louellen	18 Dec 1895	Carnell, M. C.	I/408
Lucas, Marcells	Barr, Effie	30 Apr 1896	Rye, H. E.	I/461
Lucas, Reddick	Roysten, Mary	12 Jan 1900	King, Joe	J/419
Lucas, Thomas	Harris, Edna	28 Jul 1898	Overall, Will	J/166
Luff, Joseph G.	Rogers, Victoria E.	10 Nov 1897	Luff, L. J.	J/55
Luff, Joseph Jr.	Fitzgerald, Maggie	4 Dec 1889	Conners, J. J.	H/200
Luffman, Geo. W.	Johnson, Mary	8 Nov 1896	Luffman, B. N.	I/517
Luffman, R. J.	Williams, Becka	18 Apr 1900	Walls, J. F.	J/469
Luffman, R. L.	Wallace, L. M.	9 Jul 1893	Wallace, M. J.	I/113
Lumsden, W. S.	Anderson, Cora A.	22 Jun 1890	McMurry, W. H.	H/282
Luten, Claude	Page, Katie	27 Dec 1900	Ethridge, J. F.	J/570
Luten, John	Dickens, Nellie	7 Aug 1900	Smith, M. T.	J/504
Luten, Robt.	May, Janie	21 Mar 1889	Perrine, J. F.	H/118
Luten, Sam	Simpson, Arcadi	4 Feb 1897	Warren, J. H.	I/572
Luten, Wesley	Howard, Sallie	14 Mar 1897	Nash, T. L.	I/591
Luten, Wyly	May, Lizzie	3 Feb 1895	Simpson, Plummer	I/312
Luther, West	Tummins, Ida	26 Apr 1891	Murrell, J. D.	H/389
Maberry, James	Smith, Ella	21 Oct 1900	Goodrich, Jake	J/536
Malcomb, Howard	Plant, Flora	10 Jan 1892	Lee, W. H.	H/475
Malcomb, John	Plant, Mattie	7 Sep 1890	Lee, W. H.	H/300
Malcomb, Sam	Fowlkes, Ethel	26 Jan 1896	Malcomb, Howard	I/431
Mallard, A. H.	Turner, T. W.	20 Feb 1895	Murray, J. P.	I/321
Mallard, G. V.	McClure, Mary E.	12 Jul 1893	Hutcherson, G. W.	I/115
Mallard, J. T.	Regan, Lillie	29 Oct 1899	McClure, W. H.	J/366
Mallard, Pat	Curtis, Ada	25 Dec 1890	Curtis, J. D.	H/348
Malugen, G. W.	Reece, N. A.	13 Mar 1890	Sam, R. G.	H/256
Malugin, G. W.	Thomas, Mattie	22 Aug 1894	Hall, R. J.	I/244
Manker, Myron W.	Lash, Mattie E.	19 Jul 1890	Seals, Alex L.	H/290
Marable, George	Long, Lou	21 Mar 1888	Victory, Joe	H/1

GROOM	BRIDE	DATE	BONDSMAN	LOC
Marable, Jno. R.	White, Lola	15 Dec 1897	Carnell, M. C.	J/73
Marable, Ollie	Hunter, Lizzie	28 May 1892	Beauregard, B.	H/525
Marable, Sam	Moran, Sarah	5 Oct 1893	Baugard, B.	I/143
Marberry, John M.	Stewart, Ida	25 Aug 1898	Thompson, J. L.	J/175
Marchbanks, Will	Arnett, Lizzie	23 Jul 1899	Durdan, J. M.	J/326
Marchbanks, William J.	Bohanan, M. A.	1 Apr 1895 B	Buchanan, Sam	I/335
Maron, M. L.	Daniel, Jannie	24 Mar 1898	Webb, J. G.	J/117
Marrs, Henry T.	Marrs, Anna	8 Jan 1895	Larkins, T. M.	I/305
Marsett, Zack	Ford, Hellen	6 Jan 1889	Miller, Dorsey	H/86
Marsh, J. M.	Walker, L. A.	9 Aug 1898	Laird, A. J.	J/171
Martin, Edward E.	Cooley, Ellen J.	14 Feb 1892	Johnson, T. Bright	H/495
Martin, R. M.	Mulliniks, Izitra T.	26 Nov 1893	Gregory, G. T.	I/161
Martin, W. C.	Ballard, Liza	1 Jun 1898	Haney, T. J.	J/144
Marvin, Charles	Conklin, Rosa	24 Nov 1896	Followell, Wiett L.	I/525
Mason, Geo.	Burghie, Jane Ann	12 Jan 1896	Martin, Ed	I/424
Massengill, W. J.	Jackson, Fredonna	22 Nov 1892	McCann, G. P.	I/17
Massey, Geo.	Lane, Jennie	8 Dec 1896	Waggoner, John C	I/534
Massey, Nolan	Britt, Blanche	8 Jan 1899	Summers, Chas. W	J/254
Mathews, A. J.	Vinyard, S. J.	5 Jul 1896	Jones, S. J.	I/479
Mathews, James H.	King, Willie	11 Feb 1894	Meadow, Jacob K.	I/197
Mathews, John	Crowell, Maggie	25 Dec 1892	Matlock, J. D.	I/34
Mathis, Huston	Taylor, M. E.	22 Jun 1893	Fowlkes, J. R.	I/109
Matlock, J. D.	Clark, A. F.	7 Oct 1894	White, Herbert W.	I/261
Matlock, J. T.	Perikee, M. E.	17 Nov 1896	Ridings, W. B.	I/522
Matlock, R. E.	Ethridge, Annie	16 Dec 1900	Matlock, C. G.	J/560
Matthews, J. T.	Odom, S. S.	19 Jul 1892	Etter, P. A.	H/544
Maxwell, Gilbert	Wilkins, Mina	5 Feb 1893	Brnn, Robert ?	I/62
May, E. L.	Hedge, Lula	23 Nov 1899	Simpson, Alvie	J/372
May, George	Easley, Cora	3 Jan 1896	Easley, Labe	I/422
May, George D.	Averett, Lucy	25 Dec 1898	Jones, B. E.	J/238
May, Henry	Knight, Floyd	11 Sep 1899	Anthony, Tom	J/346
May, J. C.	Gunn, L. A.	21 Jun 1896	Fielder, W. T.	I/472
May, Samuel J. Jr.	Tubbs, Tommie	28 Feb 1895	Ervin, H. C.	I/328
May, T. S.	Rice, M. E.	2 Oct 1890	Summers, Jas. A.	H/309
May, Thos. P.	Traylor, Ada	18 Aug 1891	Meadow, W. H.	H/413
May, W. H.	Meadow, Nannie R.	16 Jan 1890	Yates, J. P.	H/231
May, Will	Riggans, Huldy	24 Feb 1895	Forsee, S. A.	I/324
May, Willie	Price, Nicey	14 Mar 1889	Luten, Lige	H/116
Mayberry, Jerome	Devinny, Martha	1 Feb 1893	Hall, J. H.	I/59
Mayberry, Sim	Wilkins, Ida	12 Aug 1897	Simpson, Wright	J/32
Mays, Dick	Spicer, Lucy	13 Oct 1895	Simpson, Plummer	I/388
Mays, G. A.	May, L. J.	27 May 1891	McIllwain, W. H.	H/391
Mays, Mack	Riggins, Ida	4 Oct 1896	Taylor, Tobe	I/509
Mays, S. L. Jr.	Warren, Alice	11 Aug 1895	Forrest, J. T.	I/367
Mays, Sam	Lucas, Eula	27 Dec 1900	Mays, Tom	J/573
Mays, Thos. S.	Spicer, Bettie	3 Mar 1892	Mays, S. W.	H/503
Mays, Will I.	Phifer, Beatrice	2 Mar 1898	Ridings, W. B.	J/114
McAdoo, Clyde	Fowlkes, Lucile	11 Mar 1900	Sullivan, J. E.	J/452
McCain, Wm. F.	Murphrey, Mary F.	16 Jun 1895	Thomason, W. C.	I/351
McCann, J. Hugh	Wright, Annie	22 Dec 1898	Napier, E. Y.	J/228
McCann, Wm. M.	Wallam, Effie V.	1 Jan 1889	Wright, J. D.	H/82
McCasland, Samuel H.	Crowell, M. A.	5 Mar 1894	Ferguson, John T.	I/200
McCauley, C. B.	Rose, Bettie	10 Apr 1898	Moore, W. D.	J/126
McCauley, J. S.	Rudolph, Cecile	7 Jul 1896	Yarbrough, G. H.	I/482
McCauley, Will H.	Stribling, Lidia	22 Oct 1890	Corbitt, R.	H/320

GROOM	BRIDE	DATE	BONDSMAN	LOC
McCay, Will	Tubb, Francis	16 Jan 1894	Carter, Tom	I/185
McClary, T. B.	Brown, Sarah	10 Sep 1899	Bowman, C. A.	J/344
McClellan, Charley	Walker, Sarah	26 Sep 1898	Regan, George	J/195
McClennan, Walter	Reagin, Ellen	24 Dec 1896	Summers, Geo.	I/555
McCloud, Ed	Dotson, Annie	2 Jun 1899*	Jones, Wesley J.	J/312
McCloud, J. F.	Bramlett, Eliza	3 Aug 1893	Jones, O. T.	I/121
McClure, A. T.	Sealey, M. S.	25 Dec 1891	Goodman, D. D.	H/468
McClure, G. D.	Wallace, M. E.	17 Jan 1889	May, W. P.	H/93
McClure, Henry H.	Barnhill, Alice	18 Feb 1900	Mallard, Geo.	J/440
McClure, James	Rushton, Annie	5 May 1900 B	Mallard, G. B.	J/478
McClure, W. H.	Jinkins, Lizabeth	8 May 1892	Thomas, B. R.	H/522
McCollum, W. E.	Jones, Manie	20 Aug 1900	Harbison, S. A.	J/513
McCollum, W. J.	McCandlass, E. E.	26 Jan 1890	Johnson, P. P.	H/237
McCowen, Robt. A.	Moore, Mollie M.	3 Jan 1893	White, J. P.	I/49
McCrary, Dr. W. N.	Plant, Jennie	4 Sep 1892	Shannon, R. T.	I/3
McCrary, Jas. D.	Link, Odie Z.	28 Jan 1897	Hollinger, D. Terry	I/568
McCutcheon, W. H.	Chowning, T. V.	8 Jun 1893	Harris, W. W. S.	I/101
McDaniel, Ras	Ransey, Missie	13 Oct 1889	Moore, Ike	H/178
McDaniel, Virgil	Hawkins, Mary	13 Mar 1899	Napier, E. Y.	J/287
McElyea, A. T.	Washburn, M. E.	13 Feb 1890	Craige, Robt. M.	H/248
McElyea, W. R.	Davis, Dora May	12 Aug 1900	Duncan, J. T.	J/509
McGee, James A.	Boon, Bettie	7 Jan 1889	Wall, J. F.	H/85
McGee, James A.	Summers, Tennie	2 Dec 1891	McGee, Robert	H/451
McGee, John R.	Smith, Nancy	7 Jun 1890	Crim, H. C.	H/274
McGee, Marsh	Brice, Lizzie	30 Dec 1899	Brice, John	J/409
McGlyman, P. J.	Doherty, C. A.	14 Jan 1891	McCollum, D. F.	H/358
McGruder, W. H.	Daniel, Rebecca J.	8 Oct 1899	Odonly, J. H.	J/357
McIllwain, Will	Massey, Susie	24 Mar 1890	Mays, Dorsey	H/259
McKee, W. C.	Beasley, L. B.	13 Jan 1897	Nix, W. H.	I/562
McKeel, F. P.	Hite, Annie	31 Jan 1889	Hite, J. A. David	H/97
McKeel, G. R.	Cooley, Hattie	21 Jan 1899	Bryant, T. C.	J/263
McKeel, G. R.	Horner, Maggie M.	6 Mar 1892	Flanery, I. S.	H/506
McKeel, R. H.	Smith, Julia M.	28 Jul 1889	Daniel, G. M.	H/156
McKeel, Willie A.	Haney, Emma	30 Aug 1900	Smith, J. T.	J/515
McKelvey, D. H.	Glenn, May J.	12 Jul 1896	Swift, S. T.	I/484
McKnight, Z.	Goodwin, Effie	1 May 1889	Spann, W. R.	H/133
McMillan, A. D.	Carter, M. J.	18 Jan 1894	Carter, H. L.	I/186
McMillan, J. P.	Ross, Mattie M.	28 Aug 1894	Ross, A. S. J.	I/247
McNeal, E. W.	Bone, M. J.	19 Jun 1892	Fowler, G. M.	H/533
McNeely, Thomas	Bryant, Emma	2 Jul 1893	Bell, J. B.	I/112
McNeilly, J. C.	Gossett, N. E.	26 Feb 1890	Conners, J. J.	H/253
McNeilly, Thos. W.	McNeilly, Nancy E.	3 Feb 1896	Thomas, J. R.	I/433
McSweeny, Harry B.	Henley, Nora	12 Sep 1900	Seals, A. L. Jr.	J/521
McWhirter, W. A.	Moran, Margaret	7 Jan 1900	Bell, J. B.	J/406
Meadow, J. C.	Pegram, A. A.	24 Aug 1897	Meadow, T. R.	J/35
Meadow, Jacob K.	Box, Letitia Fowlkes	4 Jul 1899	Ridings, W. B.	J/322
Meadow, W. James	Curtis, Jimmie	20 Feb 1889	May, W. H.	H/112
Meatte, W. A.	Breeden, Lena Francis	12 Mar 1899	Jones, S. J.	J/286
Meddley, Walter	Rogers, Delia	26 Jul 1897	Wilkins, A. P.	J/24
Melton, D. P.	Buchanan, Sarah	8 Oct 1900	Baugard, B.	J/530
Melton, Linzy	Naylor, Nina	23 Apr 1898	Farrar, Aron	J/132
Meredith, W. H.	Curtis, E. J.	23 Nov 1890	Field, N. J.	H/328
Meriadeth, Thos.	Hoppers, Lizzie	13 Jun 1893	Meriadeth, G. W.	I/104
Merideth, D. R.	Daniel, S. L.	22 Nov 1896	Bohanan, R. M.	I/523
Merideth, G. W.	Vaden, E. E.	26 Nov 1899	Williams, J. W.	J/373

GROOM	BRIDE	DATE	BONDSMAN	LOC
Merideth, J. F.	Stewart, N. J.	5 Nov 1891	Bell, J. B.	H/444
Merideth, J. J.	Bohannan, J. A.	18 Sep 1891	Bell, J. B.	H/428
Merideth, W. H.	Parnell, M. J.	19 Apr 1900	Buchanan, S. L.	J/470
Merville, L. A.	Ferguson, Ada	28 Aug 1892	Blackwood, J. T.	H/552
Miller, Albert S.	Jones, Alice L.	10 Feb 1895	Thompson, T. J.	I/315
Miller, D.	Pewett, Lula A.	17 Sep 1891	Rogers, W. P.	H/429
Miller, D. E.	Warren, Cordelia	3 Feb 1889	Pickett, W. H.	H/103
Miller, J. W.	Daniel, J. E.	28 Mar 1889	McKeel, R. H.	H/126
Miller, Robt.	Flanery, Maggie	26 Nov 1894 B	McGuire, Terry	I/274
Miller, Rudy	Kolie, Hattie	28 Dec 1899	Keim, J. F.	J/405
Miller, T. D.	Chronister, Florence	14 Jan 1900	Gray, W. M.	J/417
Miller, W. S.	Roberts, Tennie A.	14 May 1893	Heel, J. C.	I/94
Miller, Walter, E.	Trotter, Lellie	23 Dec 1891	Blessing, C. J.	H/465
Minze, Tom	Hogan, Kate	8 Jan 1899	Shields, Richard	J/253
Mitchell, A. H.	Stanfield, Paralee	19 Jul 1888	Summers, Green	H/33
Mitchell, J. R.	Estes, Roas J.	21 Dec 1892	White, Jas. P.	I/31
Mitchell, James A.	Rogers, Maggie	2 Dec 1894	Yarbrough, G. H.	I/278
Moody, B. W.	Brown, A. C.	6 May 1890 B	Meadow, W. H.	H/269
Moody, J. M.	Gilbert, M. C.	21 Mar 1889	Brazel, W. S.	H/123
Moody, Will	Eskridge, Minnie	22 Feb 1899	Mulliniks, Claud	J/283
Moore, Ed	McCauley, Kate	23 Dec 1890	Anderson, Jim	H/344
Moore, G. B.	Canada, Lela	4 Nov 1894	McCauley, G. B.	I/267
Moore, G. F.	Sanders, Eliza	24 Dec 1896	Scott, A. G.	I/544
Moore, Ike	Rollins, Josie	7 Mar 1899	Rollins, Tanice	J/285
Moore, J. B.	Fitzgerald, Lizzie	28 Sep 1893	Luff, Joe Jr.	I/142
Moore, J. J.	Haygood, Addie	21 Dec 1892	Moore, D. M.	I/29
Moore, J. J.	Palmer, N. J.	28 Mar 1897	Perry, I. M.	I/596
Moore, J. P.	McCauley, Lamora	6 Nov 1889	Tribble, W. B.	H/191
Moore, James	Norman, Ada E.	22 Nov 1888	Tubb, Jake D.	H/56
Moore, James	Pullen, Florence A.	24 Dec 1893	May, J. H.	I/173
Moore, O. O.	Dotson, Mattie	7 May 1893	Reeves, Nelson B.	I/90
Moore, Virgel B. Jr.	Crawford, Joanna	23 Jul 1893	Moore, V. B. Sr.	I/118
Moore, W. D.	McCauley, Fannie	27 Nov 1892	Moore, J. H.	I/20
Moore, W. L.	White, S. E.	9 Jul 1893	Moore, V. B.	I/114
Moore, W. T.	Sanders, Delphia	21 Dec 1890	Wherry, W. S.	H/338
Moore, Walker	Brewer, Delia	10 Jul 1898	S J. A.	J/159
Morgan, W. M.	Hatcher, M. Evaline	8 Sep 1889	Johnson, Chas. J.	H/168
Morgan, Z.	Arnold, Lamira	20 Dec 1888	Fortner, L. R.	H/70
Morris, Mat	Goodwin, Alva	2 Dec 1894	McCrary, W. N.	I/280
Morris, Sam	Anderson, Lillie	5 Apr 1896	Rogers, J. S.	I/453
Morris, Will	Brooks, Jimmie	21 Oct 1900	Dickson, B. V.	J/535
Morrisett, George	Barnett, Allie May	24 Nov 1895	Warren, S. W.	I/398
Morrisett, J. V.	Mathews, May	25 Dec 1899	Forrester, J. W.	J/401
Morrisett, Put	Vaden, Mattie	11 Mar 1896	Frizzell, Walter	I/443
Morrisett, W. B.	Hickman, Calie	11 Dec 1898	Forester, W. D.	J/221
Morrisett, Wilson	Gouer, Minnie	17 Sep 1894	Quillin, George	I/254
Mosely, C. H.	Stewart, Mattie	15 Oct 1899	Tate, L. L.	J/359
Mosley, D. W.	Barnhill, Eddie	27 Nov 1897	Burcham, J. R.	J/66
Mulliniks, Jno. D.	Carroll, Cora	22 Sep 1897	Porch, W. A.	J/42
Mulliniks, Robt. L.	Porch, Victoria	6 Dec 1899	Whitfield, J. M.	J/377
Murphree, A. W.	Flowers, Jennie	7 Dec 1890	Fowlkes, J. R.	H/335
Murphy, William	Connelly, Mary A.	4 Sep 1889	Lehman, Joe	H/167
Murray, J. A.	Harris, Annie	14 Dec 1900	Blackwelle, J. W.	J/556
Murray, J. P.	Collier, Minnie	2 Jun 1896	Varden, John B.	I/467
Murray, R. A.	Martin, Lorena J.	15 Dec 1891	Webb, W. J.	H/459

GROOM	BRIDE	DATE	BONDSMAN	LOC
Murray, W. M.	Pemberton, Lula	23 Oct 1898	Gray, J. M.	J/200
Murrell, Benjamin	Buchanan, Martha S.	9 Oct 1890	Langford, James	H/314
Murrell, J. D.	Sanders, M. E.	1 Dec 1896	Crowell, Lee	I/531
Murrell, J. T.	Tummins, Eliza	9 May 1897	Murrell, W. G.	J/5
Murrell, W. G.	Crowell, Caline	24 Jun 1888	Stewart, J. M.	H/23
Murry, J. H.	Smith, L. C.	4 Apr 1897	Wilkins, E. P.	I/598
Murry, W. A.	Jackson, Leona	20 Jul 1890	Harmon, W. M.	H/289
Myers, Jas. M.	Mitchell, Emma	5 Apr 1891	Thomas, B. R.	H/384
Myers, W. A.	Heggood, Bell	1 Feb 1891 B	Edwards, W. A.	H/369
Napier, Henry R.	McIlwain, Mattie N.	7 Jan 1900	McAdoo, A. C.	J/413
Nash, A. S.	Rushton, Ida	16 Jan 1896	O'Guin, W. E.	I/429
Nash, R. A.	Bryant, Nannie	4 Mar 1900	Hall, J. H.	J/446
Nash, Thanyer	Luten, Levisa	1 Oct 1891	Massey, James M.	H/432
Nash, William	Luten, Nellie	10 Jun 1896	Summers, Geo.	I/470
Neal, Henry	Jones, Amanda	10 Jul 1895	Davis, Bob	I/358
Neale, H. C.	Reeves, Minnie B.	11 Oct 1893	McCracken, W. T.	I/145
Neeld, C. F.	Goodwin, Eula	17 Jun 1894	Rogers, I. N.	I/229
Nelson, Jesse Lee	Thomas, Marie A.	14 Jan 1892	Goodrich, D. H.	H/485
Nesbet, George	Hunter, Lou	11 Aug 1895	Adams, Bill	I/368
Nesbitt, G. D.	Bizwell, Carrie	24 Jan 1900	Branch, C. M.	J/428
Newberry, C. B.	Daniel, Tennie	25 May 1890	Warden, J. W.	H/271
Newberry, Charlie	Durham, Lou	23 Dec 1894	Traylor, R. L.	I/292
Niblett, J. M.	Oliver, Bettie	21 Dec 1890	Fairester, Jesse	H/341
Nichols, Jas. W.	Marberry, Jennie N.	24 Dec 1899	Gossett, Jno. M.	J/388
Nichols, Robt. L.	Avery, Eliza	9 Oct 1892	McCollum, Levi	I/6
Nickles, Lon	Wellice, Kittie	16 May 1898	Mack, Jno.	J/139
Nix, W. H.	Beasley, Dora	29 Mar 1893	Smith, George W.	I/79
Nolan, G. H.	Reeves, L. B.	24 Sep 1893	Cotham, J. H. T.	I/141
Nolon, Pat	Carroll, Mary E.	22 Feb 1898	Fentress, Geo F.	J/112
Norman, C. W.	Choat, Ann	25 Dec 1892	Taylor, C. W.	I/39
Norman, J. W.	Jones, Bettie	25 Apr 1894	Yarbrough, G. H.	I/214
Norman, R. M.	Brewer, M. T.	26 Nov 1888	Moore, J. N.	H/58
Norman, R. M.	Moore, Callie	6 Sep 1896	Quillen, George	I/498
Norman, W. D.	Read, Rosell	28 May 1898	Hooper, John	J/142
Norman, W. T.	Mallard, M. I.	9 Aug 1896	Turner, S. E.	I/492
Norres, W. J.	Choat, Docia	16 Dec 1894	Ridings, J. I.	I/288
Nunley, Riley	Waggoner, Florence	26 Dec 1895 B	Warren, J. W.	I/417
Nunnelly, W. R.	Anderson, Ludie	29 Apr 1894	Sanders, F. S.	I/215
O'Connor, R. L.	Griffin, Emma	20 Aug 1900	Carroll, R. M.	J/512
O'Dell, Sam	Collier, Lee	11 Apr 1900	Wheeler, W. E.	J/467
O'Donnelly, James	Lomax, Edna	14 Dec 1890	Fowlkes, J. R.	H/336
O'Shaughnessy, Thomas	Oakley, Bettie	void	Traylor, W. S.	H/443
O'Sullivan, H.	Townsell, Tildy	22 Sep 1895	Obarr, Wm.	I/379
Oakley, Ben	McMullin, Anna	28 Jul 1896	Plant, Harry	I/489
Obarr, B. F.	Vanhook, Maude	23 Dec 1896	Porch, W. A.	I/548
Obarr, J. W.	Porch, Sallie L.	27 Apr 1890	Obarr, William	H/268
Obarr, Wm.	Pace, Mrs. Tennessee	2 Dec 1900	Hedge, Jno. H.	J/550
Oguin, W. D.	Larkin, Willie	20 Mar 1889	McMurry, A. P.	H/121
Oguin, W. E.	Hedge, L. L.	27 Jan 1889	Hobbs, Vin	H/101
Oldfield, W. M.	Jones, Mettie	22 Sep 1898	Lovell, Geo.	J/194
Osburn, M. C.	Washburn, Lucinda	2 Oct 1889	Jett, D. S.	H/177
Overall, Lee	Orr, Tomie	10 Jun 1899	Massey, C. W.	J/313
Overall, Willie	Harris, Pearl	16 Jul 1896	Long, Oliver	I/485
Owen, Ed R.	Dotson, Lula	25 Oct 1888	Owen, W. H.	H/52
Owens, J. M.	Baker, Alice	9 Dec 1888	Owens, E. R.	H/64

GROOM	BRIDE	DATE	BONDSMAN	LOC
Owens, James	Flowers, Sallie	8 Aug 1900	Williams, H. A.	J/503
Owens, Jesse R.	Stewart, Lizzie	11 Aug 1889	Owens, C. C.	H/159
Owens, W. H.	Priest, Martha A.	26 Dec 1889	Bryant, W. B.	H/219
Pace, J. J.	Smith, Mattie	9 Sep 1889 B	none	H/169
Page, A. M.	Meadow, Willie	26 Dec 1897	Landers, T. G.	J/85
Page, Daniel	Bryant, M. A.	5 Feb 1893	Rushing, W. M.	I/60
Page, J. D.	Bryant, Fannie	7 Oct 1896	Duke, N. C.	I/511
Page, J. N.	Bowman, Delia	28 Feb 1892	Pemberton, W. B.	H/499
Palmer, Junius M.	Sanford, Ella	20 Jun 1888	Turner, Henry	H/21
Palmer, T. P.	Glenn, Lonnie	18 Jun 1890	Latimer, J. A.	H/281
Palmore, R. B.	Woolverton, M. A.	23 Dec 1894	Neblett, J. M.	I/294
Palmore, W. L.	Woolverton, A. H.	17 Jan 1897	Heel, J. C.	I/563
Parchman, Jere	Greer, Mary	15 Feb 1891	Heel, J. C.	H/373
Parker, W. E.	White, Ollie	28 Oct 1900	Ferguson, T. W.	J/539
Parkman, James	Regan, Francis	31 Aug 1890	Luton, Elijah	H/301
Parks, H. L.	Jones, Annie E.	13 Mar 1900	Thomas, J. R.	J/454
Parnell, Gus	Goodwin, Ida	28 Dec 1897	Hollinger, D. T.	J/88
Parnell, J. R.	Nunnalley, M. A.	16 Feb 1892	Fowlkes, J. R.	H/496
Parnell, N. F.	Bohannan, N. J.	7 Feb 1889	Bohannan, R. M.	H/105
Parnell, N. F.	O'Barr, W. F.	15 Jun 1893	Parnell, R. N.	I/105
Parnell, S.	Batton, E. R.	8 Jan 1896	Porch, John	I/423
Parnell, Thomas L.	Batton, Annie	31 Jul 1899	Bohanan, T. M.	J/330
Parnell, W. J.	Davis, M. J.	1 Jan 1891	Bohanan, R. M.	H/351
Parnell, W. M.	Smith, Dora A.	15 Nov 1896	Parnell, S.	I/512
Patrick, J. H.	Hutson, Eliza	1 May 1889	Collier, D. D.	H/134
Patrick, J. J.	O'Dell, Nellie	23 Jul 1893	Owens, S. O.	I/117
Patterson, Gus	McCrary, Cordelia	20 Dec 1888	none	H/69
Patterson, J. W.	Rumsey, Mary	16 Sep 1900	Meadow, W. H.	J/523
Patterson, Joel B.	Winstead, Florence	26 Nov 1896	Patterson, J. W.	I/526
Patterson, John	Edwards, Laura	11 Aug 1897	Patterson, J. B.	J/33
Patterson, W. T.	Smith, Mattie E.	19 May 1892	Parnell, N. F.	H/524
Patterson, Willie D.	Edwards, Dollie W.	25 Dec 1898	Hudson, R. A.	J/242
Payner, A. R.	Jackson, N. E.	3 Apr 1888	Scott, T. F.	H/3
Pearl, J. H.	Rogers, Dixie	24 Dec 1899	Carnell, R. C.	J/399
Pemberton, S. L.	Sanders, Edna	25 Jan 1899	Pemberton, W. B.	J/264
Pendleton, Frank S.	Phillips, Alice S.	19 Sep 1898	Turner, C. W.	J/192
Perkins, Samuel	Brown, Lula	4 Dec 1892	Shaw, James A. B.	I/23
Perry, Horace	Slaughter, Minnie	31 Dec 1897	Brigham, I. J.	J/80
Perry, J. H.	Arnold, Katie	5 Mar 1896	Ridings, W. B.	I/442
Perry, J. W.	Mitchell, Mary E.	3 Jul 1891	Stevens, C. H.	H/401
Peterson, G. B.	Bigham, Maggie	10 Apr 1898	Forrest, J. T.	J/123
Petty, C. A.	Latty, Sallie	27 Dec 1894	Haney, T. J.	I/293
Petty, Henry	Holt, Mrs. Mattie	13 Jul 1888	Williams, A. J.	H/31
Petty, Rufus	Odam, Leona	26 Jun 1892	Carnell, R. C.	H/536
Pewett, Geo. M.	Johnson, Sallie	28 Jul 1895	Prewett, J. W.	I/361
Pewett, Robt. B.	Teas, Ida E.	5 Feb 1890	Taylor, James H.	H/241
Pewett, S. W.	Roberts, N. A.	28 Feb 1895	Miller, Davis	I/327
Pewett, Thos. H.	Cotham, Tinie	15 Oct 1893	Nolan, G. H.	I/147
Phifer, Albert	Richardson, Annice	18 Apr 1897	Phifer, Chance	I/600
Phifer, Chance	Summers, Babe	28 Aug 1894	Plant, Henry	I/246
Phifer, Harris	Ellison, Ellen	20 Aug 1891	Shaver, N. C.	H/415
Phifer, Mayfield	Goodlow, Mattie	24 Oct 1898	Westfield, Lannie	J/204
Phifer, T. P.	Brown, Georgie	2 Jul 1899	Box, M. O.	J/319
Phillips, R. H.	Plant, Della	28 Jan 1899	Ridings, W. B.	J/267
Phillips, Samuel	Mathews, Sallie A.	23 Jan 1898	Mathews, J. H.	J/100

GROOM	BRIDE	DATE	BONDSMAN	LOC
Pickard, J. D.	Dunn, Dice	6 Dec 1896	Williams, T. D.	I/533
Pickard, J. F.	Dunn, M. E.	19 Feb 1893	Tanksley, J. B.	I/66
Pickett, W. H.	Forrester, Belle	31 Aug 1890	Lee, W. H.	H/299
Pilcher, Alex B.	Mitchell, Lavinia	void	Jurney, C. E.	I/209
Plant, Charley	Barnett, Stella	2 Mar 1895 B	Duncan, W. A.	I/329
Plant, Eugene Thomas	Goodwin, Laura Anne	23 Apr 1899	Duncan, W. A.	J/298
Plant, Henry	Carter, Hester	28 Aug 1894	Knight, James	I/245
Plant, James	Douglas, Mariah	21 Nov 1896	Rye, H. E.	I/524
Plant, Walter	Davis, Lela	3 Oct 1897	Russell, William	J/45
Plant, Will	Myers, Dora May	3 Sep 1900	Simpson, Hugh	J/517
Poland, Thomas	Taylor, Lou	12 Jan 1898	Fortner, Will	J/93
Porch, B. F.	Brown, N. A.	22 Dec 1889	Etheridge, Allen	H/212
Porch, Felix	Priest, Jennie	29 Jan 1896	Choat, V.	I/432
Porch, H. T.	Reeves, Mamie	30 Aug 1900	Anderson, J. F.	J/516
Porch, James D.	Hannah, Lilla	2 Nov 1898	Porch, W. A.	J/208
Porch, John F.	Scott, Sallie Gould	17 Feb 1897	Bowman, Thos. F.	I/578
Porter, J. K.	Owens, M. A.	30 Apr 1893	Daniel, J. N.	I/85
Porter, Will	Wilson, Lucy	19 Dec 1889	Bogard, B.	H/211
Poston, Ed	Wall, Lizzie	28 Apr 1900	Smith, N. E.	J/476
Potter, Robert L.	Edwards, Emma F.	11 Feb 1896	Potter, Marshal N.	I/435
Potts, John T.	Pendergast, Lula	24 Dec 1895	McCutchen, W. H.	I/413
Powers, J. T.	Foresee, Ora	18 Oct 1899	Mulliniks, Kirk	J/361
Powers, Lem	Woolverten, M. C.	23 Dec 1900	Sherrod, A. J.	J/567
Powers, Robert	Hicks, Grant	void	none	I/193
Prater, Joe	Wilhite, Annie	25 Mar 1897	Baker, A. N. F.	I/595
Price, Andy	Ward, Cinda	31 Jul 1894	Luff, L. J.	I/237
Price, John	Easley, Ida	27 Jul 1899	Adams, Ben	J/327
Price, John	Crockett, Lonie	21 Dec 1892	Knight, Henry	I/32
Price, John A.	Lee, Susan J.	5 Jul 1891	Lemasters, J. N.	H/402
Price, Monroe	Jones, Mollie	24 Dec 1896	Hines, Thomas	I/554
Prichard, G. H.	Bowen, Mrs. Pricilla	13 Feb 1899	Meadow, T. R.	J/276
Province, J. F.	White, Lula	29 Dec 1891	Carter, James	H/479
Pruett, Arnett	Ballard, Alma	21 Jan 1900	Ingram, C. ?	J/425
Pruett, C. J.	Wright, Sarah J.	12 Sep 1897	Baker, J. D.	J/39
Pruett, D. H.	Phebus, Emma	1 Mar 1891	Taylor, J. H.	H/377
Pruett, G. H.	Hailey, Sarah E.	20 Dec 1891	Roberts, S.H.	H/460
Pruett, G. W.	Baker, Louisa	28 Oct 1894	Pruett, L. H.	I/262
Pullen, H. H.	Sanders, Lula A.	30 Oct 1890	Young, J. A.	H/323
Pullen, John E.	Scott, Delia	2 Dec 1891	Shannon, R. T.	H/453
Qualls, W. I.	Brake, Callie	26 Dec 1897	White, B.	J/84
Quillen, George	Gowers, Eliza	15 Nov 1891	Daniels, J. H.	H/448
Quillen, Tom	Rooker, Ida	29 Nov 1896	McCrary, Jas. D.	I/527
Ragan, George	Wyly, Mirenda	21 Jun 1896	Haney, T. J.	I/474
Ragan, George N.	Hatcher, Katie	9 Feb 1898	Reeves, N. B.	J/106
Ragan, John	Burghie, Susie	5 Jan 1893	Walker, G. W.	I/53
Ragsdale, R. R.	Wills, R. Dora	11 Apr 1897	Summers, G. B.	I/599
Raines, Jno. H.	Rice, Eula	3 Dec 1899	Knight, T. H.	J/375
Ramsey, Ben	Stennett, Queen	19 Apr 1894	Fowlkes, J. R.	I/211
Raney, D. E.	Steward, M. A.	5 Nov 1894	Daniel, R. T.	I/266
Raney, S. J.	Parnell, Lula	24 Dec 1896	Ray, W. F.	I/543
Ratford, James	Cole, Nancy A.	27 Jun 1896	Priest, E. S.	I/475
Ray, W. P.	Adams, M. J.	29 Nov 1888	Williams, Jas. S. N.	H/60
Reece, Clim	Laird, Mattie	11 Sep 1899	Russell, F. R.	J/345
Reece, J. M.	Mayberry, E. C.	15 Mar 1893	Biffle, J. H.	I/75
Reeves, Elvie	Porch, Allice	24 Jan 1900	Porch, H. T.	J/427

GROOM	BRIDE	DATE	BONDSMAN	LOC
Reeves, James	Lomax, Lillie	14 Mar 1897	Coleman, W. M.	I/592
Reeves, McFerrin,	Wyatt, Mary	17 Jul 1898	Swader, J. A.	J/162
Reeves, Nelson B.	Bowman, Etta	9 Aug 1898	Napier, E. Y.	J/170
Reilly, Joe	Kee, Mollie	3 Jul 1896	Hollinger, D. T.	I/478
Reniger, John N.	Crafton, Nancy E.	30 Dec 1894	McCann, W. M.	I/302
Rhodes, R. E.	Norris, Daisey	17 May 1898	Ridings, J. P.	J/140
Rhodes, Rufus	McWilliams, Ada	10 Jun 1888	Harriss, James M.	H/19
Rice, A. S.	King, Lillie	26 Sep 1897	Miller, W. A.	J/43
Rice, G. B.	Stewart, Annie	6 Dec 1894	Larkin, Geo. N.	I/281
Rice, J. M.	Sanders, Emma	21 Aug 1889	McCrary, Louis	H/161
Rice, W. P.	Sanders, Ida	25 Dec 1898	Young, Jas. A.	J/241
Richardson, B.	Turner, Jennie	23 Nov 1898	White, W. W.	J/215
Richardson, Clark	Miller, Willie	21 Jul 1889	Andrews, J. L.	H/154
Richardson, John	Nash, Mary	5 Jul 1896	Nash, Wm.	I/480
Richardson, John	Totty, Alice	9 Aug 1888	O'Guin, J. P.	H/41
Richardson, Loren	Tidwell, Della	5 Jun 1892	Goodwin, J. T.	H/528
Richardson, Saml.	Crowell, Mattie	21 Jun 1896	Richardson, W. T.	I/473
Ridgeway, James	Valentine, Edna	15 Dec 1892	Beauregard, B.	I/27
Ridings, D. C.	Edwards, Lula	25 Apr 1897	Ridings, W. B.	J/2
Ridings, E. W.	Carlton, Dannie	18 Feb 1890	Sizemore, C. R.	H/251
Ridings, G. D.	Trotter, S. A.	8 Feb 1891	Stockard, E. G.	H/372
Ridings, J. I.	Clark, Jessie May	27 Oct 1898	Ridings, W. B.	J/206
Ridings, R. F.	Davis, Minnie	22 Sep 1892	Ridings, J. I.	I/5
Ridings, W. J.	Fowler, Lula	25 Dec 1898	Ridings, W. B.	J/235
Riley, Nunnelly	McCrary, Nora	23 Oct 1898	Russell, Thos.	J/201
Ritchey, A. F.	Loftis, Maggie	20 Jan 1900	Adams, Wm.	J/424
Robbins, H. C.	Brown, Ora	9 Apr 1899	Lloyd, J. T.	J/295
Robbins, T. E.	Dyer, M. C.	9 Jul 1888	Driver, John M.	H/28
Robbs, Elisha	Lancaster, Hannah	1 Mar 1891	Collier, Elvis	H/375
Roberts, G. R.	Givens, Ella	26 Jul 1898	Smith, J. B.	J/165
Roberts, Houston	McPherson, Maude	12 Dec 1893	Pearce, Thomas	I/167
Roberts, J. F.	Bowen, Mary M.	12 Dec 1889	May, W. H.	H/205
Roberts, J. F.	Rogers, Ada E.	16 Apr 1893	Miller, W. S.	I/83
Roberts, W. M.	Roberts, A. A.	25 Sep 1889	Vanhook, D. G.	H/174
Roberts, W. O.	Page, Mary F.	14 Jan 1894	Johnson, W. J.	I/183
Robertson, A. H.	Hatcher, Rittie	22 Jan 1899	Ragan, G. M.	J/260
Robison, Charley M.	Etter, Eliza A.	8 Dec 1895	Larkins, T. M.	I/404
Rochell, J. F.	Hooten, Eva	9 Mar 1893	Phebus, J. L.	I/73
Rochelle, Ben J.	Cooley, Edna May	21 Jul 1899	Binkly, Albert	J/325
Rochelle, Wm. L.	Cooley, Hester	27 Dec 1900	Corbitt, C. H.	J/580
Rogers, George W.	Hadley, Stella B.	6 Nov 1892	Dolan, Tom	I/15
Rogers, H. H.	James, Ollie B.	29 Nov 1896	Dunnagan, G. B.	I/528
Rogers, Hugh Lee	Luten, Mary Jane	14 Nov 1897	Harris, H. H.	J/56
Rogers, I. N.	Turner, Lucie L.	25 Mar 1898	Beasley, Geo. M.	J/118
Rogers, J. J.	Runions, Lizzie	11 Mar 1900	Shannon, J. T.	J/453
Rogers, James W.	Miller, Jennette M.	7 Mar 1900	Rogers, Jno. L.	J/448
Rogers, Jesse E.	Beazley, Caline	29 Mar 1888	Hall, J. H.	H/2
Rogers, R. H.	McGee, Ollie	24 Nov 1889	Yates, Robt. A.	H/197
Rogers, S. A.	Lockhart, Kittie	5 Feb 1895	Carnell, M. C.	I/314
Rogers, Wm. R.	OGuin, Mollie	15 Apr 1888	Rogers, J. N.	H/7
Rollins, Tom	Allen, Maggie	28 Feb 1900	Chambers, Wittie	J/445
Rose, L. B.	Turberville, Sarah	14 Oct 1889	Kimmons, N. J. ?	H/180
Ross, B. S.	Wood, M. L.	11 Jun 1893	Rogers, S. A.	I/102
Ross, J. W.	Smith, Mollie	2 Sep 1894	Ross, A. S. J.	I/248
Ross, Lee	Craig, Zudie	18 Dec 1898	Warden, Walter	J/223

GROOM	BRIDE	DATE	BONDSMAN	LOC
Ross, S. B.	Hagler, Alice E.	11 Jul 1897	Woods, T. J.	J/18
Rudolph, D. C. Jr.	Hopkins, Cecil	14 Feb 1893	Mathews, James H	I/64
Runions, H. F.	Wallace, Mattie	29 Jul 1894	George, Sam	I/236
Runions, J. H.	Etheridge, Ida	7 Jul 1895	Jewell, J. W.	I/356
Runions, Walter	Reece, Rena	29 Sep 1895	Runions, J. H.	I/380
Runions, Walter	Wright, Cashie	8 Oct 1898	Shipp, Len L.	J/199
Runyons, Ike	Smith, Maude	22 Oct 1898	Pace, W. W.	J/198
Rushing, E. D.	Williams, Minnie	15 Jul 1900	Stewart, W. J.	J/494
Rushing, Sam	Totty, Emmie	20 Sep 1896	Rushing, W. W.	I/502
Rushing, Virgil A.	McCann, Stella	15 May 1895	Cowerdin, R. P.	I/345
Rushing, W. W.	Totty, A. L.	2 Dec 1894	Jewell, J. W.	I/276
Russell, Andrew	Crockett, Rebecca	17 Dec 1899	Sharp, W. H.	J/381
Russell, Ben	Merryman, Callie	27 Dec 1892	White, J. P.	I/35
Russell, J. H.	Cotton, Mrs. Edny	6 Jan 1889	Campbell, J. H.	H/89
Russell, James	Johnson, Ollie	25 Jul 1891	Hall, J. H.	H/407
Russell, John	Jones, Bobbie	18 Dec 1898	Brown, Jim	J/226
Russell, Mark	Dudley, Pearl	14 Sep 1899	Priest, Charley	J/348
Russell, William	Waggoner, Nora	7 Sep 1893*	Thomas, B. R.	I/134
Sandefur, John H.	Shelton, Eva	1 Jun 1890	Bone, J. T.	H/273
Sanders, Andrew	Horner, Mattie	22 Jan 1895	Mathews, J. H.	I/309
Sanders, D. H.	Raney, D. I.	21 Dec 1890	Moore, W. T.	H/337
Sanders, E. C.	Gunn, Annie	19 May 1895	Larkin, G. N.	I/349
Sanders, J. P.	Hailey, S. A.	1 Jan 1898 B	Bowman, C. A.	J/92
Sanders, J. P.	McMackins, Ada	25 Dec 1898	Baker, A. D.	J/233
Sanders, W. A.	May, Lela Belle	19 Dec 1900	Sanders, Mason	J/561
Sandiford, G. H.	Dotson, Rachiel	25 Dec 1892	Adams, J. A.	I/42
Saunders, Chas. P.	Plant, Stella	25 Dec 1900	Plant, Will	J/574
Scanlon, Thomas	Stanford, Maggie	16 Aug 1893	Scanlon, W. H.	I/125
Schafer, David	Pickett, Ellen	4 Sep 1891 B	Meadow, T. R.	H/418
Scholes, F. N.	Hooper, L. J.	5 Apr 1891	Grice, J. D.	H/386
Scholes, S. H.	Cullum, M. E.	22 Feb 1893	Summers, J. H.	I/69
Scott, B. F.	Clark, L. J.	4 Feb 1891	White, W. L.	H/370
Scott, Jesse	Dobbins, Jane	4 Feb 1900	Buchanan, Sam	J/433
Scott, W. C.	Sims, Anie	2 Jul 1894 B	Byrn, Jessie L.	I/233
Scott, Will	Cragg, Hettie	26 Dec 1900	Warren, Jim	J/575
Scott, Will	Gallagher, Katie	21 Mar 1897	Hooper, W. H.	I/594
Scruggs, John	Taylor, Sylvesta	8 Mar 1897	Russell, Andrew	I/588
Scurlock, Thos. H.	Daniel, Mary	12 Jul 1897	Traylor, W. S.	J/20
Seets, G. W.	Lewis, Parlee	14 Oct 1897	Daniel, Jno. W.	J/49
Sensing, Zorah E.	Gossett, Mary	24 Dec 1899	Heard, T. R.	J/386
Shannon, J. J.	Wilhite, Josie B.	13 Jun 1897	Tankersley, J. B.	J/10
Shaver, J. D.	Brown, Maggie	5 Jul 1896	Talley, John	I/481
Shaver, J. L.	Calvin, Arada	8 Jan 1891	Hall, J. H.	H/357
Shaver, Peter	Brown, Lena	13 Mar 1892	McCann, J. H.	H/511
Shaver, Wyly	Johnson, Cora	31 Dec 1896	Shaver, W. H.	I/560
Shaw, Fletch	Murry, Lizzie	8 Oct 1899	Smith, W. T.	J/356
Sheeles, Rich	Minns, Amanda	30 Jul 1898 B	Beech, Jack	J/168
Shelton, A. G.	Moore, Katie	25 Oct 1898	Norman, T. J.	J/152
Shelton, J. A.	Jackson, Nannie	28 May 1894	Harris, T. U.	I/223
Shelton, Thomas	Jeffreys, Mary	5 Apr 1898	Polk, W. F.	J/124
Sherrell, James	Buchanan, Susie	17 Oct 1899	Sherrell, C. D.	J/360
Sherrell, Thomas	Williams, Annie S.	16 Mar 1891	McCollum, B. F.	H/380
Sherridan, Fred	Atkerson, Dora	22 Nov 1897	McAdoo, T. M.	J/65
Sherrod, G. T.	Lott, Mollie	5 Nov 1899	Curtis, E. W.	J/370
Shoe, Henry Hill	Martin, Annie	5 Sep 1891	Gregory, G. L.	H/420

GROOM	BRIDE	DATE	BONDSMAN	LOC
Simmons, P. J.	Webb, Martha	15 Jul 1900	Mitchell, James A.	J/491
Simmons, T. J.	Mitchell, Sarah E.	2 Aug 1890	McCauley, J. J.	H/294
Simpson, A. B.	McMurry, Kittie	11 Nov 1894	Simpson, John N.	I/268
Simpson, L. T.	Gunn, Bessie Emma	10 Dec 1896	Ridings, W. B.	I/535
Simpson, W. D.	Vaden, Annie	4 Sep 1898	Pewett, J. E.	J/180
Sims, Rube	Morrison, N. M.	12 Jan 1891 B	Sherrod, J. W.	H/360
Singleton, H. E.	Jackson, Sissie	16 Jul 1890	George, L. P.	H/287
Sivles, M. V.	Breden, Quilla	11 Jun 1889	Breeden, W. H.	H/144
Sizemore, S. B.	Wannamaker, Jennie	29 Nov 1888	Choat, Rufus	H/59
Slaughter, Wm.	Hughey, Lydia	16 Mar 1899	Slaughter, Jim	J/289
Slayden, James H.	Pickard, Willie J.	17 Jan 1894	Sullivan, W. C.	I/187
Slonecker, David B.	Kestler, Delpha R.	2 Feb 1898	Few, G. W.	J/102
Slonecker, J. J.	Seals, Grace	4 Feb 1900	Halderman, D. T.	J/435
Smith, Andrew J.	Prichard, Jennie	9 Jan 1890	White, W. Lee	H/225
Smith, B. F.	Bateman, C. D.	14 Mar 1894	Hooper, T. B.	I/203
Smith, E. T.	Hooper, L. R.	7 May 1899	Smith, B. F.	J/299
Smith, Edgar	Bird, Alice	12 Sep 1900	Smith, J. T.	J/522
Smith, Edward	Miller, Nancie	1 Jan 1890	Chance, J. D.	H/221
Smith, G. W.	Gray, Maggie	3 Oct 1900	Smith, J. E.	J/526
Smith, Geo. W.	Beasley, Mary	26 Nov 1891	McCann, G. P.	H/449
Smith, H. C.	Rollins, Nettie	10 Dec 1893	Johnson, T. Bright	I/166
Smith, Henry	Durham, Annie	29 Oct 1899	Hollinger, D. T.	J/365
Smith, J. B.	Bass, Mollie	11 Jan 1900	Gray, W. M.	J/416
Smith, J. B.	Stringer, Alice	12 Sep 1898	Mathews, J. H.	J/185
Smith, J. H.	Johnson, Mary	21 Nov 1897	OGuin, W. E.	J/62
Smith, J. M.	Grimes, R. C.	14 Oct 1891	Medow, T. R.	H/437
Smith, J. M.	Peeler, N. E.	11 Jan 1900	James, Aron	J/418
Smith, J. T.	Gibbons, S. C.	6 Jul 1892	Smith, W. D.	H/537
Smith, James	Mays, Lucy	27 Dec 1900	Mays, Tom	J/578
Smith, Jasper N.	Rogers, Cyntha A.	22 Sep 1889	Bell, J. B.	H/172
Smith, John	Norman, Nora	28 May 1893	Chote, J. P.	I/98
Smith, L. F.	Brandon, Nancy A.	6 Jan 1889	Pack, W. F.	H/87
Smith, M. L.	Mayberry, Josie	24 Dec 1896	Haile, R. N.	I/542
Smith, M. S.	Webb, O. B.	6 Feb 1898	Curtis, R. J.	J/105
Smith, R. E.	Hooper, Dicy	27 Dec 1889	Cole, Matt	H/220
Smith, R. W.	Wooten, M. J.	17 Apr 1896	Warren, S. W.	I/457
Smith, Robert	Hughey, Cora	12 Dec 1897	Mathews, J. H.	J/70
Smith, S. L.	Beasley, R. E.	9 Oct 1895	Hollinger, D. T.	I/386
Smith, S. W.	Wheeler, M. A. E.	24 Mar 1889	Hall, P. M.	H/122
Smith, T. W.	Crowell, Florence	16 Feb 1899	Thompson, J. L.	J/279
Smith, Tony	Anthony, Ella	23 Aug 1891	Porter, J. K.	H/417
Smith, W. D.	Batton, Cora E.	27 Mar 1898	Merideth, J. F.	J/119
Smith, W. D.	Fuqua, Savannah	27 Dec 1888	McMurry, S.W.H.	H/74
Smith, W. L.	Spence, D. A.	16 Dec 1899	Fortner, Will	J/380
Smith, W. N.	Allen, M. E.	25 Nov 1894	Smith, G. T.	I/272
Smith, William	Godwin, N. C.	6 Aug 1888	Gatlin, Jesse D.	H/40
Smith, Wm.	Johnson, Carrie	30 Jul 1900	Hays, Hugh	J/501
Snelling, George	Parker, Pauline	16 Apr 1900	Overall, Willie	J/468
Spann, W. R.	McCann, Mettie	9 Jan 1889	McKnight, Z.	H/90
Sparks, D. G. W.	Norman, L. F.	31 Oct 1889	Shannon, R. T.	H/189
Sparks, J. E.	Rice, M. O.	15 Jul 1894	Choat, John	I/235
Spence, Eddie	Crowell, Cora	21 Sep 1900	Clemons, Scott	J/525
Spence, Isaac L.	Sullivan, Eula	20 Jan 1897	Turner, C. W.	I/565
Spencer, G. W.	Luten, P. C.	19 Dec 1891	Moore, J. J.	H/462
Spencer, J. A.	Davis, Nina	21 Dec 1898	Moore, G. L.	J/229

GROOM	BRIDE	DATE	BONDSMAN	LOC
Spicer, Ben	Ford, Anna	18 May 1893	Mack, John	I/95
Spicer, Cave	Bradley, Maggie	28 Dec 1897	Spicer, Mack	J/86
Spicer, Jno.	May, Eunice	9 Sep 1900	Brown, Robert	J/520
Spicer, John	Moran, Lizzie	23 mar 1890	Adams, Joseph	H/258
Spicer, Mack	May, Mollie	25 Apr 1897	Wardy, Wm.	J/3
Spicer, Sam	Shipp, Mollie	3 Jan 1893	Summers, Bibe	I/46
Springer, Dorsey	Lasca, Martha	26 Feb 1900	Springer, John	J/444
Springer, John	Regan, Willie Ann	11 Jan 1896	Haney, Tom J.	I/426
Stanfield, James	Davis, Gipsey	6 Feb 1894	Hayes, R. H.	I/196
Stanfield, Lin	Duncan, Pearl	5 Jun 1898	Hogin, A. F.	J/134
Stanford, J. H.	Daniel, Mary E.	25 May 1892	McCann, G. P.	H/521
Stephany, Nicholas	Brannon, B. A.	28 Dec 1893	Connelly, J. N. J.	I/177
Stephens, M. S.	Adams, Lowis	10 Feb 1889	Adams, Joseph	H/104
Steward, J. L.	Slaughter, Jenie	2 Jan 1898	McAdoo, J. M.	J/91
Stewart, A. D.	Morris, Sallie	19 Jan 1890	Franklin, G. B.	H/230
Stewart, A. J.	Reeves, Lillie	8 Jun 1896	Lanier, Dewitt	I/469
Stewart, Calvin	Marberry, Pearl	6 Nov 1892	Stewart, J. K.	I/14
Stewart, D. B.	Shaw, Mattie	1 Feb 1899	Smith, J. B.	J/270
Stewart, Dolfred	James, Mollie	29 Jul 1897	Pruett, G. H.	J/25
Stewart, J. E.	Owens, Mollie A.	31 Jul 1890	Oakley, J. B.	H/291
Stewart, J. J.	Baker, L. E.	9 Sep 1891	Stewart, J. D.	H/423
Stewart, J. K.	Padget, Sallie	17 Jan 1895 B	Turner, W. D.	I/306
Stewart, J. T.	Kimmons, L. S.	22 Nov 1889	Choat, Joe	H/196
Stewart, Jno. A.	Bivens, Tenny	25 Nov 1898	Thompson, J. L.	J/216
Stewart, John L.	Crowder, M. L.	4 Aug 1897	Stewart, Willie P.	J/27
Stewart, W. B.	Sanders, Laura	11 Jan 1899	Pemberton, S. L.	J/256
Stewart, W. H.	Sanders, Mary Willie	22 Dec 1897	Stewart, W. B.	J/78
Stewart, W. J.	Williams, Alice B.	5 Jan 1898	Bowman, J. J.	J/81
Stewart, W. P.	Weatherspoon, F. E.	27 Jan 1895	Weatherspoon, W.	I/310
Stewart, Will	Wherry, Sophia	28 Oct 1900	Bowman, C. A.	J/538
Stinson, J. J.	Williams, Ida	19 Dec 1895	Gibbons, J. F.	I/406
Stockard, A. C.	Traylor, Babe	7 Jul 1895	Ridings, W. B.	I/357
Storie, J. G.	Moton, Emma	16 Aug 1891	Russell, D. H.	H/410
Storie, W. C.	Russell, Mrs. Margaret	15 Dec 1889	Hall, J. H.	H/207
Story, W. R.	Shipman, Mollie	13 May 1894	Reeves, E. Mc.	I/222
Stribling, Jno. M.	Box, Sallie O.	9 Jul 1899	Yarbrough, G. H.	J/323
Stringer, John	Slaughter, Daisey	18 Jul 1897	Bell, J. B.	J/23
Stringer, W. H.	Hurt, Mollie	17 Jan 1899	Hollinger, D. T.	J/261
Stringer, W. H.	Rumsey, Maude	1 Feb 1897 B	Bell, J. B.	I/571
Sugg, J. A.	Young, Pearl	12 Jun 1900	Sanders, D. S.	J/487
Sullivan, J. E.	Foster, Ada	29 Apr 1891	Sullivan, C. C.	H/390
Summers, Bibe	Clark, Annie	19 Feb 1893	Harris, T. U.	I/68
Summers, C. A.	Gill, Eva	24 Dec 1899	Scholes, M. M.	J/384
Summers, Charles	Caldwell, Ora	24 Dec 1899	Harris, H. H.	J/398
Summers, J. A.	Turbeville, Josepha	13 Jul 1892	Harris, J. C.	H/543
Summers, Jack	Russell, Ada	29 Dec 1891	Knight, W. R.	H/477
Summers, Walter B.	Cooley, Cora	19 Jan 1898	Collier, E. G.	J/98
Sutton, James	Chambers, Annie	16 Oct 1900	Bowman, Jno. B.	J/533
Sutton, William J.	Merritt, Mary A. T.	3 Jun 1888	Goldsen, Aaron	H/18
Swaney, E. W.	Collier, Stella	28 Jan 1900	Hooper, Jas. A.	J/432
Swaney, Lonie	O'Donnell, Annie	1 Nov 1897	Sanders, A. J.	J/53
Sweat, J. H.	Bell, Eliza J.	11 Dec 1892	Walker, J. C.	I/25
Swift, J. E.	Neighbors, M. A.	6 Jun 1897	Pegrim, B.	J/9
Swift, Joseph	Ostrander, Lizzie	23 Jun 1894	Young, Charley	I/231
Swift, S. T.	Stacy, Bessie	29 Dec 1899	Swift, Marvin	J/396

GROOM	BRIDE	DATE	BONDSMAN	LOC
Sykes, Fred	Breeden, Donie	25 Dec 1895	Sykes, W. C.	I/412
Talley, B. D.	Bell, Minnie	25 Mar 1896	Bohanan, Sam	I/449
Talley, J. W.	Ball, C. A.	24 Nov 1895	Ridings, W. B.	I/396
Tankesley, T. N.	Toland, Amelia	24 Dec 1890	Heel, Robt. E.	H/343
Tanksley, John B.	Page, Mary A.	27 Aug 1890	Prichard, David	H/298
Tate, Lem	Warren, Nora	8 Sep 1899	Brown, J. G.	J/343
Tate, Lemuel E.	Spicer, Mary	8 Aug 1897	Miller, W. S.	J/29
Tatom, Eugene	Neblett, Jennie	19 May 1889	Rudolph, D. C. Jr.	H/138
Taylor, Ben Z.	Johnson, Nancy A.	19 Dec 1897	Pickard, O. O.	J/75
Taylor, C. W.	Johnson, A. M.	29 Apr 1893	Forest, J. T.	I/87
Taylor, Charles	Boon, Dora	11 Sep 1892	Thompson, W. H.	I/4
Taylor, J. E.	Wiseman, J. G.	30 Sep 1890	Meadow, T. R.	H/310
Taylor, Jas. H.	Jones, Annie	28 Dec 1890	Pruett, D. H.	H/352
Taylor, Jesse	Larkins, Ada	26 Dec 1897	Rogers, D.	J/79
Taylor, S. W.	Moody, Florence	13 Jan 1898	Pullen, Gordon	J/94
Taylor, T. G.	Stewart, Dollie	19 Feb 1893	Baker, L. D.	I/67
Taylor, Thomas	Richardson, Martha	8 Dec 1889	Norman, R. M.	H/202
Taylor, Tobe	Armstrong, Mary J.	10 Mar 1895	Price, Andy	I/331
Taylor, Tom L.	Rice, Cordelia	19 Nov 1899	Fowlkes, J. R.	J/371
Taylor, Wm.	Meals, Annie	23 Dec 1896	Donlaw, G. W.	I/549
Taylor, Wm. K.	Jones, Docia	7 Jun 1896	Pruett, J. W.	I/468
Teas, Geo. H.	Hite, Mollie	14 Feb 1889	Meadow, James W.	H/109
Teas, J. J.	Ladd, Annie	11 Nov 1891	Rogers, W. H.	H/447
Terry, Green	Allen, Stella	3 Apr 1898	Suttler, Geo.	J/120
Thomas, B. R.	Cowen, Jennie	28 Jun 1893	Slayden, J. H.	I/111
Thomas, George	Scholes, Lucy	15 Apr 1894	Finley, D. G.	I/210
Thomas, Howell	Blair, Lizzie	void	Winstead, Claud	J/314
Thomas, J. A.	Petty, Jerusha P.	28 Aug 1889	Hooper, T. J.	H/164
Thomas, John	Lang, Parelee	30 Aug 1888	Walker, S. W.	H/42
Thomason, J. T.	Ritcherson, Tillie	25 Dec 1899	Hollinger, D. T.	J/395
Thomason, S. G.	Wall, Annie	26 Nov 1893	Daniel, A. C.	I/160
Thomason, W. C.	Durham, D. C.	12 May 1894	Daniel, A. C.	I/219
Thompson, Len	Crafton, Parlea	14 Aug 1900	Crafton, J. D.	J/510
Thompson, W. H.	Hamrick, Maggie	25 Dec 1890	Priest, T. J.	H/345
Tibbs, George	Mitchell, Sallie	14 Apr 1895	Yarbrough, G. H.	I/339
Tinnel, Henry	McGee, Minnie	24 Nov 1895	Tinnel, Jasper W.	I/400
Tinnel, James	Parker, Ruth	1 Jun 1893	Tinnell, Jake O.	I/100
Tinnell, J. L.	Stewart, Myrtle Ellen	18 Feb 1900	Pack, W. F.	J/434
Tinnell, R. L.	Edwards, H. D.	25 Apr 1888	Tummins, George	H/10
Tittle, Geo. W.	Crowell, Mrs. Nancy E.	11 Apr 1888	Crowell, M.	H/6
Toland, J. M.	Tu, Lucy B.	24 Dec 1891	Harmon, J. J.	H/470
Toles, Henry	Blackwell, Ida	27 Dec 1889	Toles, Jeff	H/218
Toles, Jeff	Blackwell, Ada	20 Apr 1890	Toles, Chine	H/265
Tomlinson, J. A.	Box, Bettie	6 Dec 1892	Turner, C. N.	I/24
Tompkins, W. O.	Simpson, F. I.	1 Dec 1895	Luten, Wm.	I/403
Totty, Dock	Adams, Bettie	18 Feb 1897	Rogers, Isaac N.	I/580
Townsend, James W.	Bell, Artelie	3 Jul 1890*	Ingram, J. H.	H/292
Townsend, T. W.	Smith, E. J.	20 Jan 1891	Townsend, J. W.	H/363
Townsend, W. G.	Hooten, Bettie	18 Jan 1891	Townsend, J. W.	H/364
Traylor, R. L.	McNeil, Anna	24 Dec 1899	Duffel, C. S.	J/391
Tribble, W. B.	McCauley, Mattie	25 Oct 1896	Moore, J. R.	I/513
Triplett, B. G.	Winn, Belle	7 May 1899	Hatcher, Alfred	J/300
Triplett, C. W.	Curtis, Dona	28 Feb 1892	Pitt, P.	H/498
Triplett, Dick	Thomason, Babe	6 Jan 1889	Triplett, J. D.	H/84
Trotter, C. W.	Nix, Lottie	10 Apr 1898	Ridings, W. B.	J/125

GROOM	BRIDE	DATE	BONDSMAN	LOC
Trull, J. N.	Townsand, Mary C.	12 Jun 1889	McKeel, W. T.	H/145
Tubb, Al	Young, Lizzie	14 Jan 1894	Phillips, James	I/184
Tubb, Allen	Nichols, Sallie	28 May 1892	Reagan, George	H/526
Tubb, I. H.	Matlock, Alice	11 Jan 1891	Giffin, A. V.	H/359
Tubb, Moses	Evans, Mary	26 Sep 1896	Gould, G. G.	I/503
Tucker, A. J.	Roberts, Winnie F.	28 Jan 1890	Pruett, T. J.	H/238
Tucker, N. C.	Horner, Maggie	19 Feb 1899	Summers, G. B.	J/282
Tucker, Willie	Traylor, Josie	20 May 1895	Taylor, John	I/350
Tue, J. W.	Hambleton, L. W.	22 Jul 1888	Allison, C. S.	H/29
Tuggle, James	York, Nannie	9 Apr 1899	Carnell, A. D.	J/296
Tuggle, Will	Wheeler, Ella	15 Jul 1900	Ridings, W. B.	J/493
Tummans, Robert	Chambers, Lizzie	6 Mar 1892	Murrell, James D.	H/505
Tummins, James	Dotson, Susie	29 Apr 1896	Traylor, W. S.	I/460
Turner, Dave	Simpson, Annie	26 Dec 1895	Mays, Dick	I/415
Turner, F. G.	Carter, Docia L.	23 Nov 1892	Thomason, S. G.	I/18
Turner, G. D.	Carnell, Alice	23 Jun 1895	Fortner, L. R.	I/352
Turner, Geo. W.	Carnell, Addie	25 Nov 1894	Fortner, L. R.	I/273
Turner, H. A.	Adams, Pearl	3 Dec 1899	Ridings, W. B.	J/376
Turner, Henry	Jackson, Dora	18 Nov 1890	Smith, W. W.	H/327
Turner, J. H.	Edwards, M. A.	6 Jan 1889	Ridings, J. J.	H/88
Turner, J. H.	Wiggins, Minnie	26 Mar 1893	Kelly, H. C.	I/77
Turner, Luther	McKeel, Lena	28 Dec 1897	Conley, Joe	J/90
Turner, T. T.	Taylor, Sarah	19 Sep 1894	Crowell, G. W.	I/255
Turner, W. A.	Turner, M. E.	11 Dec 1894	Knight, J. W.	I/285
Turner, W. I.	Smith, Ada	10 Dec 1899	Bell, J. B.	J/378
Turner, Warren	Walker, Fannie	14 Feb 1892	Adams, Osbort	H/494
Turner, William	Stewart, Nancy A.	1 May 1892	Stewart, J. C.	H/520
Turner, William	Wilkins, Mary A.	27 Sep 1896	Barr, Bannie	I/505
Underwood, Charley	Gholston, Mary	24 Oct 1895	Johnson, J. J.	I/391
Usery, W. W.	Pegram, Annie	16 Oct 1892	Forsee, B. F.	I/11
Ussery, Emmet	Russell, Susie	18 Dec 1898	May, John	J/224
Ussery, John	Griffin, Mittie	2 Jun 1889	May, W. H.	H/143
Vaden, D. C.	Long, Florence	10 Jul 1898	Simpson, W. D.	J/160
Vaden, D. L.	Qualls, Mittie	20 Jan 1895	Vaden, T. J.	I/307
Vaden, Newton	Long, Annie	19 Nov 1893	Baker, J. N.	I/159
Vaden, T. J.	Heel, Lou	11 Aug 1895	Vaden, D. L.	I/366
Vaden, William	Davis, Cora T.	25 Feb 1897	Vaden, G. N.	I/582
Valentine, John Alex'r.	Young, Vicey	28 Feb 1897	Summers, Tom	I/584
Vanhook, D. G.	Mays, Alice	27 Oct 1897	Reeves, McF.	J/50
Varden, John B.	Murray, Rebecca E.	20 Nov 1898	Hollinger, D. T.	J/213
Venters, Charlie	Wallace, Victoria	24 Jun 1888	Brown, Rushus	H/22
Vetters, A. F.	Stephens, Lydia	26 May 1889	Vetter, A.	H/139
Waddey, Henry	Yarbrough, Bettie	18 Dec 1889	McCauley, W. H.	H/210
Waddy, Amos	Jackson, Marina	15 Aug 1894	Traylor, W. G.	I/243
Waddy, Will	Kelly, Narcissa	16 Jun 1897	Anthony, J. R.	J/13
Waddy, Will	Stevenson, Emmer	21 Mar 1895	Traylor, W. S.	I/333
Wafford, J. L. M.	Weatherly, Mollie	14 Sep 1890	Blackwell, H. J.	H/305
Wafford, W. D.	Bell, Lula	24 Jun 1900	Watts, D. T.	J/488
Waggoner, Claude R.	Fields, Sallie	25 Dec 1892	Haygood, T. F.	I/37
Waggoner, George W.	Stribling, Mattie	15 Dec 1897	Link, J. B.	J/72
Waggoner, J. B.	Sikes, Lillie	10 Feb 1895*	Sullivan, C. C.	I/320
Waggoner, James M.	Walker, Annis	3 Apr 1889	Rudolph, D. C.	H/129
Waggoner, M. A.	McElyea, Mrs. Nannie	28 Dec 1898	Plant, J. G.	J/246
Waggoner, M. B.	Forrester, Susie	20 Dec 1896	Griffin, S. D.	I/541
Waggoner, Putman	Goodwin, Addie	5 Dec 1897	Waggoner, G. W.	J/68

GROOM	BRIDE	DATE	BONDSMAN	LOC
Walker, D. D.	Ladd, Mrs. Dora	8 Aug 1899	Manly, A. H.	J/332
Walker, George	Moore, Dora	27 Nov 1892	Wardy, W. M.	I/19
Walker, John	Johnson, Lula	10 Jun 1890	Doughty, J. W.	H/276
Walker, Monroe	Buchanan, Madie	12 Dec 1896	Sanders, A. J.	I/537
Wall, J. B.	Hemby, M. E.	17 Mar 1889	White, J. P.	H/120
Wallace, John T.	Myers, Ida	9 Oct 1892	Williams, W. F.	I/7
Wallace, Marion	Dunn, Inez	25 Dec 1896	Priest, Ollie	I/552
Wallace, R. W.	Breden, Nannie	3 Feb 1889	McCrary, Jas. D.	H/102
Wallace, W. A.	Dunn, L. J.	27 Oct 1889	McCollum, Wm. L.	H/188
Walls, Jas. F.	Gwin, Isabell	19 Aug 1891	Hemby, S. J.	H/414
Walsh, Patrick	Conley, Nellie	25 Sep 1898	Conners, J. J.	J/196
Wannamaker, Ed.	Curtis, Maggie	27 Sep 1899	Patrick, J. H.	J/352
Wannamaker, John W.	Avery, Mary A.	19 Jun 1892	Hatcher, B. L.	H/534
Ward, Will	Wyly, Hattie	21 Apr 1898	Price, Andy	J/131
Warden, George	Stephenson, Jane	5 Nov 1893	Spicer, Laurence	I/154
Warden, J. W.	McAuley, Ida	16 Jan 1890	Newberry, James	H/233
Warren, Allen	Byrn, Dora	3 Jan 1900	Anderson, W. B.	J/411
Warren, B.	Gossett, Nellie	12 Aug 1900	Varden, George	J/508
Warren, D. C.	Campbell, Anna	29 Apr 1900	Gray, W. M.	J/475
Warren, D. E.	Holland, Nora	23 Dec 1894	Harrington, J. W.	I/298
Warren, Edgar	Choat, Eliza	6 Sep 1896	Anderson, W. B.	I/499
Warren, Elvin	Tate, Earley	31 Dec 1899	Williams, H. A.	J/408
Warren, J. A.	Wilkins, N. C.	30 Aug 1896	Tate, L. E.	I/494
Warren, John	Byrn, Nannie	28 Dec 1898	Duncan, W. A.	J/245
Warren, R. H.	Horner, Lula	19 Mar 1899	Burnham, S. B.	J/291
Warren, W. D.	Frizzell, Allice	29 May 1898	Frizzell, Walter	J/143
Warren, W. P.	Powers, Ollie	30 Sep 1889	Collier, Elves	H/176
Warren, W. T.	Anderson, Mollie	16 Jan 1896	Obarr, W. M.	I/427
Warren, Walter	Mayberry, Ida	31 Dec 1899	Williams, H. A.	J/407
Washburn, W. H.	Luffman, Martha	3 Oct 1897	Forrest, J. T.	J/44
Watkins, E. T.	May, Minnie Bell	15 Dec 1898	Ridings, J. I.	J/222
Wats, D. F.	Beasley, Josie	28 Dec 1893	Rogers, Dan	I/179
Watson, John	McClellan, Martha	18 Jun 1892	Emery, Wm.	H/532
Watson, John D.	Smith, Nancy V.	28 Jun 1891	Webb, H. E.	H/399
Watson, W. S.	Hooper, Ella	18 Aug 1891	Emery, W. M.	H/412
Watts, E. W.	Spencer, Lula	29 Jan 1899	Napier, E. Y.	J/266
Watts, J. S.	Marchbanks, Minnie	24 Jun 1894	McAdoo, R. J.	I/230
Watts, Pleas	Ballard, Nannie	12 Oct 1890	Bruce, A. J.	H/317
Weatherly, Dave	Williams, Minnie	19 Dec 1900	Totty, J. B.	J/562
Weatherly, S. T.	Bryant, M. E.	25 Dec 1892	Page, Daniel	I/43
Weatherspoon, W. E.	Adkerson, M. E.	15 Jul 1900	Ellis, E. S.	J/492
Webb, Dan	Hays, Nara	9 Feb 1898	Hall, J. H.	J/107
Webb, Joseph	Brewer, Ellen	23 Dec 1897	Daniel, A. C.	J/74
Webb, W. J.	McKeel, Laura	1 Oct 1894	Smith, W. D.	I/258
Wells, J. H.	White, Hattie	15 Jan 1896	Bowman, Thos. F.	I/428
Wells, Robert	Green, Babe	19 May 1895	Marble, Ollie B.	I/346
Westfield, Lon	Leech, Ellen	25 Dec 1898	Mack, John	J/244
Wheeler, G. D.	Hooper, E. L.	24 Dec 1899	Wheeler, J. F.	J/390
Wheeler, J. B. F.	Smith, T. D. A.	27 Sep 1896	Curtis, C. W.	I/504
Wheeler, James	Hawkins, Minnie	5 Feb 1893	Rhodes, Maryland	I/61
Wheeler, R. C.	Curtis, L. L.	24 Dec 1899	Wheeler, J. F.	J/389
Wherry, Walker	Hagler, Bertie	1 Apr 1900	Maberry, G. M.	J/458
White, C. D.	Whitmore, Bertha	19 Nov 1898	Hall, J. H.	J/212
White, George P.	Mallard, Willie	15 Jan 1899	Anderson, J. H.	J/257
White, J. H.	Parmer, Ida	7 Feb 1892	May, W. M.	H/491

GROOM	BRIDE	DATE	BONDSMAN	LOC
White, Marcus	Wyly, Utha	19 Aug 1890	Pullen, Jno. E.	H/296
White, R. W.	Ussery, Laura	18 Dec 1898	Mallard, G. P.	J/225
White, W. L.	Woodard, L. B.	2 Dec 1888	Andersn, I. M.	H/61
White, Will W.	Malcomb, Mattie M.	21 Dec 1898	Slayden, L. W.	J/231
Whitfield, J. M.	Porch, Annie	2 Dec 1891	Shannon, R. T.	H/452
Whitfield, Jas. D.	McKeel, Hester	2 Sep 1899	Exum, W. D.	J/339
Whitson, P. P.	Griffin, Florence	25 Dec 1892	Hooper, W. E.	I/41
Whorley, R. J.	Burnham, Izora	19 Mar 1899	Warren, J. Y.	J/290
Wiggins, Geo.	Yates, Ida	10 Jul 1898	Forrest, J. T.	J/158
Wilhite, C. C.	Hodge, Stella	4 Apr 1897	Baker, W. D.	I/597
Wilkins, Ed	Carroll, Mary	5 May 1889	none	H/136
Wilkinson, Jno. R.	King, Frances M.	10 May 1898	Dean, M. R.	J/136
Willcox, George W.	Pavo, Allie J.	14 Mar 1894	Sears, A. D.	I/204
Williams, A. J.	Lomax, Nettie	7 Jan 1890	Lomax, James W.	H/224
Williams, Ed	Chappell, Lou	19 Dec 1896	Eubanks, R. A.	I/540
Williams, Frank	Goodloe, Lizzie	22 Dec 1889	Wyly, Hank	H/214
Williams, G. W.	Shannon, Lena	20 Feb 1898	Harbison, S. A.	J/108
Williams, Henry	Murrell, Mary	5 Jul 1895 B	Phifer, Albert	I/359
Williams, J. H	Terry, N. J.	22 Nov 1888	McAdoo, J. H.	H/57
Williams, J. H.	Toby, M. E.	4 Aug 1892	Choat, John	H/549
Williams, J. W.	Priest, N. W.	10 Dec 1899	Merideth, G. W.	J/379
Williams, Jefferson	Ragan, Annie	24 Jul 1889	Droury, Tom	H/155
Williams, Jessie	Coens, Flora	10 Feb 1898	Ward, Will	J/109
Williams, John	Garrett, Linie	14 May 1893	Henslee, J. G.	I/91
Williams, John	Shelton, Lena	20 Dec 1892	Thomas, F. T.	I/30
Williams, S. A.	Thompson, Ida	23 Nov 1890	Harbison, J. W.	H/329
Williams, Thomas	Rushing, Docia	1 Mar 1896	Stockard, A. C.	I/439
Williams, W. H.	Summers, Minnie	2 Feb 1891	Lancaster, J. M.	H/368
Williams, W. J.	Hadley, Lassie	11 Mar 1900	Luffman, R. L.	J/450
Williams, Wyly	Davis, Mary Etta	1 Jan 1896	Stewart, Henry	I/421
Willrich, Andy	Matlock, Elizabeth	18 Jan 1891	Choate, P. J.	H/361
Wills, John	Green, Della	14 Jun 1894	Allen, Boyd	I/227
Wilson, Brady	Orr, Edna	29 Apr 1900	Massey, C. V.	J/477
Wilson, J. N.	David, Rosa	9 Aug 1896	Holloway, T. M.	I/490
Wilson, J. S.	Hooper, Arnada	26 Jul 1896	Forrest, J. T.	I/487
Wilson, P. F.	Coleman, Laura L.	14 Jan 1900	Wall, J. F.	J/421
Wilson, Wesley	Chance, Alice	12 Jun 1898	Duff, J. C.	J/147
Winstead, M. A.	Chronister, Annie	4 Sep 1898	Winstead, Claud	J/181
Winter, Wesley	Berryman, Stella	4 Jul 1897	Harris, H. H.	J/14
Winters, W. H.	Smith, F. E.	13 Sep 1891	Woods, T. J.	H/425
Wood, J. V.	Haney, Ida	11 Mar 1894	Bell, J. F.	I/201
Woods, T. J.	Pruett, E. M.	5 Jun 1892	Smith, J. H.	H/527
Woody, J. B.	Powell, F. A.	25 Oct 1896	Pruet, E. L.	I/514
Woolridge, Andrew	Turner, Hettie	2 Sep 1892	Brigham, D. D.	I/2
Woolverton, Thomas J.	Crawford, Mary L.	26 Oct 1892	Sherrod, J. W.	I/13
Woolverton, W. D.	Flanery, Nancy	15 Apr 1900	Sherrod, A. J.	J/466
Wreck, Charley	Averitt, Fannie	10 Mar 1898	Cooley, T. W.	J/116
Wrenne, Edward Maurice	Loisean, Camille Ella	23 Jan 1892	Harris, H. H.	H/489
Wright, Dorsey	Jackson, Florence	29 Mar 1899	Williams, Henry	J/294
Wright, James	Cuff, Mary E.	16 Jun 1897	Hagler, R. H.	J/12
Wright, W. E.	Pruett, M. E.	3 Oct 1897	Hagler, R. H.	J/47
Wright, W. J.	Turner, Emma M.	11 Dec 1888	Crawford, W. H.	H/63
Wyatt, Dick	McCrary, Ada	3 Jul 1893	Massey, W. R.	I/103
Wyatt, Fred	Fowlkes, Nannie B.	7 Nov 1896	Larkins, T. M.	I/518
Wyly, Eugene	Mitchell, Lou Leona	25 Jun 1890	Nelson, W. D.	H/283

GROOM	BRIDE	DATE	BONDSMAN	LOC
Wyly, Hugh	Wilson, Anna	1 Jun 1891	Johnson, Jim	H/392
Wyly, Sandy	Walker, Ellen	4 Mar 1889	Vaden, T. J.	H/115
Wynn, D. A.	Turner, Mattie	28 Oct 1894	Fortner, L. R.	I/263
Yarbrough, Coleman	Turner, Lizzie	10 Sep 1898	Young, J. M. C.	J/183
Yates, J. P.	Bowen, Maggie	26 Dec 1888	May, W. H.	H/75
Yates, Robt. A.	Toland, Mattie B.	7 Jan 1890	Rogers, Robt. H.	H/223
Yates, S. A.	Sanders, Ada	24 Dec 1890	Young, J. G.	H/346
Yates, Thomas H.	Walton, Lela V.	24 Aug 1890	Wyins, L. W.	H/297
Yates, Virgil G.	Plant, Alma	12 Dec 1900	McBride, H. S.	J/555
Yates, W. R.	Dark, Samantha C.	24 Dec 1889	May, W. H.	H/215
Yelton, Walter	OGwin, Lillie	3 Jan 1899	Obblier, W. M.	J/250
York, Henry	Armstrong, Ellen	3 Sep 1896	Myers, Jas. M.	I/496
York, Henry	Elmore, Lula	15 Jan 1890	Long, Whit	H/227
York, Isiah	Ewin, Bettie	28 Jun 1899	Graham, Robt.	J/318
York, J. F.	Turner, Rebecca	15 Dec 1889	May, Jas. L.	H/208
York, V.	Love, Anna	27 Sep 1894	Stribling, W. M.	I/256
York, W. L.	Pettigrew, W. F.	2 Aug 1894	Dark, J. I.	I/239
Young, George	Johnigan, Dora	1 Jan 1889	Young, Mack	H/79
Young, George	Price, Mat	31 Mar 1889	Pickard, E. M.	H/128
Young, J. L.	McElyea, Emma	12 Oct 1890	Forrister, J. S.	H/315
Young, J. R.	Scott, Martha	23 Aug 1900	Buchanan, G. W.	J/514
Young, Mack	Johnigan, Tarlee	1 Jan 1889	Young, George	H/83
Young, Walter	Wyly, Lannie	18 Mar 1900	McKay, M. M.	J/457
Young, William	Spicer, Hettie	8 Jul 1889	Adams, Jim	H/151
Zen, George	Black, Mollie	15 Apr 1888	Black, A. F.	H/9
Zentz, George D.	Hamrick, Fannie	18 Apr 1889	Conners, J. J.	H/131

PART II

APPENDIX

Hayrel, Willie and Annie Rice - J/1
((In five minutes after license were issued. The within named parties were man and wife.))

Lomax, W. D. and Emma Fowler - J/393
Not Executed--Girl married another fellow. [23 Dec.,1899]

McCloud, Ed and Annie Dotson - J/312
Address: 41 E South St., Indianapolis, Ind.
May 16, 1917
County Court Clerk,
Please rite and let me know if Ed. McCloud and Anna Dodson were married in Waverly, Tenn. I heard they were married and he said they were not married and he is married to me so please oblige me by writing and let me know at once.
Yours truely,
(Signed) Josie McCloud

McGruder, W. H. and Rebecca J. Daniel - J/357
Bakerville, Oct. 6, 1899
Mr. J. E. Pullen
Dear Sir
this young man McGruder that wants licens is all Right and the girls mother are willing for them to marry and would have Given you a certificate her self if She could wrote.
(Signed) G. S. Bone.

Parnell, Thos. L. and Annie Batton - J/333
July 30, 1899
Mrs. Bettie Battin
this is to sercy fy that i have no objecions of my daughter Anie a marying to Thomomas Parnell.

Smith, E. T. and L. R. Hooper - J/299
State of Tennessee, Humphreys County.
Personally appeared before me Jno. E. Pullen, Clerk of the County Court for said county B. F. Smith who made oath in due form of law that he is personally acquainted with E. T. Smith and L. R. Hooper and to the best of his knowledge and information both parties are more than 16 years of age. Said parties live on White Oak Creek Humphreys County, Tennessee (signed) B. F. Smith. Sworn to and subscribed before me this 6th day of May, 1899.
(signed) Jno. E. Pullen, Clk.

BRIDE INDEX

Adams, Bettie	150
Adams, Charity	134
Adams, E. A.	132
Adams, Jennie	128
Adams, Lou	137
Adams, Lowis	149
Adams, M. J.	145
Adams, Mattie	138
Adams, Mollie	126
Adams, Pearl	151
Adkerson, M. E.	152
Aken, Maggie	128
Alexander, Levonia	129
Allen, Alice	137
Allen, M. E.	137
Allen, M. E.	148
Allen, Maggie	146
Allen, Nancy P.	135
Allen, Stella	150
Allison, Ada	132
Anderson, Ada	128
Anderson, Cora A.	139
Anderson, Estelle	138
Anderson, Lillie	142
Anderson, Ludie	143
Anderson, Mollie	126
Anderson, Mollie	152
Anderson, Myrtle	134
Anthony, Belle	133
Anthony, Ella	148
Armstrong, Ellen	154
Armstrong, Mary J.	150
Arnet, M. C.	127
Arnett, Lizzie	140
Arnold, Josie	128
Arnold, Katie	144
Arnold, Lamira	142
Arnold, S. M.	129
Atkerson, Dora	147
Atkerson, Mary Elizabeth	123
Averett, Grace	127
Averett, Lucy	140
Averett, Milton	134
Averitt, Fannie	153
Averitt, Ida	129
Averitt, Ollie	130
Avery, Eliza	143
Avery, Mary A.	152
Avery, O. F.	134
Baker, Alice	143
Baker, Cora	137
Baker, Ida	138
Baker, L. E.	149
Baker, Louisa	145
Baker, M. J.	138
Baker, Mary J.	135
Baker, Mima J.	126
Baker, S. A.	139
Baker, Sarah	135
Ball, C. A.	150
Ballard, Alma	145
Ballard, Liza	140
Ballard, Nannie	152
Balthrop, Conie N.	137
Balthrop, Matura L.	123
Barber, Minnie	126
Barfield, Rachael	126
Barnett, Allie May	142
Barnett, Stella	145
Barnhill, Ada	134
Barnhill, Alice	141
Barnhill, Eddie	142
Barr, Effie	139
Barr, Mattie	135
Barrett, J. V.	127
Bass, C. A.	136
Bass, Mollie	148
Bateman, C. D.	148
Bateman, E.	137
Bateman, S. F.	130
Bates, Josie	139
Batson, Mrs. S. L.	131
Batton, Annie	144
Batton, Cora E.	148
Batton, E. R.	144
Batton, Josie	125
Batton, Mary E.	124
Beasley, Dora	143
Beasley, Eva	137
Beasley, Ida	127
Beasley, Josie	152
Beasley, L. B.	141
Beasley, Mary	148
Beasley, R. E.	148
Beazley, Caline	146
Beecham, Amelia	136
Beecham, Emma	138
Bell, Artelie	150
Bell, Barbara	129
Bell, Della	136
Bell, Eliza J.	149
Bell, Lula	151
Bell, Minnie	150
Bergland, Mrs. Tennie	134
Berryman, Stella	153
Biggins, Anna	128
Bigham, Maggie	144
Binkley, Mollie	133
Bird, Alice	148
Bivens, Tenny	149
Bivins, Mary	135
Bizwell, Carrie	143
Black, L. A.	137
Black, Mollie	154
Blackwell, Ada	150
Blackwell, Ida	150
Blair, Lizzie	150
Blasser, Berra	124
Blessing, Mai Agnes	136
Bobbett, Mary	137
Bobbett, Sallie	126
Bohanan, Eva	128
Bohanan, Josie	130
Bohanan, M. A.	140
Bohanan, M. L.	128
Bohanan, Mattie	129
Bohannan, J. A.	142
Bohannan, N. J.	144
Bolin, Mrs. Jennie	138
Bomdt, Georgie	127
Bone, Ellen	133
Bone, Fannie	126
Bone, M. J.	141
Boon, Bettie	141
Boon, Dora	150
Boone, Pearle	139
Bowen, Maggie	154
Bowen, Mary M.	146
Bowen, Mrs. Pricilla	145
Bowman, Annie	124
Bowman, Delia	144
Bowman, Etta	146
Box, Bettie	150
Box, Catharine	130
Box, Letitia Fowlkes	141
Box, Ola	131
Box, Sallie O.	149
Bradley, Fredonia	134
Bradley, J. L.	130
Bradley, Maggie	149
Brake, Alice	129
Brake, Callie	145
Brake, Rachael	130
Brake, S. E.	129
Brake, Zora	129
Bramlett, Eliza	141
Bramlett, Sarah	131
Branch, Bell	131
Brandon, Nancy A.	148
Brannon, B. A.	149
Brazil, Eva	130
Brazil, Martha A.	135
Breden, Nannie	152
Breden, Quilla	148
Breeden, Amanda	137
Breeden, Donie	150
Breeden, Lena Francis	141
Breeden, Sallie	134

BRIDE INDEX

Brewer, Delia	142	Caldwell, Mary	133	Coleman, Aradia	132
Brewer, Ellen	152	Caldwell, Mora C.	132	Coleman, Bettie	123
Brewer, M. T.	143	Caldwell, Ora	149	Coleman, Eula	130
Brice, Lizzie	141	Calvin, Arada	147	Coleman, Laura L.	153
Briggs, Mary	135	Campbell, Anna	152	Collier, Effie	128
Britt, Blanche	140	Canada, Lela	142	Collier, Florence	137
Britt, Frank	128	Capps, Alma E.	126	Collier, Lee	143
Broaddus, Millie	128	Capps, Lula B.	131	Collier, M. F.	128
Brooks, Georgie	123	Capps, M. L.	139	Collier, Minnie	142
Brooks, Jimmie	142	Carlton, Dannie	146	Collier, Stella	149
Browerning, Ada	129	Carnell, Addie	151	Conklin, Rosa	140
Brown, A. C.	142	Carnell, Alice	151	Conley, Nellie	152
Brown, Annie	130	Carroll, Cora	142	Connelly, Mary A.	142
Brown, Annie	136	Carroll, Mary	153	Connelly, Nora	128
Brown, Celia	126	Carroll, Mary E.	143	Cooley, A. M.	128
Brown, Dora	135	Carter, C. E.	131	Cooley, Addie	128
Brown, Georgie	144	Carter, Docia L.	151	Cooley, Anna	125
Brown, Glee L.	125	Carter, G. L.	131	Cooley, Cora	149
Brown, Jonnie	123	Carter, Hester	145	Cooley, Edna May	146
Brown, Lena	147	Carter, M. J.	141	Cooley, Ellen J.	140
Brown, Lula	144	Carter, Minnie	139	Cooley, Hattie	141
Brown, Maggie	147	Castleman, Ida	126	Cooley, Hester	146
Brown, Mollie	127	Cates, Mary Adeline	125	Cooley, Leonie	134
Brown, N. A.	145	Cathey, Callie	125	Cooley, Lizzie	123
Brown, Ora	146	Cathey, Josephine	138	Cooley, Willie	126
Brown, Sarah	141	Caufield, Alice L.	130	Cooper, Ella	133
Bryant, Emma	141	Chambers, Annie	149	Cotham, Tinie	144
Bryant, Fannie	144	Chambers, Lizzie	151	Cotton, Mrs. Edny	147
Bryant, M. A.	144	Chambers, Lucy Ann	130	Cowen, Jennie	150
Bryant, M. E.	131	Chance, Alice	153	Cowett, Blake B.	129
Bryant, M. E.	152	Chance, Laura	126	Craft, Annie	133
Bryant, Nannie	143	Chance, Martha A.	128	Craft, Sarah	135
Bryant, Nora	132	Chappell, Lou	153	Crafton, Emma Jane	127
Bryant, Sue	133	Choat, Ann	143	Crafton, Lee	134
Buchanan, Emma	129	Choat, Docia	143	Crafton, Medie	124
Buchanan, Jane	127	Choat, Eliza	152	Crafton, Nancy E.	146
Buchanan, Lillie D.	135	Choat, Lillie B.	136	Crafton, Parlea	150
Buchanan, Madie	152	Choat, Maggie	138	Cragg, E. D.	138
Buchanan, Martha S.	143	Choat, Manda	135	Cragg, Hettie	147
Buchanan, Sarah	141	Choat, Mattie	126	Craig, Ellen	135
Buchanan, Susie	147	Choat, Maude	131	Craig, Zudie	146
Bumpus, Ida	137	Choate, Beulah	134	Crawford, Joanna	142
Burcham, Delia	126	Chowning, T. V.	141	Crawford, Mary L.	153
Burcham, Delia	129	Chronister, Annie	153	Crawford, Minnie	134
Burgess, Lizzie	130	Chronister, Florence	142	Crawford, Tishie	130
Burghie, Jane Ann	140	Claiborne, Minnie	130	Crews, Laura	125
Burghie, Susie	145	Clark, A. F.	140	Crockett, Lonie	145
Burnett, Emily	138	Clark, Amanda	127	Crockett, Nannie	132
Burnett, Mary Lee	130	Clark, Annie	149	Crockett, Rebecca	147
Burnham, Izora	153	Clark, Chester	134	Crowder, Ida	130
Burns, Delia	133	Clark, Jessie May	146	Crowder, M. L.	149
Burst, Lula E.	128	Clark, L. J.	147	Crowell, Annie C.	125
Byrd, Alice	125	Coach, Annie	137	Crowell, Caline	143
Byrn, Dora	152	Coens, Flora	153	Crowell, Cora	148
Byrn, Nannie	152	Cole, Nancy A.	145	Crowell, Florence	148
Caldwell, Cora	138	Coleman, Ada	126	Crowell, M. A.	140

BRIDE INDEX

Name	Page	Name	Page	Name	Page
Crowell, Maggie	140	Davis, Minnie	132	Edwards, H. D.	150
Crowell, Mary Q.	124	Davis, Minnie	146	Edwards, Laura	144
Crowell, Mattie	146	Davis, Nina	148	Edwards, Lula	146
Crowell, Mollie	136	Davis, Sallie J.	138	Edwards, M. A.	151
Crowell, Mrs. Nancy E.	150	Dean, Cora	132	Edwards, Mrs. S. A.	129
Crowell, S. D. H.	129	Depriest, Ellie	123	Edwards, Nolia	132
Cuff, Mary E.	153	Devinny, Martha	140	Ellis, Laura	123
Cullum, Florence M.	131	Dickens, Nellie	139	Ellison, Ellen	144
Cullum, M. E.	147	Dickson, Lillie	123	Elmore, Lula	154
Curtis, Ada	131	Dickson, M. A.	128	Embley, Dove	137
Curtis, Ada	139	Dobbins, Jane	147	Emlar, Amanda	136
Curtis, Amanda	136	Dobbins, N. J.	136	Ennis, L. L.	136
Curtis, Decie	134	Dodson, Malicia	134	Ennis, Sarah E.	137
Curtis, Dona	150	Doherty, C. A.	141	Ervin, Annie	125
Curtis, E. J.	141	Dolan, Annie	125	Ervin, Susie	134
Curtis, Ferba A.	133	Donnellan, H. P.	123	Eskridge, Minnie	142
Curtis, Jimmie	141	Dotson, Annie	141	Estes, Roas J.	142
Curtis, Kizzie	125	Dotson, Lula	143	Etheridge, Ida	147
Curtis, L. L.	152	Dotson, Mattie	142	Etheridge, M. D.	132
Curtis, Lizzie	124	Dotson, Rachiel	147	Etheridge, Nancy	123
Curtis, M. C.	135	Dotson, Susie	151	Ethridge, Annie	140
Curtis, Maggie	152	Doughty, Italy	133	Ethridge, Annie B.	136
Curtis, Nancy E.	135	Doughty, Martha	129	Ethridge, Susie	131
Curtis, S. A.	132	Douglas, Mariah	145	Etter, Eliza A.	146
Daniel, Bertha	131	Dowdy, Annis	128	Evans, Lizzie	127
Daniel, D.	129	Dowdy, Lottie	128	Evans, Mary	151
Daniel, Dora B.	128	Downey, Sallie	136	Ewin, Bettie	154
Daniel, E. J.	130	Dudley, Milberry	134	Fergerson, L. O.	137
Daniel, J. E.	142	Dudley, Pearl	147	Ferguson, Ada	142
Daniel, Jannie	140	Duke, Roda	138	Field, E. O.	133
Daniel, M. F.	125	Duncan, Bettie	136	Fields, Dinky Ann	138
Daniel, Martha	123	Duncan, Lizzie	130	Fields, L. T.	136
Daniel, Mary	147	Duncan, Pearl	149	Fields, Lewella	138
Daniel, Mary E.	149	Duncan, Tennie T.	135	Fields, Louisa	124
Daniel, Mattie	127	Dunn, Dice	145	Fields, Sallie	151
Daniel, Mattie	139	Dunn, Fannie	123	Finley, L. M.	134
Daniel, Rebecca J.	141	Dunn, Inez	152	Finney, Lula	123
Daniel, S. L.	141	Dunn, L. J.	152	Fitzgerald, Lizzie	142
Daniel, Tennie	143	Dunn, M. E.	145	Fitzgerald, Maggie	139
Dark, Ophelia	132	Dunn, Mandy	131	Flanery, Maggie	142
Dark, Samantha C.	154	Durham, Annie	148	Flanery, Mollie	137
David, Rosa	153	Durham, D. C.	150	Flanery, Nancy	153
Davidson, Alice	138	Durham, Lou	143	Flowers, Jennie	142
Davidson, S. A.	136	Durham, M. C.	123	Flowers, Sallie	144
Davis, Amanda	130	Durham, M. I.	127	Ford, Anna	149
Davis, Asalee	130	Dyer, Gillie	132	Ford, Hellen	140
Davis, Cora T.	151	Dyer, M. C.	146	Foresee, Amanda	124
Davis, Dora May	141	Dyer, Misouri	132	Foresee, Ellen	137
Davis, Gipsey	149	Earles, Mrs. Jennie	133	Foresee, Mishie	133
Davis, Lela	145	Easley, Cora	140	Foresee, Ora	145
Davis, Leonie	131	Easley, Ida	145	Forest, Mary A.	123
Davis, Lillie	136	Edney, Alice	128	Forester, Mollie	127
Davis, Linnie	138	Edsell, Lizzie	129	Forrester, Belle	145
Davis, M. J.	144	Edwards, Charity	127	Forrester, Susie	151
Davis, Mary E.	136	Edwards, Dollie W.	144	Forsee, Azilee	134
Davis, Mary Etta	153	Edwards, Emma F.	145	Forsee, Lela	128

BRIDE INDEX

Fortner, Jane	127	Gouer, Minnie	142	Harden, Annie	138
Fortner, Sarah	137	Gould, Annie	138	Hargrove, Susie	125
Foster, Ada	149	Gowers, Eliza	145	Harris, Annie	142
Fowler, Emma	138	Gray, Caroline	126	Harris, Bettie	131
Fowler, Emma	139	Gray, M. A.	136	Harris, Edna	139
Fowler, Lula	146	Gray, Maggie	148	Harris, Elizabeth	132
Fowlkes, Ethel	139	Green, Babe	152	Harris, Fannie Pearl	138
Fowlkes, Hattie	137	Green, Della	153	Harris, Lizzie	139
Fowlkes, Lelah	135	Greer, Delia	125	Harris, Minnie	128
Fowlkes, Lucile	140	Greer, M. J.	126	Harris, Pearl	143
Fowlkes, Mamie	134	Greer, Mary	144	Harrison, Bertha C.	137
Fowlkes, Nannie B.	153	Grice, Ella	139	Haskins, Maggie E.	130
Fowlkes, Tishie	134	Griffin, Emma	143	Haskins, Mollie	132
Fowlkes, Victoria	132	Griffin, Florence	153	Hatcher, Fannie	128
Fowlkes, Victoria	135	Griffin, Mittie	151	Hatcher, Florence	123
Freeman, D. A.	134	Griffin, Rachel D.	134	Hatcher, Katie	145
Frizzell, Allice	152	Grimes, Mary	126	Hatcher, Louisa	138
Frizzell, Sallie	131	Grimes, R. C.	148	Hatcher, M. Evaline	142
Fuqua, Savannah	148	Gunn, Annie	147	Hatcher, Mary A.	129
Gallagher, Katie	147	Gunn, Bessie Emma	148	Hatcher, Rittle	146
Gamble, Lula M.	129	Gunn, L. A.	140	Hawkins, Lucy	128
Garland, Nora	133	Gunter, Mamie	130	Hawkins, Mary	141
Garner, Ellie	135	Guthrie, Hellen	137	Hawkins, Minnie	152
Garrett, Linie	153	Gwin, Isabell	152	Haygood, Addie	142
Garrett, V M	128	Gwin, N. I.	130	Hays, Nara	152
Gatewood, Blanche	129	Hadley, E. H.	129	Hazlewurth, H. D.	129
Gatlin, Annie	135	Hadley, Lassie	153	Headrick, N. C.	136
Gatlin, Eliza	132	Hadley, Minnie Bell	130	Heath, M. J.	136
Gholston, Mary	151	Hadley, Stella B.	146	Hedge, L. L.	143
Gibbons, S. C.	148	Hagler, Alice E.	147	Hedge, Lula	140
Gilbert, M. C.	142	Hagler, Bertie	152	Heel, Annie	137
Gill, Eva	149	Hailey, L. L.	134	Heel, Lou	151
Givens, Ella	146	Hailey, M. C.	139	Heggood, Bell	143
Glazener, Mary	131	Hailey, Matilda C.	124	Hegwood, Maggie	131
Glenn, Lonnie	144	Hailey, S. A.	147	Hemby, Dora	131
Glenn, Lula	123	Hailey, Sarah E.	145	Hemby, Edna	133
Glenn, May J.	141	Hailey, Vina	131	Hemby, M. E.	152
Godwin, N. C.	148	Hall, Annie	133	Hendrick, Eva	126
Goodloe, Lizzie	153	Hall, Ella	127	Henley, Nora	141
Goodlow, Mattie	144	Hall, Ellen	126	Herity, Annie	129
Goodman, Pearley	127	Hall, Morta	131	Herrity, Mary A.	133
Goodrich, Ada	124	Hall, Mrs. Milton C.	136	Hickerson, Malissa	134
Goodwin, Addie	151	Hall, Nannie	135	Hickman, Calie	142
Goodwin, Alva	142	Hambleton, L. W.	151	Hicks, Grant	145
Goodwin, Effie	141	Hamrick, Ada	129	Hicks, Kate A.	131
Goodwin, Eula	143	Hamrick, Ella	133	Hite, Annie	141
Goodwin, Ida	144	Hamrick, Fannie	154	Hite, Mollie	150
Goodwin, Laura Anne	145	Hamrick, Maggie	150	Hodge, Stella	153
Goodwin, Nora	132	Haney, Emma	141	Hogan, Kate	142
Gorden, Francis	124	Haney, Ida	153	Holbrook, Maggie	133
Gorden, Willie	124	Haney, Jennie O.	125	Holland, A. E.	132
Gorman, Lavinia	127	Haney, M. E.	127	Holland, Addie	129
Gossett, Bessie	136	Haney, N. E.	124	Holland, Amanda	132
Gossett, Mary	147	Hannah, Allie	124	Holland, Maggie	127
Gossett, N. E.	141	Hannah, Lilla	145	Holland, Mandie	134
Gossett, Nellie	152	Harbison, Fannie	129	Holland, Margaret Ann	138

BRIDE INDEX

Name	Page	Name	Page	Name	Page
Holland, Mary A.	137	Irvin, E. E.	128	Jones, Lola	129
Holland, Matie	131	Isbell, Devie	128	Jones, M. F.	134
Holland, Nancy E.	124	Jackson, Annie	133	Jones, Manie	141
Holland, Nora	152	Jackson, Cora	126	Jones, Margaret	126
Holleran, Mary	138	Jackson, Dora	151	Jones, Mary	133
Holt, Mrs. Mattie	144	Jackson, Florence	153	Jones, Mattie B.	132
Hooper, [no 1st name]	125	Jackson, Fredonna	140	Jones, Mettie	143
Hooper, Arnada	153	Jackson, Laura	123	Jones, Mollie	145
Hooper, Dicy	148	Jackson, Leona	143	Jones, Odie	135
Hooper, E. L.	152	Jackson, Lillie	127	Kee, Mollie	146
Hooper, Ella	152	Jackson, Maggie	135	Kelly, Malisa	123
Hooper, Etta	136	Jackson, Marina	151	Kelly, Narcissa	151
Hooper, Georgie	125	Jackson, N. E.	144	Kennedy, Alice	133
Hooper, L. J.	147	Jackson, Nannie	147	Kestler, Delpha R.	148
Hooper, L. K.	125	Jackson, Sissie	148	Kimmons, L. S.	149
Hooper, L. R.	148	James, Lula	136	King, Frances M.	153
Hooper, M. F. J.	126	James, Mollie	149	King, Lillie	146
Hooper, M. J.	129	James, Ollie B.	146	King, Mrs. Mary E.	130
Hooper, Nannie	123	Jarrell, Mrs. M. A.	139	King, Willie	140
Hooper, Nannie	136	Jefferson, Sarah Jane	136	Kirby, Ida	130
Hooper, Nettie	124	Jeffreys, Mary	147	Kitrell, Emma	125
Hooper, Nora	136	Jinkins, Lizabeth	141	Knight, Floyd	140
Hooper, S. M.	130	Johnigan, Dora	154	Knight, Mary	126
Hooper, Sarah F.	129	Johnigan, Tarlee	154	Knight, Sewell	132
Hooten, Bettie	150	Johnson, A. M.	150	Kolie, Hattie	142
Hooten, Eva	146	Johnson, Carrie	148	Ladd, Annie	150
Hooten, Rilda	136	Johnson, Cora	147	Ladd, Mrs. Dora	152
Hopkins, Bessie M.	138	Johnson, Ellen	134	Laird, Mattie	145
Hopkins, Cecil	147	Johnson, Ida	126	Lancaster, Hannah	146
Hopkins, Lillie	128	Johnson, Jennie Francis	123	Lane, Jennie	140
Hopkins, Olive O.	126	Johnson, Julia	134	Lang, Parelee	150
Hoppers, Lizzie	141	Johnson, L. J.	130	Langan, Sarah	133
Hornberger, E. D.	124	Johnson, Lizzie	126	Lanier, Lizzie	134
Horner, Annie L.	129	Johnson, Lula	152	Lanier, Sadie	126
Horner, Lula	152	Johnson, M. L.	133	Larkin, Willie	143
Horner, Maggie	151	Johnson, Mary	132	Larkins, Ada	150
Horner, Maggie M.	141	Johnson, Mary	136	Larkins, Nora	124
Horner, Mary J.	135	Johnson, Mary	139	Larkins, Pearl V.	125
Horner, Mattie	147	Johnson, Mary	148	Lasca, Martha	149
Houlehan, Lucy	132	Johnson, Mary F.	125	Lash, Mattie E.	139
Howard, Sallie	139	Johnson, Mary N.	123	Lashlee, Maggie	127
Hudspeth, Emma	131	Johnson, Mattie	130	Latimer, M. J.	131
Hughey, A. H.	128	Johnson, May	130	Latimer, Nannie	133
Hughey, Callie	123	Johnson, Nancy A.	150	Latimer, Nora	131
Hughey, Cora	148	Johnson, Ollie	147	Lattimer, M. A.	125
Hughey, Ellen	137	Johnson, Sallie	144	Latty, Martha	133
Hughey, Lydia	148	Jones, Alice L.	142	Latty, Sallie	144
Hunter, Lizzie	140	Jones, Amanda	143	Lee, Susan J.	145
Hunter, Lou	143	Jones, Amelia	137	Leech, Ellen	152
Hurt, Mollie	149	Jones, Annie	150	Leech, Lizzie	123
Hutchinson, Hattie	123	Jones, Annie E.	144	Leech, Loubertie	133
Hutchison, Addie	133	Jones, Bettie	143	Leegan, Susie	124
Hutson, Eliza	144	Jones, Bobbie	147	Lehman, Lillie	135
Ingram, Ella	134	Jones, Docia	150	Lehman, Maggie	132
Ingram, Mary	131	Jones, Ellen	132	Leonard, Bridgie	138
Inman, Lula	124	Jones, Eva	131	Leonard, Maggie	127

BRIDE INDEX

Name	Page	Name	Page	Name	Page
Lescheur, Lena	124	Marchbanks, Minnie	152	McClure, Mary E.	139
Leschieur, Fain	125	Marrs, Anna	140	McCollum, E. B.	124
Lewis, Hannah	131	Marsh, Margaret	138	McCollum, Jennie	128
Lewis, L. P.	132	Martin, Annie	147	McCollum, Mary	134
Lewis, Parlee	147	Martin, Ierzetry	130	McCord, Jane	135
Link, Ellen	137	Martin, Jennie	126	McCord, Mary	130
Link, Odie Z.	141	Martin, Lorena J.	142	McCrary, Ada	153
Little, Fannie	139	Martin, R. D.	133	McCrary, Belle	131
Little, Mary	126	Massenger, Annie	131	McCrary, Cordelia	144
Lockhart, Kittie	146	Massey, Susie	141	McCrary, Nora	127
Lockhart, Minnie	135	Mathews, Lou	127	McCrary, Nora	146
Loftis, Maggie	146	Mathews, May	142	McCrary, T. M.	127
Loisean, Camille Ella	153	Mathews, Sallie	133	McCully, Alice	132
Lomax, C. B.	126	Mathews, Sallie A.	144	McDonald, Lillie	133
Lomax, Edna	143	Matlock, Alice	151	McElyea, Emma	154
Lomax, Lillie	146	Matlock, Elizabeth	153	McElyea, Estella	138
Lomax, Maggie E.	130	Matlock, Ida	124	McElyea, G. A.	131
Lomax, Nettie	153	Matlock, M. A.	127	McElyea, Mrs. Nannie	151
Long, Annie	151	Matlock, Minnie	132	McGee, Dora	134
Long, Floronoo	151	Matthews, Ida	134	McGee, M. B.	136
Long, Lou	139	May, Asilee	131	McGee, Minnie	150
Lott, Mollie	147	May, Eunice	149	McGee, Nora	138
Louiser, Jane	128	May, Georgie	135	McGee, Ollie	146
Love, Anna	154	May, Janie	139	McIlwain, Mattie N.	143
Love, Eva	132	May, L. J.	140	McKeel, Alice	129
Lucas, Bettie	123	May, L. M.	129	McKeel, Dollie	129
Lucas, Eula	140	May, Lela Belle	147	McKeel, Edna	127
Lucas, Katie	136	May, Lizzie	139	McKeel, Hester	153
Luffman, Martha	152	May, Mary	137	McKeel, Ida	123
Lumsden, V. L.	123	May, Minnie Bell	152	McKeel, Laura	152
Lumsford, Emma	125	May, Mollie	149	McKeel, Lena	151
Lunsford, Alice	131	May, S. J.	127	McKeel, Mrs. Louisa	130
Lunsford, Mary	124	Mayberry, E. C.	145	McKeel, Stella	138
Luten, Amanda	137	Mayberry, Ida	152	McMackins, Ada	147
Luten, Annie M.	136	Mayberry, Josie	148	McMackins, Clara	123
Luten, Levisa	143	Mays, Alice	151	McMillan, Lela	124
Luten, Mary Jane	146	Mays, Lucy	148	McMillan, Nora	135
Luten, Nellie	143	Mays, Sarah E.	130	McMillian, Lizzie	125
Luten, P. C.	148	Mays, Tiny	124	McMullen, Dora	136
Madden, Emma	123	McAuley, Ida	152	McMullen, Mary	139
Madden, S. I.	125	McBride, Sevilla	139	McMullin, Anna	143
Maden, Jennie	131	McCandlass, E. E.	141	McMurry, Kittie	148
Malcomb, Mattie M.	153	McCandless, Myrtle M.	137	McNab, Lula	129
Mallard, Addie	139	McCann, Mettie	148	McNeil, Anna	150
Mallard, Johnie	124	McCann, Stella	147	McNeilly, Nancy E.	141
Mallard, M. I.	143	McCauley, Cornelia	138	McPherson, Maude	146
Mallard, Willie	152	McCauley, Ethel	139	McSwiney, Conie	135
Malone, Leonora	131	McCauley, Fannie	142	McSwiney, M. A.	131
Malugen, Manerva J.	133	McCauley, Hettie	137	McWilliams, Ada	146
Malugin, Sallie	125	McCauley, Kate	142	McWilliams, Viola P.	124
Manley, Lizzie	128	McCauley, Lamora	142	Meadow, Nannie R.	140
Marable, Julia	139	McCauley, Mattie	150	Meadow, Willie	144
Marberry, Hester G.	135	McCauley, Ruth	127	Meals, Annie	150
Marberry, Jennie N.	143	McCay, Luella	123	Melton, Dollie	124
Marberry, Pearl	149	McClelan, W. M.	126	Merritt, Dora	124
Marbury, Nettie	138	McClellan, Martha	152	Merritt, Mary A. T.	149

BRIDE INDEX

Merryman, Callie	147	Myers, Emma	123	Page, Mary A.	150
Merryman, Fannie D.	127	Myers, Ida	152	Page, Mary F.	146
Metcalf, Suse	138	Myers, N. I.	132	Palmer, Mary	131
Midkif, Lizzie	125	Naive, Nora	126	Palmer, N. J.	142
Miller, Emma	129	Narket, P. A.	130	Parchment, Ida	138
Miller, J. E.	133	Narkett, L. A.	123	Parish, Bernice	126
Miller, Jennette M.	146	Nash, Mary	146	Parker, Pauline	148
Miller, Luella	124	Naylor, Nina	141	Parker, Ruth	150
Miller, Mary J.	129	Neblett, Jennie	150	Parker, S. M.	123
Miller, Nancie	148	Neighbors, M. A.	149	Parmer, Ida	152
Miller, Willie	146	Nichols, Eula	123	Parnell, Callie	126
Minns, Amanda	147	Nichols, Panthia	138	Parnell, Jennie	132
Mitchel, Victoria	124	Nichols, Sallie	151	Parnell, Lula	145
Mitchell, Emma	143	Nichols, Wafie	124	Parnell, M. J.	142
Mitchell, Lavinia	145	Nix, Lottie	150	Parnell, N. F.	124
Mitchell, Lectie	127	Nix, Louellen	139	Parnell, S. L.	125
Mitchell, Lou Leona	153	Noe, Bettie	135	Parnell, Willie I.	130
Mitchell, Mary A.	130	Nolan, Theodocia Alicia	132	Parrish, Minnie	126
Mitchell, Mary A.	137	Norman, Ada E.	142	Patrick, Laura	133
Mitchell, Mary E.	144	Norman, L. F.	148	Patrick, S. J.	128
Mitchell, Sallie	150	Norman, N. E.	129	Patterson, Lela	130
Mitchell, Sarah E.	148	Norman, Nora	148	Patterson, Mary E.	123
Mize, Lorena	131	Norris, Daisey	146	Pavo, Allie J.	153
Monseur, Josie	123	Nunnalley, M. A.	144	Peeler, Covie	135
Moody, C. L.	134	Nutrell, Dolly	124	Peeler, Mary E.	137
Moody, Florence	150	O'Barr, W. F.	144	Peeler, N. E.	148
Moore, Annie	127	O'Dell, Nellie	144	Pegram, A. A.	141
Moore, Callie	143	O'Donnell, Annie	149	Pegram, Annie	151
Moore, Dora	152	O'Donnelley, Ogie	128	Pegram, Mollie	124
Moore, Katie	147	Oakley, Bettie	130	Pegram, Mollie	131
Moore, Lynn	130	Oakley, Bettie	143	Pemberton, Lula	143
Moore, M. E.	131	Odam, Leona	144	Pendergast, Lula	145
Moore, Mollie M.	141	Odom, S. S.	140	Perikee, M. E.	140
Moores, Lucy	137	ODoniley, Mamie	130	Perkins, Lula	134
Moran, Annie	136	ODoniley, Susie	125	Perry, Jennie	133
Moran, Lizzie	149	ODonley, Allie	128	Pervance, Polina	132
Moran, Margaret	141	OGuin, Mollie	146	Pettigrew, W. F.	154
Moran, Sarah	140	OGwin, Lillie	154	Petty, Jerusha P.	150
Morgan, M. E.	131	Oliver, Bettie	143	Pettygrew, Francis	128
Morris, Sallie	149	Oliver, D. E.	125	Pewett, Lucy E.	136
Morrisett, Josie	123	Organ, Iris	128	Pewett, Lula A.	142
Morrisett, Queen	132	Orr, Edna	153	Pewett, Mattie	137
Morrison, Martha	125	Orr, Tomie	143	Phebus, Emma	145
Morrison, N. M.	148	Osburn, Leocadia	129	Phelps, Lucy	128
Moss, Amelia M.	130	Ostrander, Lizzie	149	Phifer, Beatrice	140
Moton, Emma	149	Overall, Lucy	133	Phifer, Janie	139
Mulliniks, Izitra T.	140	Owen, Katie	127	Phifer, Lela	138
Murphree, Lillie	124	Owen, Sallie M.	126	Phifer, Maggie	123
Murphrey, Mary F.	140	Owens, M. A.	145	Phillips, Alice S.	144
Murray, Rebecca E.	151	Owens, Mary	125	Pickard, Mollie	134
Murrell, Lillie	127	Owens, Mollie A.	149	Pickard, Willie J.	148
Murrell, Martha	136	Owens, Nannie	132	Pickett, Ellen	147
Murrell, Mary	153	Pace, Mrs. Tennessee	143	Pierce, Lou	127
Murry, Lizzie	147	Padget, Sallie	149	Pinder, Allie	128
Murry, S. L.	128	Page, Fannie	124	Plant, Alma	154
Myers, Dora May	145	Page, Katie	139	Plant, Bessie	128

BRIDE INDEX

Name	Page	Name	Page	Name	Page
Plant, Della	144	Reeves, Minnie B.	143	Rooker, Mary A.	136
Plant, Flora	139	Regan, Francis	144	Rose, Bettie	140
Plant, Jennie	141	Regan, Lillie	139	Ross, Mattie M.	141
Plant, Mattie	139	Regan, Willie Ann	149	Rowe, Nancy Ann	128
Plant, Stella	147	Renfrow, Maggie B.	134	Roysten, Mary	139
Plant, Willie	131	Rhodes, Lizzie	125	Rudolph, Cecile	140
Porch, Ada	130	Rice, Annie	135	Rumsey, Mary	144
Porch, Allice	145	Rice, Cordelia	150	Rumsey, Maude	131
Porch, Annie	153	Rice, Eula	145	Rumsey, Maude	149
Porch, M. A.	124	Rice, Lena	125	Runions, Etta	127
Porch, Nancy	126	Rice, M. E.	140	Runions, Lizzie	146
Porch, Sallie L.	143	Rice, M. O.	148	Rushing, Docia	153
Porch, Victoria	142	Richardson, Annice	144	Rushton, Annie	141
Porter, Nannie B.	137	Richardson, Bettie	133	Rushton, Ida	143
Potter, F. E.	137	Richardson, Martha	150	Russell, Ada	149
Powell, F. A.	153	Richardson, Siddie	125	Russell, Annie	133
Powers, Nannie	124	Richard[son], Annie	129	Russell, Minnie	125
Powers, Ollie	152	Ricketts, Lola	134	Russell, Mrs. Margaret	149
Powers, R. C.	137	Ricketts, Maude	133	Russell, Susie	151
Powers, Robort	135	Ridens, Ida	123	Rust, Mary A.	134
Powers, S. J.	139	Ridgway, Edna	133	Sandefer, Irene	123
Price, Mat	154	Ridings, Stella	123	Sandefur, Annie	129
Price, Nicey	140	Riggans, Huldy	140	Sanders, Ada	154
Prichard, Addie	130	Riggins, Ida	140	Sanders, Delphia	142
Prichard, Annie	135	Riggins, L. C.	129	Sanders, Edna	144
Prichard, Jennie	148	Riggins, Mattie	129	Sanders, Eliza	142
Priest, Jennie	145	Riley, Annie	127	Sanders, Emma	140
Priest, Martha A.	144	Ritcherson, Tillie	150	Sanders, Ida	146
Priest, N. W.	153	Roberts, A. A.	146	Sanders, Laura	149
Pruett, E. M.	153	Roberts, Alice	132	Sanders, Lucy	129
Pruett, E. V.	130	Roberts, Fannie	130	Sanders, Lula A.	145
Pruett, Emma	137	Roberts, Lizzie	128	Sanders, M. E.	143
Pruett, M. E.	153	Roberts, Lou	135	Sanders, Mary B.	134
Pruett, N. R.	133	Roberts, Lula	126	Sanders, Mary Willie	149
Pruett, Willie	133	Roberts, N. A.	144	Sanders, Ophelia	129
Pullen, Florence A.	142	Roberts, S. A.	129	Sanders, Sallie F.	126
Qualls, Mittie	151	Roberts, Tennie A.	142	Sandford, Nannie M.	134
Ragan, Annie	153	Roberts, Winnie F.	151	Sandifer, Irena	132
Ragan, Maggie	133	Rochell, Ella	136	Sanford, Ella	144
Ragsdale, M. D.	125	Rogers, Ada E.	146	Schafer, Noah	125
Raney, D. I.	147	Rogers, Cyntha A.	148	Scholes, Bettie	127
Ransey, Missie	141	Rogers, Delia	141	Scholes, Gay	132
Ray, Rhoda	128	Rogers, Dixie	144	Scholes, Lucy	150
Read, Rosell	143	Rogers, Ella R.	137	Scholes, Miriam	125
Reagans, Belle	126	Rogers, Emma E.	128	Scoles, D. A.	138
Reagin, Ellen	141	Rogers, Lena J.	126	Scott, Delia	145
Reagin, Mattie	130	Rogers, M. A.	136	Scott, Della	132
Reece, E. E.	130	Rogers, Maggie	142	Scott, Lena	132
Reece, Mollie	133	Rogers, Marie Allie	137	Scott, Martha	154
Reece, N. A.	139	Rogers, Mary P.	126	Scott, S. J.	125
Reece, Olivie P.	131	Rogers, Tera	135	Scott, Sallie Gould	145
Reece, Rena	147	Rogers, Victoria E.	139	Sealey, M. S.	141
Reeves, Annie	135	Rollins, Josie	142	Seals, Grace	148
Reeves, L. B.	143	Rollins, Minnie	130	Shannon, Lena	153
Reeves, Lillie	149	Rollins, Nettie	148	Shannon, Nancy	138
Reeves, Mamie	145	Rooker, Ida	145	Shaver, Francis P.	123

BRIDE INDEX

Name	Page	Name	Page	Name	Page
Shaver, Gould	138	Smith, Mattie E.	144	Stewart, Mollie	124
Shaver, L. A.	131	Smith, Maude	147	Stewart, Myrtle Ellen	150
Shaver, Lola	123	Smith, Melissa	131	Stewart, N. J.	142
Shaver, Maggie	137	Smith, Mollie	146	Stewart, Nancy A.	151
Shaver, Minnie	127	Smith, Mrs. Jennie	124	Stewart, Sarah	126
Shaver, Nora	133	Smith, N. C.	136	Stewart, Trixie	128
Shaw, Mattie	149	Smith, Nancy	141	Stockard, M. A.	138
Shelton, Carrie	138	Smith, Nancy V.	152	Story, Fannie	127
Shelton, Eva	147	Smith, R. J.	129	Story, Lizzie	136
Shelton, Lena	153	Smith, T. D. A.	152	Street, Dula	124
Sherrill, Alice	126	Spain, Nannie	133	Stribling, Lidia	140
Shipman, Mollie	149	Spence, D. A.	148	Stribling, Mattie	151
Shipp, Loulie	136	Spence, Lillie	134	Stringer, Alice	148
Shipp, Mollie	149	Spence, M. J.	127	Sullivan, Eula	148
Shrock, Nancy	135	Spencer, Amelia	127	Summers, Babe	144
Sikes, Lillie	151	Spencer, Lula	152	Summers, Mattie	132
Simmons, Elizabeth	136	Spicer, Ada	123	Summers, Minnie	153
Simpson, Adda	130	Spicer, Alie	124	Summers, Tennie	141
Simpson, Annie	151	Spicer, Bettie	140	Sutton, Ella	139
Simpson, Arcadi	139	Spicer, Hallie	126	Sutton, Nannie	137
Simpson, F. I.	150	Spicer, Hattie	135	Swader, Eva	132
Simpson, Lula	138	Spicer, Hettie	154	Swaney, Maude	136
Simpson, Maude	125	Spicer, Lucy	140	Talley, Mattie	128
Sims, Anie	147	Spicer, Mary	150	Tankersley, Neppie	129
Sims, Lou	125	Spicer, Mollie	125	Tarpey, Ellen	138
Sims, Lula	124	Spicer, Willie D.	123	Tarpey, Margret	139
Sisk, M. E.	128	Stacy, Bessie	149	Tate, Earley	152
Slaughter, Daisey	149	Stacy, Elmie	132	Tate, Jennie	132
Slaughter, Ellen	136	Stacy, Nora	131	Taylor, Lottie	127
Slaughter, Jenie	149	Stacy, Stella	132	Taylor, Lou	145
Slaughter, Minnie	144	Stall, Delia	127	Taylor, M. E.	140
Slayden, Marie	132	Stanfield, Nancy	136	Taylor, Margaret	126
Slonecker, Mary E.	135	Stanfield, Paralee	142	Taylor, Sarah	151
Smith, Ada	151	Stanford, Maggie	147	Taylor, Sylvesta	147
Smith, Ada L.	129	Stavely, Sallie	133	Teas, Ida E.	144
Smith, B. L.	123	Stennett, Queen	145	Teas, Louise B.	124
Smith, C. J.	129	Stephens, Lydia	151	Teaster, Effie	133
Smith, Dora A.	144	Stephenson, Jane	152	Terry, N. J.	153
Smith, E. E.	129	Sterling, Mary	136	Thomas, Addie	125
Smith, E. E.	133	Stevens, S. C.	139	Thomas, Marie A.	143
Smith, E. J.	150	Stevenson, Emmer	151	Thomas, Mary	126
Smith, Eliza C.	131	Steward, M. A.	145	Thomas, Mattie	139
Smith, Ella	139	Stewart, Annie	146	Thomason, Babe	150
Smith, F. E.	153	Stewart, Dollie	150	Thomason, Della	126
Smith, Helen	136	Stewart, Edna	124	Thompson, Eva	129
Smith, Jesse	135	Stewart, Emma	138	Thompson, Ida	153
Smith, Julia	129	Stewart, Fannie	127	Thompson, Martha J.	126
Smith, Julia M.	141	Stewart, Florence	128	Thompson, N. F.	132
Smith, L. C.	143	Stewart, Ida	124	Tibbs, Sallie	128
Smith, Lula Belle	137	Stewart, Ida	140	Tidwell, Della	146
Smith, M. A.	135	Stewart, Janie	129	Tiner, Martha	127
Smith, M. A.	136	Stewart, Jennie	133	Toby, M. E.	153
Smith, M. C.	135	Stewart, Josie	126	Toland, Ada	125
Smith, M. J.	127	Stewart, Lillie	124	Toland, Amelia	150
Smith, Mary	133	Stewart, Lizzie	144	Toland, Anna	125
Smith, Mattie	144	Stewart, Mattie	142	Toland, F. A.	127

BRIDE INDEX

Toland, L. B.	138
Toland, Lizzie	131
Toland, Mattie B.	154
Toland, Willie	127
Totty, A. L.	147
Totty, Alice	146
Totty, Emmie	147
Totty, Lizzie	137
Totty, Mary	124
Townsand, Mary C.	151
Townsell, Tildy	143
Traylor, Ada	140
Traylor, Babe	149
Traylor, Carrie M.	134
Traylor, Josie	151
Triplett, Emma	134
Triplett, H. V.	131
Triplette, Addie	138
Trogden, Ada	137
Trotter, Lellie	142
Trotter, S. A.	146
Tu, Lucy B.	150
Tubb, Francis	141
Tubbs, Martha	126
Tubbs, Matilda	125
Tubbs, Maude L.	137
Tubbs, Tommie	140
Tuberville, Josephus	129
Tummins, Dora	135
Tummins, Eliza	143
Tummins, Ida	139
Tummins, Mary	137
Turberville, Sarah	146
Turbeville, Josepha	149
Turner, Annie	133
Turner, Catherine	132
Turner, Emma M.	153
Turner, Hettie	153
Turner, Jennie	146
Turner, Kata	123
Turner, Lizzie	134
Turner, Lizzie	154
Turner, Lucie L.	146
Turner, M. E.	151
Turner, M. F.	135
Turner, Mattie	136
Turner, Mattie	154
Turner, Maude	127
Turner, Mellie M.	133
Turner, Minnie	123
Turner, Myrtle	128
Turner, Nora L.	135
Turner, Ollie	127
Turner, Rebecca	154
Turner, Susan	138
Turner, T. W.	139
Ussery, Dollie	131
Ussery, Laura	153
Ussery, M. J.	135
Vaden, Annie	148
Vaden, E. E.	141
Vaden, Emma	132
Vaden, Mattie	142
Valentine, Edna	146
Vanhook, Maude	143
Varden, Milton	123
Vaughn, Ida	134
Vaughn, M. T.	125
Vaughn, Rosa	134
Venier, Lou	134
Vinyard, S. J.	140
Waggoner, Addie	126
Waggoner, Florence	143
Waggoner, Isore	139
Waggoner, Jennie	138
Waggoner, Nora	147
Wagoner, Lucy	136
Wakins, Ophelia	130
Walker, Annis	151
Walker, Docia	123
Walker, Ellen	154
Walker, Fannie	151
Walker, L. A.	140
Walker, Mrs. Julia	139
Walker, Nannie	138
Walker, Sarah	141
Wall, Annie	150
Wall, Lizzie	145
Wallace, Florence	136
Wallace, L. M.	139
Wallace, Lydia	128
Wallace, M. E.	125
Wallace, M. E.	141
Wallace, Mattie	147
Wallace, Maude	137
Wallace, N. C.	130
Wallace, Nannie	138
Wallace, Nolie A.	135
Wallace, Victoria	151
Wallam, Effie V.	140
Walsh, Birdie	128
Walton, Lela V.	154
Wannamaker, Jennie	148
Ward, Cinda	145
Ware, Sallie	124
Warren, Alice	140
Warren, Cordelia	142
Warren, Georgie	123
Warren, Lizzie	127
Warren, Maude	138
Warren, Minnie	131
Warren, Nora	150
Washburn, Lucinda	143
Washburn, M. E.	141
Wasson, Girtie	132
Watkins, L. J.	125
Watkins, Pearl	137
Wayrick, Eugenia	132
Weatherly, Mollie	151
Weatherspoon, F. E.	149
Webb, Lula	135
Webb, Martha	148
Webb, Martha J.	139
Webb, Nora	132
Webb, O. B.	148
Wellice, Kittie	143
Wheeler, Ella	151
Wheeler, Etta	124
Wheeler, M. A. E.	148
Wheeler, Minnie	134
Wherry, Sophia	149
White, Hattie	152
White, Lola	140
White, Lula	145
White, Mary Lillian	138
White, Ollie	144
White, S. E.	142
Whitfield, Annie W.	125
Whitmore, Bertha	152
Wiggins, Minnie	151
Wilhite, Annie	145
Wilhite, Finnie	134
Wilhite, Josie B.	147
Wilkins, H. J.	124
Wilkins, Ida	140
Wilkins, Mary A.	151
Wilkins, Mina	140
Wilkins, N. C.	152
Wilkins, Sina	124
Williams, Alice B.	149
Williams, Annie S.	147
Williams, Becka	139
Williams, Emma	123
Williams, Ida	124
Williams, Ida	126
Williams, Ida	149
Williams, Maggie Lowe	137
Williams, Mattie	127
Williams, Mattie L.	133
Williams, Minnie	132
Williams, Minnie	147
Williams, Minnie	152
Williams, Susie L.	135
Williamson, Julia	136
Wills, Laura	137
Wills, R. Dora	145
Wilson, Anna	154
Wilson, Laura	135

BRIDE INDEX

Name	Page	Name	Page	Name	Page
Wilson, Lucy	137	Wooten, Fannie E.	134	Wyly, Mirenda	145
Wilson, Lucy	145	Wooten, M. J.	148	Wyly, Nellie	129
Winn, Belle	150	Wright, Annie	140	Wyly, Stella	134
Winstead, Florence	144	Wright, Cashie	147	Wyly, T. M.	125
Winters, Ella	127	Wright, Josie	133	Wyly, Utha	153
Winters, Fronia A.	130	Wright, Jossie	136	Yarbrough, Bettie	151
Winters, Jennie	126	Wright, Sarah J.	145	Yates, Ida	153
Winters, Susan C.	125	Wright, Zettie	135	Yates, Mollie	138
Wiseman, J. G.	150	Wyatt, Fannie	130	Yates, Rebecca J.	138
Wofford, C. E.	138	Wyatt, Mary	146	York, Lou	139
Wood, M. L.	146	Wyly, Birdie	137	York, Nannie	151
Woodard, L. B.	153	Wyly, Dora	134	Young, Belle	128
Woody, Ada	137	Wyly, Hattie	152	Young, Kittie	123
Woody, Ada A.	125	Wyly, Ida	134	Young, Kittie	135
Woolverten, M. C.	145	Wyly, Lannie	154	Young, Lizzie	151
Woolverton, A. H.	144	Wyly, Lizzie	135	Young, Pearl	149
Woolverton, M. A.	144	Wyly, Luisa	131	Young, Vicey	151

BONDSMAN INDEX

Name	Page	Name	Page	Name	Page
Ackers, J. C.	130	Baker, Willie	135	Binkley, W. L.	129
Acklin, T. F.	125	Balthrop, J. L.	124	Binkly, Albert	146
Adams, Ben	145	Balthrop, Lee	123	Bivens, Alex	130
Adams, Bill	143	Balthrop, R. J.	130	Black, A. F.	131
Adams, Cabert	151	Barfield, S. C.	124	Black, A. F.	154
Adams, J. A.	137	Barnhill, Nev	136	Blackwell, H. J.	151
Adams, J. A.	147	Barr, Bannie	151	Blackwell, John	125
Adams, J. B.	123	Barr, Bonnie	134	Blackwell, Joseph	125
Adams, J. H.	136	Bateman, J. H.	124	Blackwelle, J. W.	142
Adams, Jim	123	Batton, T. S.	128	Blackwood, J. T.	142
Adams, Jim	154	Baugard, B.	140	Blasser, Martin	124
Adams, Joseph	149	Baugard, B.	141	Blessing, C. J.	131
Adams, Joseph	149	Baugaurd, B.	126	Blessing, C. J.	142
Adams, Joseph H.	139	Beasley, A. N.	125	Bogard, B.	145
Adams, W. B.	129	Beasley, B. F.	123	Bohanan, C. H.	124
Adams, Wm.	146	Beasley, C.	127	Bohanan, D. W.	124
Allen, Boyd	153	Beasley, Geo. M.	146	Bohanan, J. H.	124
Allison, A. J.	136	Beasley, L. F.	138	Bohanan, J. H.	126
Allison, C. S.	123	Beauregard, B.	140	Bohanan, J. H.	134
Allison, C. S.	151	Beauregard, B.	146	Bohanan, R. M.	125
Allison, J. M.	139	Beazley, Bedford	125	Bohanan, R. M.	141
Allison, J. T.	123	Beech, Jack	147	Bohanan, R. M.	144
Allison, R. W.	131	Bell, A. C.	127	Bohanan, Sam	150
Allison, S. J.	129	Bell, D. D.	124	Bohanan, T. M.	144
Andersn, I. M.	153	Bell, J. B.	124	Bohannan, R. M.	144
Anderson, J. F.	129	Bell, J. B.	125	Bohannan, W. J.	125
Anderson, J. F.	145	Bell, J. B.	126	Bone, G. S.	123
Anderson, J. H.	152	Bell, J. B.	127	Bone, G. S.	135
Anderson, J. R.	129	Bell, J. B.	128	Bone, J. T.	123
Anderson, J. T.	123	Bell, J. B.	128	Bone, J. T.	147
Anderson, Jas. T.	134	Bell, J. B.	132	Bone, P. B.	131
Anderson, Jim	142	Bell, J. B.	133	Bowen, M. T.	125
Anderson, W. B.	152	Bell, J. B.	133	Bowman, C. A.	141
Anderson, W. B.	152	Bell, J. B.	136	Bowman, C. A.	147
Andrews, J. L.	146	Bell, J. B.	138	Bowman, C. A.	149
Andrews, John L.	130	Bell, J. B.	138	Bowman, J. J.	149
Anthony, J. R.	151	Bell, J. B.	141	Bowman, J. Lee	132
Anthony, Tom	123	Bell, J. B.	141	Bowman, Jno. B.	149
Anthony, Tom	123	Bell, J. B.	142	Bowman, Thos. F.	126
Anthony, Tom	140	Bell, J. B.	148	Bowman, Thos. F.	134
Armstrong, J. W.	131	Bell, J. B.	149	Bowman, Thos. F.	145
Arnold, B. F.	124	Bell, J. B.	149	Bowman, Thos. F.	152
Arnold, D. B.	123	Bell, J. B.	151	Bowman, W. E.	125
Arnold, D. R.	134	Bell, J. B.	142	Bowman, W. E.	136
Aughey, S. S.	130	Bell, J. D.	124	Box, Lafayett	139
Averitt, N. C.	123	Bell, J. F.	129	Box, M. O.	144
Baker, A. D.	147	Bell, J. F.	153	Box, M. R.	130
Baker, A. F.	125	Bell, J. W.	124	Box, M. R.	131
Baker, A. N. F.	145	Bell, Jesse F.	126	Bradley, J. T.	135
Baker, B. B.	136	Bell, W. A.	136	Bradley, John	125
Baker, J. D.	145	Bell, W. H.	124	Bradley, N. B.	133
Baker, J. N.	151	Bell, W. W.	128	Bradley, N. B.	134
Baker, J. R.	124	Biffle, J. H.	136	Bradley, N. J.	123
Baker, J. R.	137	Biffle, J. H.	145	Bradley, P. L.	125
Baker, L. D.	150	Bigham, S. A.	124	Bradley, T. J.	136
Baker, W. D.	153	Binkley, Albert	134	Brake, Charley	130
Baker, W. H.	124	Binkley, John	125	Brake, Jeff	132

BONDSMAN INDEX

Brake, M. A.	124
Brake, M. M.	129
Brake, M. W.	129
Branch, C. M.	143
Brazel, W. S.	134
Brazel, W. S.	142
Breece, L. L.	125
Breeden, W. H.	148
Brennan, M. J.	130
Brice, John	141
Briggs, J. B. F.	134
Brigham, C. E.	133
Brigham, D. D.	153
Brigham, I. J.	144
Brigham, J. L.	139
Brinkley, J. A.	134
Brinkley, Geo. T.	126
Brnn, Robert ?	140
Brogen, M.	137
Brooks, John L.	126
Brown, B. F.	123
Brown, B. M.	124
Brown, B. M.	132
Brown, Ira	125
Brown, J. B.	136
Brown, J. G.	150
Brown, Jim	147
Brown, John	126
Brown, L. B.	130
Brown, P. A.	129
Brown, R. T.	135
Brown, Robert	149
Brown, Rushus	151
Brown, Thomas	126
Brown, W. T. G.	139
Bruce, A. J.	152
Bryant, G. W.	128
Bryant, G. W.	137
Bryant, J. T.	127
Bryant, T. C.	141
Bryant, W. B.	132
Bryant, W. B.	144
Buchanan, G. W.	125
Buchanan, G. W.	129
Buchanan, G. W.	154
Buchanan, J. H.	133
Buchanan, J. H.	136
Buchanan, R. M.	135
Buchanan, S. L.	126
Buchanan, S. L.	130
Buchanan, S. L.	142
Buchanan, Sam	125
Buchanan, Sam	128
Buchanan, Sam	129
Buchanan, Sam	135
Buchanan, Sam	136
Buchanan, Sam	140
Buchanan, Sam	147
Buchanan, W. J.	133
Buchanon, J. H.	123
Buckanan, Sam	130
Burcham, G. R.	125
Burcham, J. R.	142
Burgess, A. J.	127
Burgess, J. T.	123
Burgess, W. H.	132
Burkitt, J. P.	125
Burnham, S. B.	152
Burns, Isaac	123
Burns, James	135
Busey, J. P.	136
Byrn, A. T.	135
Byrn, Jessie L.	147
Cagle, A. G.	126
Cagle, D. D.	127
Calile, S. H	125
Campbell, J. H.	147
Cannon, W. T.	128
Cannon, W. T.	133
Carnell, A. D.	151
Carnell, Edmond	123
Carnell, F. C.	136
Carnell, M. C.	123
Carnell, M. C.	127
Carnell, M. C.	139
Carnell, M. C.	140
Carnell, M. C.	146
Carnell, R. C.	131
Carnell, R. C.	144
Carnell, R. C.	144
Carroll, R. M.	143
Carter, H. C.	132
Carter, H. L.	127
Carter, H. L.	141
Carter, J. A.	131
Carter, James	145
Carter, Lewis	129
Carter, Lewis	138
Carter, Tom	141
Carter, W. M.	126
Carter, W. M.	129
Cearell, G. W.	137
Chambers, Nick	130
Chambers, Wittie	146
Chance, J. D.	148
Choat, Dock	124
Choat, J. M.	128
Choat, J. P.	138
Choat, Joe	149
Choat, John	127
Choat, John	148
Choat, John	153
Choat, Rufus	148
Choat, V.	130
Choat, V.	145
Choate, P. J.	153
Choate, Rufus	127
Choate, W. I.	126
Chote, J. P.	148
Clemons, Scott	148
Cockrill, J. M.	130
Cole, Mat	129
Cole, Matt	148
Colefinill, Manl ?	133
Coleman, W. D.	132
Coleman, W. M.	146
Colier, D. D.	129
Collier, D. D.	138
Collier, D. D.	144
Collier, E. G.	149
Collier, Elves	152
Collier, Elvis	146
Collins, W. A.	129
Colman, J. W.	128
Conley, Joe	151
Connelly, J. N. J.	149
Connelly, M. J.	132
Conners, J. J.	128
Conners, J. J.	132
Conners, J. J.	134
Conners, J. J.	134
Conners, J. J.	134
Conners, J. J.	139
Conners, J. J.	141
Conners, J. J.	152
Conners, J. J.	154
Cooley, J. T.	132
Cooley, R. W.	138
Cooley, T. W.	153
Cooley, W. C.	132
Cooley, W. C.	134
Cooley, W. H.	128
Cooper, D. M.	131
Corbitt, Amos	138
Corbitt, C. H.	146
Corbitt, R.	140
Corbitt, R. C.	131
Cotham, J. H. T.	143
Couray, Val	138
Cowan, J. P.	131
Cowen, C. W.	134
Cowen, D.	127
Cowen, D. Jr.	129
Cowen, John P.	139
Cowerdin, R. P.	147
Cox, J. W.	131
Crafton, Edmon	127
Crafton, G. M.	136
Crafton, G. W.	125
Crafton, J. D.	138
Crafton, J. D.	150

BONDSMAN INDEX

Name	Page	Name	Page	Name	Page
Cragg, J. H.	138	Davis, G. D.	126	Fentress, Geo F.	143
Craig, A. W.	128	Davis, Jas. A.	136	Fentress, Geo. F.	130
Craige, Robt. M.	141	Dean, M. R.	153	Ferguson, John	127
Crawford, W. H.	153	Dickeson, Sam.	128	Ferguson, John T.	140
Crim, Elmer	129	Dickson, B. V.	142	Ferguson, T. W.	144
Crim, H. C.	124	Dolan, Tom	146	Few, D. W.	139
Crim, H. C.	141	Donlaw, G. W.	150	Few, G. W.	135
Crim, H. C.	137	Dotson, Bell	135	Few, G. W.	148
Crockett, F. S.	133	Dotson, Bob	137	Field, N. J.	141
Crockett, James	131	Dotson, R. L.	130	Field, W. J.	130
Crockett, Joe	127	Doughty, J. W.	152	Fielder, J. D.	124
Crowder, Joseph	129	Dreden, W. R.	132	Fielder, W. T.	140
Crowell, G. W.	151	Driver, John M.	146	Fields, B. F.	136
Crowell, J. M.	134	Droury, Tom	153	Finley, D. G.	150
Crowell, John	129	Dudley, John	134	Flanary, T. N.	137
Crowell, Lee	129	Duff, J. C.	153	Flanery, I. S.	141
Crowell, Lee	137	Duff, J. D.	133	Fletcher, W. R.	133
Crowell, Lee	143	Duffel, C. S.	150	Followell, Wiett L.	140
Crowell, M.	150	Duke, N. C.	144	Foresee, Jesse	132
Crowell, W. G.	129	Dukes, George	130	Forest, J. T.	150
Cullum, E. L.	131	Dunagan, Lee	126	Forester, J. S.	131
Curtis, C. W.	152	Duncan, J. N.	129	Forester, W. D.	142
Curtis, Dalton	125	Duncan, J. T.	141	Forrest, J. G.	138
Curtis, E. W.	147	Duncan, W. A.	145	Forrest, J. T.	125
Curtis, J. B.	135	Duncan, W. A.	145	Forrest, J. T.	133
Curtis, J. D.	139	Duncan, W. A.	152	Forrest, J. T.	140
Curtis, R. J.	148	Dunn, Henry W.	139	Forrest, J. T.	141
Dameworth, J. D.	129	Dunnagan, G. B.	146	Forrest, J. T.	152
Danero, Frank B.	126	Durdan, J. M.	140	Forrest, J. T.	153
Daniel, A. C.	126	Easley, Labe	140	Forrest, J. T.	153
Daniel, A. C.	129	Edwards, Gus	134	Forrester, J. W.	142
Daniel, A. C.	133	Edwards, W. A.	143	Forrester, W. R.	133
Daniel, A. C.	150	Ellis, E. S.	127	Forrister, J. S.	154
Daniel, A. C.	150	Ellis, E. S.	129	Forsee, B. F.	151
Daniel, A. C.	152	Ellis, E. S.	132	Forsee, S. A.	140
Daniel, A. O.	127	Ellis, E. S.	138	Fortner, J. M.	127
Daniel, C. W.	130	Ellis, E. S.	152	Fortner, J. M.	132
Daniel, G. M.	129	Ellis, Sandy	123	Fortner, L. R.	131
Daniel, G. M.	141	Emery, W. M.	152	Fortner, L. R.	142
Daniel, J. F.	130	Emery, Wm.	152	Fortner, L. R.	151
Daniel, J. M.	130	Eoum, R. A. M.	136	Fortner, L. R.	151
Daniel, J. N.	132	Ervin, H. C.	140	Fortner, L. R.	154
Daniel, J. N.	145	Etheridge, Allen	145	Fortner, Will	145
Daniel, J. P.	125	Etheridge, Gus	135	Fortner, Will	148
Daniel, J. P.	126	Ethridge, J. F.	139	Foster, M. D.	129
Daniel, J. P.	130	Ethridge, W. H.	131	Fowler, G. M.	141
Daniel, J. P.	138	Ethridge, W. H.	131	Fowlkes, J. R.	124
Daniel, J. W. Jr.	128	Etter, P. A.	140	Fowlkes, J. R.	124
Daniel, Jno. W.	147	Eubanks, R. A.	153	Fowlkes, J. R.	125
Daniel, R. T.	145	Evans, J. A.	131	Fowlkes, J. R.	128
Daniels, J. H.	145	Everett, R. L.	133	Fowlkes, J. R.	129
Dark, J. I.	135	Exum, W. D.	153	Fowlkes, J. R.	135
Dark, J. I.	154	Fairester, Jesse	138	Fowlkes, J. R.	137
Darrow, Frank B.	132	Fairester, Jesse	143	Fowlkes, J. R.	138
Daughten, W. C.	135	Farrar, Aron	141	Fowlkes, J. R.	139
Davidson, C. S.	130	Feilds, H. A.	138	Fowlkes, J. R.	140
Davis, Bob	143	Fentress, C. L.	132	Fowlkes, J. R.	142

BONDSMAN INDEX

Fowlkes, J. R.	143
Fowlkes, J. R.	144
Fowlkes, J. R.	145
Fowlkes, J. R.	150
Fowlkes, J.R.	130
Fowlkes, Robt.	127
Fowlkes, W. H.	128
Foy, Joseph	127
Foy, Joseph	135
Franklin, G. B.	149
French, Geo.	139
Frizzell, Walter	142
Frizzell, Walter	152
Fuqua, P. J.	135
Fuqua, T. J.	132
Furgurson, Sidney	135
Gatlin, H. E.	132
Gatlin, J. H.	133
Gatlin, Jesse	123
Gatlin, Jesse	132
Gatlin, Jesse D.	148
Gatlin, W. W.	132
George, L. P.	148
George, Sam	147
Gholston, Aaron	135
Gibbon, A. H.	123
Gibbon, G. T.	133
Gibbons, J. C.	132
Gibbons, J. F.	149
Gibbons, J. L.	132
Gibbons, James	133
Gibbons, Joe	138
Giffin, A. V.	151
Goldsen, Aaron	149
Goldstein, J.	124
Goodlow, Irvin	133
Goodman, D. D.	141
Goodman, F. P.	125
Goodman, J. S.	127
Goodrich, D. H.	136
Goodrich, D. H.	143
Goodrich, Jake	139
Goodwin, J. T.	146
Goodwin, W. D.	137
Goodwin, W. D.	137
Gorden, Geo.	124
Gossett, Jno. M.	143
Gould, G. G.	151
Graham, John	137
Graham, Robt.	154
Gray, E. L.	126
Gray, J. M.	143
Gray, W. M.	130
Gray, W. M.	142
Gray, W. M.	148
Gray, W. M.	152
Green, Charlie N.	125
Green, G. N.	135
Green, W. J.	133
Gregory, G. L.	147
Gregory, G. T.	140
Grice, J. D.	147
Griffin, A. V.	126
Griffin, S. D.	151
Gunn, A. J.	137
Gunn, J. M.	126
Guthrie, G. W.	135
G_____ R. M.	138
Hagler, R. H.	153
Hagler, R. H.	153
Haile, R. N.	148
Halbrook, J. T.	126
Halderman, D. T.	148
Hall, H. D.	134
Hall, J. H	128
Hall, J. H.	123
Hall, J. H.	123
Hall, J. H.	128
Hall, J. H.	130
Hall, J. H.	131
Hall, J. H.	134
Hall, J. H.	137
Hall, J. H.	139
Hall, J. H.	140
Hall, J. H.	143
Hall, J. H.	146
Hall, J. H.	147
Hall, J. H.	147
Hall, J. H.	149
Hall, J. H.	152
Hall, J. H.	152
Hall, P. M.	148
Hall, R. J.	133
Hall, R. J.	139
Hall, T. B.	123
Hall, T. J.	124
Hall, W. J.	132
Haney, T. J.	125
Haney, T. J.	135
Haney, T. J.	140
Haney, T. J.	144
Haney, T. J.	145
Haney, Tom J.	149
Harbison, J. W.	131
Harbison, J. W.	153
Harbison, S. A.	141
Harbison, S. A.	153
Hargrove, John	131
Harmon, J. J.	150
Harmon, W. M.	143
Harrington, J. W.	152
Harris, Ade	128
Harris, Geo. R.	125
Harris, George R.	132
Harris, H. H.	124
Harris, H. H.	124
Harris, H. H.	138
Harris, H. H.	146
Harris, H. H.	149
Harris, H. H.	153
Harris, H. H.	153
Harris, H. M.	134
Harris, J. C.	149
Harris, J. K.	130
Harris, T. R.	123
Harris, T. R.	125
Harris, T. R.	137
Harris, T. U.	138
Harris, T. U.	147
Harris, T. U.	149
Harris, W. W. S.	141
Harriss, James M.	146
Hart, J. H.	129
Harvey, Albert	133
Haskins, Willie	130
Hatcher, Alfred	150
Hatcher, B. L.	152
Hatcher, R. L.	129
Hatcher, R. L.	129
Hatcher, W. C.	134
Hatcher, W. L.	125
Hatcher, W. W.	130
Hatcher, W. W.	136
Hayes, J. W.	138
Hayes, R. H.	149
Haygood, T. F.	151
Hays, Hugh	148
Headrick, J. W.	125
Headrick, J. W.	131
Headrick, J. W.	135
Heard, T. R.	147
Hedge, Jno. H.	143
Heel, J. C.	123
Heel, J. C.	136
Heel, J. C.	142
Heel, J. C.	144
Heel, J. C.	144
Heel, Robt. E.	128
Heel, Robt. E.	150
Hemby, D. M.	134
Hemby, S. H.	131
Hemby, S. J.	152
Henley, A. C.	130
Henry, J. C.	137
Henry, S. H.	131
Henslee, J. G.	153
Hickman, J. L.	123
Hickman, W. W.	136
Hines, Thomas	145
Hinty, John	131
Hite, J. A. David	132

BONDSMAN INDEX

Name	Page	Name	Page	Name	Page
Hite, J. A. David	141	Hutcherson, G. W.	124	Knight, Genie	138
Hobbs, C. C.	135	Hutcherson, G. W.	139	Knight, Henry	145
Hobbs, Vin	143	Ingram, C. ?	145	Knight, J. W.	134
Hogin, A. F.	137	Ingram, C. M.	134	Knight, J. W.	151
Hogin, A. F.	149	Ingram, C. M.	136	Knight, James	145
Holland, A. J.	131	Ingram, J. H.	150	Knight, T. H.	130
Holland, A. J.	137	Inman, J. C.	136	Knight, T. H.	145
Holland, B. F.	126	Jackson, J. M.	134	Knight, W. R.	127
Holland, R. A.	135	Jackson, John	134	Knight, W. R.	149
Holland, R. A.	135	Jackson, N. H.	125	Ladd, Allan	126
Holland, R. J.	125	Jackson, N. J.	127	Ladd, Allen	126
Holland, R. P. Jr.	135	Jackson, W. K.	136	Ladd, Allen	136
Holland, S. H.	138	Jacobs, C. T.	137	Lagan, John	138
Hollinger, D. T.	124	James, Aron	148	Laird, A. J.	140
Hollinger, D. T.	135	Jarrell, G. G.	127	Lancaster, J. M.	153
Hollinger, D. T.	137	Jarrell, G. G.	128	Landers, T. G.	144
Hollinger, D. T.	144	Jarrell, T. J.	137	Lane, Thomas	128
Hollinger, D. T.	146	Jett, D. S.	143	Langan, P. J.	131
Hollinger, D. T.	148	Jewell, J. W.	147	Langford, James	143
Hollinger, D. T.	148	Jewell, J. W.	147	Lanier, Dewitt	149
Hollinger, D. T.	149	Jewell, P. S.	134	Lankford, Horace	138
Hollinger, D. T.	150	Johnson, Chas. J.	142	Larkin, G. N.	147
Hollinger, D. T.	151	Johnson, I. M.	126	Larkin, Geo. N.	146
Hollinger, D. Terry	141	Johnson, J. J.	151	Larkin, J. W.	138
Hollinger, David T.	138	Johnson, Jim	154	Larkins, T. M.	140
Holloway, T. M.	153	Johnson, Jno. S.	123	Larkins, T. M.	146
Holloway, W. E.	131	Johnson, P. P.	141	Larkins, T. M.	153
Hombeak, George	137	Johnson, S. H.	137	Latimer, J. A.	144
Hooper, H. W.	131	Johnson, Sam	135	Lee, J. K.	128
Hooper, J. A.	129	Johnson, Sam	137	Lee, W. H.	132
Hooper, J. C.	136	Johnson, T. Bright	127	Lee, W. H.	139
Hooper, J. E.	129	Johnson, T. Bright	139	Lee, W. H.	139
Hooper, J. F.	136	Johnson, T. Bright	140	Lee, W. H.	145
Hooper, J. L.	136	Johnson, T. Bright	148	Leech, W. B.	123
Hooper, J. M.	124	Johnson, Tom	123	Lehman, Joe	142
Hooper, J. W.	126	Johnson, W. H. Jr.	134	Lemasters, J. N.	145
Hooper, Jas. A.	149	Johnson, W. J.	146	Link, J. B.	151
Hooper, John	143	Johnson, W. T.	128	Litton, W. W.	133
Hooper, T. B.	125	Johnson, Wm.	137	Lloyd, J. T.	146
Hooper, T. B.	148	Johnson, Wm.	137	Logan, John Sr.	139
Hooper, T. J.	150	Jones, B. E.	123	Lomax, J. M.	139
Hooper, W. E.	153	Jones, B. E.	137	Lomax, James W.	153
Hooper, W. H.	147	Jones, B. E.	140	Lomax, W. A.	134
Hopkins, H. E.	126	Jones, J. W.	135	Lomax, W. D.	126
Hopkins, H. E.	128	Jones, O. T.	141	Long, Edward	139
Hopkins, H. E.	137	Jones, S. J.	140	Long, J. H.	126
Hopkins, R. C.	136	Jones, S. J.	141	Long, Mingo	139
Hopkins, S. W.	136	Jones, W. J.	138	Long, Oliver	143
Horner, Foster	124	Jones, Wesley J.	141	Long, Whit	154
Horner, R. F.	130	Jurney, C. E.	145	Lossen, Wm.	127
Hoskins, T. M.	128	Kansler, Geo. S.	137	Love, G. A.	130
Houlihan, J. D.	132	Keim, J. F.	142	Lovell, Geo.	143
Hudson, R. A.	144	Kelly, H. C.	151	Lovett, T. E.	132
Hudson, W. A.	128	Kimmons, N. J. ?	146	Lowe, G. A.	124
Hughes, A. C.	136	King, Joe	139	Lucas, Felix	130
Hull, John M. V.	124	Knight, A. H.	123	Luff, Joe Jr.	142
Hunter, A. M.	126	Knight, Genie	123	Luff, L. J.	139

BONDSMAN INDEX

Name	Page	Name	Page	Name	Page
Luff, L. J.	145	May, John	151	McCollum, Wm. L.	152
Luffman, B. N.	139	May, W. H.	127	McCracken, J. E.	130
Luffman, R. L.	153	May, W. H.	141	McCracken, W. T.	124
Luke, W. C.	126	May, W. H.	146	McCracken, W. T.	143
Lumsden, W. S.	132	May, W. H.	151	McCrary, Jas. D.	136
Luten, Elijah	137	May, W. H.	154	McCrary, Jas. D.	145
Luten, Lige	140	May, W. H.	154	McCrary, Jas. D.	152
Luten, Wm.	150	May, W. M.	152	McCrary, Louis	146
Luton, Elijah	144	May, W. P.	135	McCrary, W. N.	130
Maberry, G. M.	152	May, W. P.	141	McCrary, W. N.	136
Maberry, R. H.	137	May, Willie	137	McCrary, W. N.	142
MacCarty, Chas. S.	136	Mayberry, Berry	134	McCutchen, W. H.	145
Mack, Jno.	143	Mayberry, George	129	McDaniel, Vergil	128
Mack, John	149	Mayberry, P. S.	124	McGee, Robert	141
Mack, John	152	Mays, Dick	151	McGuire, Terry	142
Malcomb, Howard	139	Mays, Dorsey	141	McIllwain, W. H.	140
Mallard, Alfred	127	Mays, Hugh	136	McKay, M. M.	154
Mallard, G. B.	141	Mays, J. B.	133	McKeel, F. P.	130
Mallard, G. P.	123	Mays, J. W.	127	McKeel, G. B.	136
Mallard, G. P.	127	Mays, S. W.	140	McKeel, J. N.	133
Mallard, G. P.	153	Mays, Tom	140	McKeel, R. H.	142
Mallard, Geo.	141	Mays, Tom	148	McKeel, W. T.	151
Manly, A. H.	132	Mays, Will	134	McKelvey, D. H.	127
Manly, A. H.	152	McAdoo, A. C.	143	McKnight, Z.	148
Marberry, F. M.	135	McAdoo, J. H.	153	McMurry, A. P.	134
Marble, Ollie B.	152	McAdoo, J. M.	123	McMurry, A. P.	143
Marchbanks, W. J.	131	McAdoo, J. M.	126	McMurry, S.W.H.	148
Martin, Ed	140	McAdoo, J. M.	133	McMurry, W. H.	139
Martin, Edw. E.	138	McAdoo, J. M.	133	McNeil, W. H.	132
Massey, C. B.	126	McAdoo, J. M.	149	McWitty, Abe	131
Massey, C. V.	153	McAdoo, R. J.	152	Meadow, D. G.	126
Massey, C. W.	143	McAdoo, T. M.	147	Meadow, D. G.	128
Massey, F. M.	137	McBride, H. S.	154	Meadow, F. R.	127
Massey, James	135	McCaleb, M. M.	124	Meadow, Jacob K.	140
Massey, James M.	143	McCandlese, J. E.	138	Meadow, James W.	150
Massey, M. L.	132	McCann, G. P.	125	Meadow, T. R.	126
Massey, W. R.	153	McCann, G. P.	125	Meadow, T. R.	127
Massy, C. V.	137	McCann, G. P.	126	Meadow, T. R.	127
Mathews, J. H.	144	McCann, G. P.	130	Meadow, T. R.	133
Mathews, J. H.	147	McCann, G. P.	137	Meadow, T. R.	141
Mathews, J. H.	148	McCann, G. P.	140	Meadow, T. R.	145
Mathews, J. H.	148	McCann, G. P.	148	Meadow, T. R.	147
Mathews, James H	147	McCann, G. P.	149	Meadow, T. R.	150
Mathews, John S.	135	McCann, J. H.	147	Meadow, W. H.	131
Mathews, W. H.	133	McCann, W. M.	146	Meadow, W. H.	137
Matlock, C. G.	140	McCann, W. N.	136	Meadow, W. H.	140
Matlock, J. D.	140	McCauley, G. B.	142	Meadow, W. H.	142
Matlock, Wm. H.	138	McCauley, J. J.	148	Meadow, W. H.	144
Matthews, B. F.	138	McCauley, W. H.	151	Medow, T. R.	148
Maxwell, Gilbert	126	McClevelan, H.	137	Meredith, J. J.	125
Maxwell, Gilbert	130	McClure, W. H.	139	Meriadeth, G. W.	141
May, George	135	McCollum, B. F.	128	Merideth, G. W.	153
May, J. H.	137	McCollum, B. F.	129	Merideth, J. F.	148
May, J. H.	137	McCollum, B. F.	137	Miller, D. E.	133
May, J. H.	142	McCollum, B. F.	141	Miller, D. E.	138
May, J. L.	134	McCollum, B. F.	147	Miller, Davis	144
May, Jas. L.	154	McCollum, Levi	143	Miller, Dorsey	140

BONDSMAN INDEX

Name	Page	Name	Page	Name	Page
Miller, S. H.	124	Norman, John	135	Phifer, Albert	153
Miller, Sam	123	Norman, R. M.	150	Phifer, Chance	144
Miller, W. A.	136	Norman, T. J.	147	Phillips, James	151
Miller, W. A.	146	Nuttrell, W. M.	124	Pickard, E. M.	154
Miller, W. S.	146	O'Donnell, S. P.	133	Pickard, O. O.	150
Miller, W. S.	150	O'Guin, J. P.	146	Pickard, P. P.	124
Mitchell, A. H.	123	O'Guin, W. E.	143	Pickett, W. H.	142
Mitchell, James A.	148	Oakley, J. B.	149	Pitt, P.	150
Moore, D. M.	137	Obarr, W. M.	152	Pitts, E. D.	123
Moore, D. M.	142	Obarr, William	143	Pitts, J. H.	129
Moore, G. B.	139	Obarr, Wm.	143	Plant, Harry	143
Moore, G. L.	148	Obblier, W. M.	154	Plant, Henry	136
Moore, Ike	141	Odonly, J. H.	141	Plant, Henry	144
Moore, J. H.	138	OGuin, W. E.	148	Plant, J. G.	151
Moore, J. H.	142	Oguin, T. O.	128	Plant, S. W.	128
Moore, J. J.	148	Oliver, A. H.	137	Plant, Will	147
Moore, J. N.	143	Overall, Will	139	Polk, W. F.	147
Moore, J. R.	133	Overall, Willie	148	Porch, H. T.	145
Moore, J. R.	150	Owen, W. H.	143	Porch, John	144
Moore, O. O.	130	Owens, C. C.	144	Porch, John F.	130
Moore, V. B.	142	Owens, E. R.	143	Porch, P. T.	126
Moore, V. B. Sr.	142	Owens, J. C.	131	Porch, Peter	131
Moore, W. D.	137	Owens, S. D.	130	Porch, Peter H.	126
Moore, W. D.	140	Owens, S. O.	144	Porch, W. A.	142
Moore, W. T.	147	Owens, W. H.	124	Porch, W. A.	143
Morgan, J. F.	120	Pace, W. W.	125	Porch, W. A.	145
Morriel, J.	128	Pace, W. W.	132	Porch, W. T.	128
Morris, D. T.	125	Pace, W. W.	147	Porter, J. K.	127
Mulliniks, Claud	142	Pack, W. F.	148	Porter, J. K.	148
Mulliniks, Kirk	145	Pack, W. F.	150	Postis, J. K.	132
Murphree, A. W.	129	Page, Daniel	152	Potter, Marshal N.	145
Murray, J. P.	139	Page, J. N.	138	Potter, R. L.	131
Murrell, J. D.	139	Page, J. P.	127	Powers, W. J.	123
Murrell, J. T.	126	Palmer, Junius M.	131	Poyner, M. K.	126
Murrell, J. T.	136	Parker, H. B.	135	Poyner, W. L.	128
Murrell, James D.	151	Parker, J. E.	124	Prewett, J. W.	144
Murrell, W. G.	143	Parker, L. C.	129	Price, Andy	150
Myers, Jas. M.	154	Parnell, N. F.	144	Price, Andy	152
Napier, E. Y.	131	Parnell, R. N.	144	Prichard, David	150
Napier, E. Y.	133	Parnell, S.	144	Priest, C. M.	136
Napier, E. Y.	134	Parnell, W. M.	133	Priest, Charley	147
Napier, E. Y.	140	Patrick, J. H.	152	Priest, Charlie	132
Napier, E. Y.	141	Patterson, J. B.	144	Priest, E. S.	145
Napier, E. Y.	146	Patterson, J. W.	123	Priest, Ollie	152
Napier, E. Y.	152	Patterson, J. W.	144	Priest, T. J.	150
Nash, T. L.	139	Pearce, Thomas	146	Pritue, R. J.	139
Nash, T. S.	126	Peet, S. T.	123	Pruet, E. L.	153
Nash, Wm.	146	Pegrim, B.	149	Pruett, D. H.	150
Neblett, J. M.	144	Pemberton, S. L.	149	Pruett, G. H.	149
Needham, John	138	Pemberton, W. B.	144	Pruett, J. B.	133
Nelson, W. D.	135	Pemberton, W. B.	144	Pruett, J. W.	150
Nelson, W. D.	153	Perrine, J. F.	139	Pruett, L. H.	145
Newberry, James	152	Perry, E.	134	Pruett, T. J.	124
Nix, W. H.	125	Perry, I. M.	142	Pruett, T. J.	151
Nix, W. H.	141	Pewett, J. E.	148	Pullen, Gordon	150
Noe, W. T.	136	Pewett, T.H.	128	Pullen, Jno. E.	153
Nolan, G. H.	144	Phebus, J. L.	146	Quillen, George	143

BONDSMAN INDEX

Name	Page	Name	Page	Name	Page
Quillin, George	142	Roberts, S.H.	145	Sanders, A. J.	149
Ragan, G. M.	146	Roberts, W. F.	130	Sanders, A. J.	152
Ragan, Wm.	138	Rodgers, Frank	133	Sanders, D. S.	149
Ragen, S. A.	131	Rogers, D.	150	Sanders, F. S.	143
Ray, W. F.	145	Rogers, Dan	128	Sanders, J. G.	132
Reagan, Geo,	135	Rogers, Dan	152	Sanders, Mason	127
Reagan, George	151	Rogers, I. N.	130	Sanders, Mason	147
Reeves, E. Mc.	149	Rogers, I. N.	138	Sandes, J. J.	131
Reeves, J. P.	125	Rogers, I. N.	143	Sands, J. J.	128
Reeves, J. P.	126	Rogers, Isaac N.	150	Saunders, J. G.	136
Reeves, Mc. F.	125	Rogers, J. J.	137	Scanlon, W. H.	147
Reeves, McF.	151	Rogers, J. N.	131	Scholes, M. M.	149
Reeves, McFerrin	133	Rogers, J. N.	146	Scott, A. G.	142
Reeves, N. B.	131	Rogers, J. S.	142	Scott, D. C.	126
Reeves, N. B.	145	Rogers, Jno. L.	146	Scott, T. F.	144
Reeves, Nelson B.	142	Rogers, Robt. H.	154	Scrulock, T. N.	127
Regan, George	141	Rogers, S. A.	124	Scurlock, H. C.	135
Rhodes, Maryland	152	Rogers, S. A.	146	Seals, A. L. Jr.	141
Richardson, C. D.	124	Rogers, W. H.	150	Seals, Alex L.	139
Richardson, W. T.	146	Rogers, W. P.	142	Sears, A. D.	153
Ridings, J. I.	130	Rollins, Tanice	142	Shannon, J. F.	125
Ridings, J. I.	137	Rooker, J. S.	136	Shannon, J. F.	134
Ridings, J. I.	143	Ross, A. S. J.	141	Shannon, J. F.	139
Ridings, J. I.	146	Ross, A. S. J.	146	Shannon, J. J.	128
Ridings, J. I.	152	Ross, Lee	123	Shannon, J. T.	146
Ridings, J. J.	151	Ross, S. B.	129	Shannon, R. T.	126
Ridings, J. P.	146	Ross, S. B.	133	Shannon, R. T.	130
Ridings, R. F.	128	Ross, W. W.	135	Shannon, R. T.	133
Ridings, W. B.	123	Roy, M. W.	127	Shannon, R. T.	133
Ridings, W. B.	131	Rudolph, D. C.	151	Shannon, R. T.	134
Ridings, W. B.	132	Rudolph, D. C. Jr.	150	Shannon, R. T.	141
Ridings, W. B.	133	Runion, Josh	135	Shannon, R. T.	145
Ridings, W. B.	134	Runions, J. H.	147	Shannon, R. T.	153
Ridings, W. B.	134	Runions, Wm.	136	Shannon, R. T.	148
Ridings, W. B.	135	Rushing, E. D.	136	Sharp, W. H.	147
Ridings, W. B.	136	Rushing, J. R.	133	Shaver, N. C.	144
Ridings, W. B.	138	Rushing, W. M.	144	Shaver, W. H.	128
Ridings, W. B.	138	Rushing, W. W.	147	Shaver, W. H.	147
Ridings, W. B.	138	Russell, Andrew	127	Shaw, James A. B.	144
Ridings, W. B.	140	Russell, Andrew	134	Shelton, J. Asa	127
Ridings, W. B.	140	Russell, Andrew	138	Sherrell, C. D.	147
Ridings, W. B.	141	Russell, Andrew	147	Sherrod, A. J.	145
Ridings, W. B.	144	Russell, B. C.	137	Sherrod, A. J.	153
Ridings, W. B.	144	Russell, D. H.	149	Sherrod, J. W.	148
Ridings, W. B.	146	Russell, F. B.	135	Sherrod, J. W.	153
Ridings, W. B.	146	Russell, F. R.	145	Sherrod, W. M.	127
Ridings, W. B.	146	Russell, Thos.	146	Shields, Richard	142
Ridings, W. B.	148	Russell, William	134	Shipp, Len L.	147
Ridings, W. B.	150	Russell, William	145	Siders, J. M.	128
Ridings, W. B.	150	Ruston, F. M.	132	Simpson, A. D.	135
Ridings, W. B.	151	Rye, H. E.	130	Simpson, Alvie	140
Ridings, W. B.	151	Rye, H. E.	139	Simpson, Hugh	145
Ridings,W. B.	149	Rye, H. E.	145	Simpson, J. N.	129
Robbins, Elijah	137	Sam, R. G.	139	Simpson, J. N.	131
Robbins, H. C.	139	Sandefer, G. H.	127	Simpson, John N.	148
Robbs, Elisha T.	138	Sandefur, John	132	Simpson, Plummer	139
Roberts, J. M.	129	Sandefur, John	132	Simpson, Plummer	140

BONDSMAN INDEX

Simpson, T. K.	123	Stewart, J. D.	149	Taylor, D. T.	127
Simpson, W. D.	151	Stewart, J. K.	149	Taylor, D. T.	137
Simpson, Wright	128	Stewart, J. M.	143	Taylor, Dempsey	132
Simpson, Wright	140	Stewart, W. B.	149	Taylor, J. H.	145
Sizemore, C. R.	146	Stewart, W. J.	147	Taylor, James H.	144
Sizemore, G. M.	123	Stewart, Willie P.	149	Taylor, John	151
Slaughter, J. S.	124	Stockard, A. C.	131	Taylor, L. W.	130
Slaughter, Jim	148	Stockard, A. C.	153	Taylor, Tobe	140
Slayden, J. H.	150	Stockard, E. G.	146	Teas, George H.	125
Slayden, Jas. H.	132	Stribling, Jno M.	128	Thedford, W. C.	125
Slayden, L. W.	153	Stribling, W. M.	154	Thomas, B. R.	123
Smith, A. E.	134	Sugg, J. A.	129	Thomas, B. R.	123
Smith, B. F.	148	Sullivan, Bob	134	Thomas, B. R.	124
Smith, C. D.	138	Sullivan, Bob	137	Thomas, B. R.	129
Smith, G. T.	148	Sullivan, C. C.	149	Thomas, B. R.	133
Smith, George W.	143	Sullivan, C. C.	151	Thomas, B. R.	139
Smith, J. B.	146	Sullivan, J. E.	140	Thomas, B. R.	141
Smith, J. B.	149	Sullivan, John L.	131	Thomas, B. R.	143
Smith, J. E.	148	Sullivan, W. C.	148	Thomas, B. R.	147
Smith, J. E. D.	139	Summers, Bibe	127	Thomas, B. R.	129
Smith, J. H.	153	Summers, Bibe	138	Thomas, D. B. Jr.	133
Smith, J. R.	125	Summers, Bibe	149	Thomas, F. T.	124
Smith, J. T.	128	Summers, Chas. W.	140	Thomas, F. T.	125
Smith, J. T.	141	Summers, G. B.	127	Thomas, F. T.	125
Smith, J. T.	148	Summers, G. B.	128	Thomas, F. T.	128
Smith, M. T.	139	Summers, G. B.	131	Thomas, F. T.	134
Smith, N. E.	145	Summers, G. B.	145	Thomas, F. T.	134
Smith, R. E.	128	Summers, G. B.	151	Thomas, F. T.	138
Smith, R. E.	136	Summers, Geo.	141	Thomas, F. T.	139
Smith, Sam	124	Summers, Geo.	143	Thomas, F. T.	153
Smith, Sam	135	Summers, Green	123	Thomas, J. R.	141
Smith, W. D.	148	Summers, Green	123	Thomas, J. R.	144
Smith, W. D.	152	Summers, Green	142	Thomas, Jno. R.	138
Smith, W. N.	137	Summers, J. H.	147	Thomason, S. G.	129
Smith, W. T.	126	Summers, Jas. A.	140	Thomason, S. G.	151
Smith, W. T.	147	Summers, Tom	151	Thomason, W. C.	132
Smith, W. W.	151	Summy, B. F.	126	Thomason, W. C.	140
Spann, W. R.	133	Suttler, Geo.	150	Thompson, J. L.	140
Spann, W. R.	141	Sutton, W. J.	124	Thompson, J. L.	148
Sparks, D. G. W.	129	Swader, I. S.	124	Thompson, J. L.	149
Spicer, Laurence	152	Swader, J. A.	131	Thompson, T. J.	142
Spicer, Lawrence	131	Swader, J. A.	146	Thompson, W. H.	150
Spicer, Mack	149	Swader, J. A. ?	134	Tinnel, H. W.	135
Spicer, S. W. J.	133	Sweldee, J. A.	135	Tinnel, J. W.	138
Spicer, Sam	132	Swift, Marvin	132	Tinnel, Jasper W.	150
Springer, John	149	Swift, Marvin	149	Tinnel, John	134
St. John, W. S.	130	Swift, S. T.	141	Tinnell, Jake O.	150
Stanfield, J. G.	135	Sykes, W. C.	150	Tinnell, John	138
Stanford, J. H.	133	S____ J. A.	142	Tinnell, R. L.	131
Stanley, W. S.	126	Talley, Claude E.	123	Toland, E. E.	127
Steel, D. A.	131	Talley, John	147	Toland, Tobe	136
Steele, D. A.	126	Tally, G. T.	128	Toles, Chine	150
Stevens, C. H.	144	Tankersley, J. B.	147	Toles, Jeff	150
Stewart, A. W.	124	Tanksley, J. B.	145	Totty, J. B.	152
Stewart, Henry	153	Tate, L. E.	152	Townsend, J. W.	150
Stewart, J. E.	133	Tate, L. L.	142	Townsend, J. W.	150
Stewart, J. C.	151	Taylor, C. W.	143	Traylor, R. L.	143

BONDSMAN INDEX

Name	Page	Name	Page	Name	Page
Traylor, T. B.	135	Wallace, J. M.	126	White, W. W.	146
Traylor, T. G.	136	Wallace, J. M.	130	Whitfield, J. M.	135
Traylor, W. G.	151	Wallace, M. J.	139	Whitfield, J. M.	142
Traylor, W. S.	132	Walls, J. F.	139	Whitfield, Jno. E.	132
Traylor, W. S.	136	Walsh, J. M.	125	Whorley, R. J.	137
Traylor, W. S.	143	Walsh, John	125	Wilkins, A. P.	141
Traylor, W. S.	147	Walsh, P	127	Wilkins, E. P.	143
Traylor, W. S.	151	Ward, Will	153	Wilkins, Ernest	125
Traylor, W. S.	151	Warden, J. W.	143	Willhite, C. C.	124
Tribble, W. B.	142	Warden, Walter	146	Williams, A. J.	144
Triplett, J. D.	150	Wardy, W. M.	152	Williams, G. W.	128
Trotter, C. W.	138	Wardy, Wm.	135	Williams, H. A.	144
Tubb, I. H.	133	Wardy, Wm.	149	Williams, H. A.	152
Tubb, J. E.	127	Waren, R. H.	128	Williams, H. A.	152
Tubb, Jake D.	142	Warren, A. J.	130	Williams, Henry	129
Tuberville, W. D.	131	Warren, H. E.	128	Williams, Henry	134
Tuggle, J. E.	136	Warren, J. H.	139	Williams, Henry	153
Tummins, George	150	Warren, J. W.	143	Williams, J. W.	141
Tummins, James	130	Warren, J. Y.	153	Williams, Jas. S. N.	145
Turbeville, T. L.	130	Warren, Jim	147	Williams, Jefferson	133
Turbeville, T. L.	134	Warren, M. E.	123	Williams, T. D.	145
Turner, C. N.	150	Warren, M. E.	134	Williams, W. F.	132
Turner, C. W.	144	Warren, S. W.	142	Williams, W. F.	152
Turner, C. W.	148	Warren, S. W.	148	Williams, W. T.	134
Turner, Henry	144	Watts, D. T.	151	Willkie, P. O.	134
Turner, L. W.	135	Watts, P. H.	129	Wilson, J. T.	127
Turner, S. E.	143	Weatherspoon, W.	149	Winstead, Claud	150
Turner, W. D.	149	Webb, H. E.	152	Winstead, Claud	153
Turner, W. L.	128	Webb, J. G.	140	Wolverton, D. C.	125
Vaden, D. L.	151	Webb, W. J.	142	Woods, T. J.	147
Vaden, G. N.	138	Westfield, Lannie	144	Woods, T. J.	153
Vaden, G. N.	151	Wheeler, J. F.	152	Word, L. J.	127
Vaden, J. A.	139	Wheeler, J. F.	152	Wreck, Charley	127
Vaden, T. J.	151	Wheeler, J. W. E.	129	Wreck, Charley	138
Vaden, T. J.	154	Wheeler, J. W. E.	129	Wright, Dick	132
Vails, Jno.	124	Wheeler, W. E.	143	Wright, J. D.	140
Vanhook, D. G.	146	Wherry, W. S.	142	Wyatt, F. R.	126
Varden, George	152	White, B.	145	Wyett, H.	123
Varden, J. B.	132	White, E. P.	123	Wyins, L. W.	154
Varden, John B.	131	White, Ed	127	Wyly, H.	128
Varden, John B.	142	White, Ed	132	Wyly, Hank	153
Vetter, A.	151	White, Herbert W.	140	Wyly, Labe	134
Victory, Joe	139	White, J. C.	133	Wyly, Randle	139
Vinyard, B. J.	129	White, J. P.	127	Wynns, D. A.	138
Waggoner, G. W.	151	White, J. P.	127	Wynns, H. M.	135
Waggoner, J. M.	133	White, J. P.	129	Yarbrough, G. H.	124
Waggoner, John C	140	White, J. P.	132	Yarbrough, G. H.	127
Waggoner, M. A.	128	White, J. P.	133	Yarbrough, G. H.	133
Waggoner, M. A.	131	White, J. P.	136	Yarbrough, G. H.	137
Walker, Allen P.	137	White, J. P.	141	Yarbrough, G. H.	137
Walker, G. W.	145	White, J. P.	147	Yarbrough, G. H.	140
Walker, J. C.	149	White, J. P.	152	Yarbrough, G. H.	142
Walker, R. E.	126	White, J. P.	138	Yarbrough, G. H.	143
Walker, S. W.	150	White, Jas. P.	142	Yarbrough, G. H.	149
Wall, J. F.	141	White, Marcus	133	Yarbrough, G. H.	150
Wall, J. F.	153	White, W. L.	147	Yarbrough, Jno. S.	125
Wallace, J. M.	126	White, W. Lee	148	Yates, J. P.	140

BONDSMAN INDEX

Yates, Robt. A.	146
York, Isiah	136
Young, Charley	149
Young, George	154
Young, I. C.	129
Young, J. A.	145
Young, J. G.	154
Young, J. M. C.	134
Young, J. M. C.	135
Young, J. M. C.	154
Young, James A.	129
Young, Jas. A.	130
Young, Jas. A.	139
Young, Jas. A.	146
Young, Mack	154
_____, W. A.	131

Other Heritage Books by Marjorie Hood Fischer:

*Dickson County, Tennessee Cemetery Records
Part I and II: Revised Edition*

*Haywood County, Tennessee Marriage Records:
Books 1, 2, 3, 4, 5, 6, 7, & 8; 1859-1878*

Tennesseans Before 1800: Davidson County

Tennesseans Before 1800: Washington County

Tennessee Tidbits: Volume IV, 1778-1914

Other Heritage Books by Marjorie Hood Fischer
and Ruth Blake Burns:

*Bakerville Review Abstracts (Humphreys Co., Tennessee)
Volume II, 1897-1898*

*Bakerville Review Abstracts (Humphreys Co., Tennessee)
Volume III, 1898-1899*

Humphreys County, Tennessee Marriage Records, 1861-1888

*Humphreys County, Tennessee Records: Tax Lists, 1837-1843
and Marriages, 1888-1900*

Tennessee Tidbits: Volume I

Tennessee Tidbits: Volume II, 1778-1914

Tennessee Tidbits: Volume III, 1778-1914

www.ingramcontent.com/pod-product-compliance
Lightning Source LLC
Chambersburg PA
CBHW080247170426
43192CB00014BA/2593